云南省2021年基础研究计划青年项目“乡村振兴战略实施理论、机制与成效研究”（202101AU070042）

云南省科技特派员及“三区人才”项目（20220761）

云南省专业学位研究生教学案例库“博弈论与企业战略”项目（2022056）

中国数字普惠金融发展效应及对策研究

赵茂 张恒 著

中国社会科学出版社

图书在版编目（CIP）数据

中国数字普惠金融发展效应及对策研究/赵茂，张恒著．
—北京：中国社会科学出版社，2023.6
ISBN 978-7-5227-2115-6

Ⅰ.①中… Ⅱ.①赵… ②张… Ⅲ.①数字技术—应用—金融业—研究—中国 Ⅳ.①F832.1-39

中国国家版本馆 CIP 数据核字(2023)第 112745 号

出 版 人 赵剑英
责任编辑 李庆红
责任校对 冯英爽
责任印制 王 超

出 版 中国社会科学出版社
社 址 北京鼓楼西大街甲 158 号
邮 编 100720
网 址 http://www.csspw.cn
发 行 部 010-84083685
门 市 部 010-84029450
经 销 新华书店及其他书店

印 刷 北京君升印刷有限公司
装 订 廊坊市广阳区广增装订厂
版 次 2023 年 6 月第 1 版
印 次 2023 年 6 月第 1 次印刷

开 本 710×1000 1/16
印 张 15.25
插 页 2
字 数 227 千字
定 价 78.00 元

目　录

第一部分　数字普惠金融发展理论

第二部分　中国数字普惠金融发展效应

第三部分 国内外优秀数字普惠金融实践案例

第四部分　中国数字普惠金融发展的问题及对策研究

第一部分

数字普惠金融发展理论

第一部分从数字普惠金融发展背景、现状和可持续性三大角度，论述数字普惠金融发展效用和演进阶段，统领全书，为后续研究奠定总基调。本部分由“第一章　数字普惠金融发展背景及研究现状”和“第二章　数字普惠金融可持续模型——技术创新+社会福利视角”组成。一是系统梳理数字普惠金融产生和发展的背景、意义、概念和演进阶段，并结合数字普惠金融发展的可持续性进行理论论证，从数字普惠金融历史、发展和效用三大角度系统构建数字普惠金融发展理论体系框架，帮助读者快速厘清数字普惠金融发展逻辑、效用和基本概念；二是统领全书，引出第二部分“中国数字普惠金融发展效应”、第三部分“国内外优秀数字普惠金融实践案例”和第四部分“中国数字普惠金融发展的问题及对策研究”，为构建完整的“中国数字普惠金融发展效应及对策研究”框架提供理论支撑。

第一章　数字普惠金融发展背景及研究现状

第一节　研究背景及意义

一　研究背景

（一）数字普惠金融助推经济增长

金融是经济的核心，金融资源的有效配置能促进实体经济的发展，利于经济增长。在推动社会发展的同时，金融的发展也会导致贫富差距拉大，资源配置不合理、资产泡沫化等不良情况，严重时会爆发金融危机。为此，建立一个惠及全民的普惠金融体系能有效化解风险、缩小贫富差距、促进地区间的均衡发展。“普惠金融”缘起于联合国和世界银行 2005 年确定的“国际小额信贷年”。2008 年国际金融危机之后，普惠金融受到全球的重点关注，很多金融机构积极推行普惠金融。2015 年《促进大数据发展行动纲要》发布后，数字普惠金融逐渐成为研究热点。相比传统金融而言，数字普惠金融能够有效地消除金融排斥，提高金融服务的可获得性。Hannig 和 Jansen（2010）研究发现，数字普惠金融有利于提高金融稳定性。Kapoor 等（2013）研究发现，不断壮大的数字普惠金融可促进一个国家和地区经济增长。蒋长流和江成涛（2020）基于市域面板数据，从要素生产率、技术升级和创新活动等视角研究数字普惠金融对地区经济高质量发展的影响时发现，数字普惠金融对城市经济发展存在明显促进效用，且这种促进存在明显的门限特征，表现为城市发展水平越高，其相对促进效用越低。周超和黄乐（2021）从经济发展质量的视角切入，研究数字普惠金融对地区经济发展的影响时发现，数字普惠金融通过改善产品市场环境，使中小微企业和偏远山区群众等主体提升了经济发展质量。任太增和殷志高（2022）从数字普惠金融概念出发，研究中国经济增长的动能时发现，数字普惠金融通过改善中小微企业融资环境，提高企业与贫困居民金融资源可得性，推动了中国经济快速增长。

（二）发展数字普惠金融已成为我国金融重点工作

中国历来重视金融改革和发展，近年来更加关注数字普惠金融体系的建设。2013 年十八届三中全会通过《中共中央关于全面深化改革若干重大问题的决定》，正式提出了“发展普惠金融”。2014 年在全球金融联盟（AFI）的年会上，中国承诺发展普惠金融并公布行动计划。2015 年 11 月 9 日，中央全面深化改革领导小组第十八次会议审议通过了《推进普惠金融发展规划（2016—2020 年）》，规划对普惠金融发展提出了明确的目标与任务，提出了普惠金融要让农民、小微企业、城镇低收入人群、贫困人群和残疾人、老年人等及时获取价格合理、便捷安全的金融服务（赵茂等，2019）。2016 年、2017 年、2018 年的中央“一号文件”也多次提及发展数字普惠金融。2017 年 10 月中国共产党第十九次全国代表大会报告提出“实施乡村振兴战略”，地方法人金融机构要服务好乡村振兴，数字普惠金融重点要放在乡村。2020 年中国人民银行金融科技委员会明确提出加快推动金融机构数字化转型，为我国数字普惠金融发展指明方向。

（三）技术创新发展，利于数字普惠金融的发展

1. 宏观视角

数字普惠金融是推动经济社会发展的重要力量。白当伟等（2018）以金融体系稳定为突破口，探究普惠金融对金融体系稳定的机制与路径时发现，普惠金融通过缩小贫富差距，增强了金融体系稳定性，同时，金融稳定性的增强也反向推动了普惠金融发展。钱海章等（2020）研究发现，数字普惠金融发展通过推动技术创新与地区创业促进经济增长，在城镇化率低和物质资本高的省份中，这种促进效应更为显著。张恒等（2021）研究发现，数字普惠金融与区域经济存

在相互促进的耦合协调关系，即数字普惠金融发展推动区域经济进步，再反作用于数字普惠金融发展。张岳等（2021）研究发现：数字普惠金融发展显著推动了农村产业融合进程，且传统金融竞争在数字普惠金融发展与农村产业融合之间起到调节作用，传统金融市场的竞争越激烈，数字普惠金融发展对农村产业融合的促进作用越强。张恒等（2022）从中国经济绿色转型发展效率视角切入，探究数字普惠金融的经济绿色发展效应，研究发现，数字普惠金融通过推动技术进步，有效增强了绿色全要素生产率，加速了中国经济的绿色发展转型。杨刚、张亨溢（2022）从创新能力视角验证数字普惠金融对区域经济增长的影响时发现，数字普惠金融有效提升了创新产出进而推动了经济增长，这种推动效应呈现逐渐增强的特性，即数字普惠金融和区域经济实力越强，这种促进效应越大。

2. 微观视角

现有经验证据已经证明：数字普惠金融在缓解中小微企业融资约束、激发社会创新活力、推动金融数字化转型、推动农村发展等方面效果显著。宋晓玲（2017）研究发现，数字普惠金融利用信息技术的低边际成本、强信息互动和易推广性的优势，降低了获取金融服务的门槛，高效和低成本地扩大了数字普惠金融服务的“长尾群体”，有效缓解了弱势群体的金融服务约束，进而激发了农村居民内生发展动力，缩小了城乡收入差距。张勋等（2020）研究发现，数字普惠金融通过提升支付便利性促进居民消费，而流动性约束放松的消费增强效应并不显著。同时，数字普惠金融的发展提升了农村居民收入，但未显著提升农村居民消费。唐松等（2020）指出，数字普惠金融的发展能够有效校正传统金融中存在的“属性错配”“领域错配”和“阶段错配”问题，这有效缓解了企业的“融资难、融资贵”问题，驱动企业去杠杆、稳定财务状况，有助于企业技术创新产出的增加，且这种驱动效应在金融发展禀赋较差的地区更为显著。吴雨等（2021）利用中国家庭金融调查数据研究发现，数字普惠金融发展通过增加投资便利性、强化信息传递、提升家庭风险承受力等途径提升了家庭金融资产组合有效性。周天芸等（2021）研究发现，数字普惠金融通过提高家庭的耐用消费品价值、金融资产价值和房产净值提升家庭财富规模，且这一效应在城市家庭及中西部家庭更强。孙学涛等（2022）从农业机械化视角，利用县域面板数据，探究数字普惠金融对农村发展的影响时发现，数字普惠金融显著提升了农业科技化与机械化水平，推动了农村经济发展，县域经济发展水平、地形特征的异质性导致了数字普惠金融的农业机械化效应的差异性，即县域经济发展水平更低的平原地区，数字普惠金融对农业机械化水平的提升效应更大。宋明月等（2022）以居民互联网消费为切入点，在研究居民消费等级和消费结构的变化时发现，数字普惠金融刺激了居民消费水平的提升，优化了消费结构，进而有效扩大了产品市场。

二 研究意义

数字普惠金融基于传统金融理论基础产生，用于弥补金融体系的缺陷，实现金融对经济的支持，推动经济发展，增加就业，改善收入分配，实现更为公平合理的可持续性发展（陈莹钰，2016）。党的十九大报告指出我国社会的主要矛盾已发生变化。社会矛盾的变化势必带来金融发展路径和结构的变化。随着经济增长、技术进步、互联网、大数据等的不断发展，银行传统经营模式被打破，传统的发展思路难以适应市场的竞争和发展，数字普惠金融为金融机构实现特色化经营指明了道路。落实供给侧结构性改革、发展数字普惠金融既是对国家战略的支持，也是金融机构差异化发展的必然要求。

（一）理论意义

数字普惠金融对低收入人群缓解贫困、中小微企业解决融资困难和扩大就业等方面的效应显著，数字普惠金融更是强化普惠金融功能、促进经济增长的一种有效制度安排。它颠覆了传统金融的理念与模式，以数字化技术为基础，为广大的低收入人群、中小微企业发展提供公平的金融服务，促进金融体系的不断改进。

传统的金融学以完全竞争为前提条件，认为市场机制是有效的，即金融市场能自动实现资源的有效配置。但完全竞争市场假设忽略了金融的二元结构，不符合金融市场的实际运行逻辑。结合传统理论对信息不对称理论、金融发展理论、金融社会属性以及技术环境变化的考虑不足，本书将以完全竞争为假设，考虑到技术创新以及普惠金融的社会实践价值，基于效用函数、技术创新两个因素构建数字普惠金融理论分析框架，期望在现有理论基础上做出一定推进，为我国践行数字普惠金融提供理论基础。

（二）实践意义

数字普惠金融面向所有阶层提供支付、结算、融资和投资等金融服务，这种金融服务的泛化，激励了金融服务边缘弱势群体创新创业，激活了其内生发展动力，有利于缓解贫困，缩小城乡收入差距，促进经济均衡的发展。为此迫切需要构建有效的普惠金融服务体系，引导金融资源向不发达地区、弱势群体、中小微企业等流动，在实践中关注弱势群体，提高居民收入，改善分配和减轻贫困。

数字普惠金融将大数据、云计算、生物识别、人工智能、区块链等信息技术创新成果应用于普惠金融目标的群体服务，具有共享、便捷、低成本、低门槛的特点，在商业模式、产品服务、组织架构等方面产生了诸多创新，强化了传统金融市场功能，丰富了金融服务内容，扩大了金融服务群体，延伸了金融服务触角，提高了市场竞争性，这使得数字普惠金融业务开展的边际成本不断降低，较为有效地解决了普惠金融发展中“商业可持续”和“成本可负担”两大难题。

（三）学术价值

基于效用函数、技术创新构建的数字普惠金融的理论模型，期望在现有理论基础之上从数字普惠金融的经济性、社会性、技术性等角度做出一定的推进。考虑到数字技术的进步，本书实证研究：经济性——数字普惠金融与经济增长的关系、社会性——数字普惠金融与城乡收入差距、技术性——数字普惠金融与绿色全要素生产率之间的关系，实现了普惠金融的社会性、经济性、技术性的有机结合。

在系统梳理数字普惠金融现有研究成果的基础上，本书重点从经济性、社会性和技术性等角度，突出了数字普惠金融发展的综合效应。从宏观、中观和微观的角度，系统性地揭示了数字普惠金融发展的居民消费激励效应、金融市场环境改善带来的中小微企业融资条件升级效应、各类主体的创新激励效应、贫困缓解效应和经济增长效应。一方面，为数字普惠金融的进一步研究提供了阶段性的系统总结，另一方面，为数字普惠金融研究的进一步深化提供了坚实的理论支撑。

第二节 数字普惠金融的演进阶段及概念界定

一 普惠金融的演进阶段

普惠金融演进阶段可归纳为以下四个阶段：小额信贷阶段、微型金融阶段、普惠金融阶段（张晓琳，2018）和基于云计算、大数据、人工智能等金融科技，以数字化手段对原有普惠金融进行升级，全时段监测信贷主体的信用状况，及时满足社会全阶层灵活信贷需求的数字普惠金融阶段。

（一）小额信贷阶段

2004 年世界银行扶贫协商小组（Consultative Group to Assist the Poor，CGAP）发布的《小额金融信贷手册》指出，小额信贷是为满足低收入生产者在经营、消费等方面的需求，为他们提供类似贷款、储蓄等的金融服务，主要包括正规金融体系之外的各类民间小额信贷机构及其所提供的服务。孟加拉国格莱珉银行的小额信贷模式风靡全球，20 世纪 80 年代众多发展中国家以及部分发达国家，开始效仿和借鉴。1997 年，小额信贷峰会首次明确了小额信贷的核心目标①。在这个阶段主要代表性理论为农村信贷补贴理论、金融发展理论；表现为小额信贷模式可以通过信息优势有效缓解农村金融市场信息不对称、信贷边际收益低、农村信贷风险大的问题。当然对于存在的风险，可通过集体信贷、分期还款、动态激励等机制创新进行防范。但是由于农村金融市场的盈利性限制，即农村金融服务展开的成本高、风险大和低收益之间矛盾严重冲突，导致农村小额信贷发展活力受

① 小额信贷核心目标：惠及最贫困人群、帮助妇女发展、促进金融服务的可持续性、保证贫困人群及其家庭生活水平的不断提高。

限，因此小额信贷的可持续性尚存争议。杜晓山（2004）、程恩江和刘西川（2010）、郭建斌（2011）研究提出小额信贷要实现商业可持续性，应该由正规金融机构提供小额信贷服务。

（二）微型金融阶段

微型金融是为低收入群体、微型企业提供储蓄、贷款、租赁、转账、保险等多种金融业务及其他金融产品的服务。1990年后，全球小额信贷突破扶贫专项金融的定位，开始由“福利主义”逐步转变为“制度主义”（张晓琳，2018）。微型金融提供一系列金融产品与服务，其中发放小额信贷和吸收存款，尤其是向贫困人群和微型企业提供微型信贷（或小额信贷）是其最主要的业务内容，以解决他们生活和生产过程中的资金需求。在世界范围内，微型金融已经成为发展中国家缓解农民、小微型企业融资困难的重要金融制度安排。在这个阶段，代表性理论为农村信贷补贴理论、微型金融理论。在我国，微型金融主要以小额信贷为核心，并结合储蓄、保险等金融功能，为广大农村贫困人群和小微企业提供金融服务，帮助其缓解或解决融资困难。

（三）普惠金融阶段

2005年联合国首次定义普惠金融（Inclusive Financial System）为：一个能有效、全面地为社会所有阶层（特别是贫穷的、低收入的群体）提供服务的金融系统。2012年6月，胡锦涛在墨西哥举办的二十国集团领导人第七次峰会上指出：“普惠金融问题本质上是发展问题，希望各国加强沟通和合作，提高各国消费者保护水平，共同建立一个惠及所有国家和民众的金融体系，确保各国特别是发展中国家民众享有现代、安全、便捷的金融服务。”[①] 这代表着普惠金融进入中国政府视野。2013年11月，中国共产党第十八届中央委员会第三次全体会议通过《中共中央关于全面深化改革若干重大问题的决定》，正式提出“发展普惠金融，鼓励金融创新，丰富金融市场层次和产

---

① 新华社：《胡锦涛在二十国集团领导人第七次峰会发表专题讲话》，http：//www.gov.cn/ldhd/2012-06/20/content_2165322.htm，2012年6月20日。

品”。2015 年 12 月，国务院印发《推进普惠金融发展规划（2016—2020 年）》，为中国未来五年普惠金融事业的发展提供了明确的方向和指引。与此同时，国内学术界也开始加快普惠金融理论研究，以逐步缓解普惠金融理论滞后于实践的局面。星焱（2016）结合普惠金融在中国的实践，将其纳入发展经济学、包容性金融理论、金融发展理论等主流研究框架。王颖、曾康霖（2016）从中国的传统儒学文化和土地制度的演变中寻找普惠金融的历史依据和伦理根源，提出大同社会理念中内嵌的广义普惠思想，为探索具有中国文化自信的普惠金融道路提供了重要启示。

（四）数字普惠金融阶段

2016 年 G20 框架下普惠金融全球合作伙伴（GPFI）发布白皮书正式定义“数字普惠金融”，白皮书认为，“数字普惠金融”泛指一切通过使用数字金融服务以促进普惠金融的行动。数字普惠金融具有共享、便捷、低成本、低门槛的特点，在金融的商业模式、产品服务、组织架构等方面产生了诸多创新，丰富了金融服务提供主体，延伸了金融服务触角，提高了市场竞争性，对解决普惠金融领域的诸多难题提供了新的思路和方法。2016 年 9 月，二十国集团第十一次峰会通过《G20 数字普惠金融高级原则》（以下简称《高级原则》）。《高级原则》是国际社会首次在数字普惠金融领域推出的高级别的指引性文件，是全球普惠金融发展的重要里程碑。《高级原则》研判了普惠性金融发展趋势，并结合大数据、云计算等新金融科技明确提出八大原则，为数字普惠金融发展指明方向。2020 年 12 月，“2021 中关村金融科技论坛暨第八届普惠金融论坛”发布了《中国金融科技与数字普惠金融发展报告（2020）》（以下简称《报告》）。该报告认为：2019—2020 年，数字普惠金融服务链条更加顺畅，基础设施更加完善，制度保障更加健全，正在形成以银行类金融机构为中心、以互联网企业为支撑、以非银行金融机构为补充、金融科技企业赋能、基础设施不断完善、制度保障不断健全的全方位发展格局，在服务“三农”、精准脱贫、小微企业融资与智慧城市建设等场景，新服务、新产品不断涌现。梁榜等（2021）指出，数字普惠金融发展有效缓解了减贫问题，对农村贫困地区减贫成果的影响尤为显著。谢升峰（2021）从农村相对贫困视角进行的研究发现，数字普惠金融为构建缓解相对贫困的长效机制奠定了金融基础，有效缓解了因机会、权利不平等造成的相对贫困问题。刘魏等（2021）的研究也进一步证实了数字普惠金融的减贫效应。

综上可知，数字普惠金融体系是一种包容性金融体系，其在继承与发扬小额信贷或微型金融扶贫理念的基础上，基于金融科技，致力于构建一个完整的金融体系，以实现服务对象的“全面性”和金融机构参与的“广泛性”。

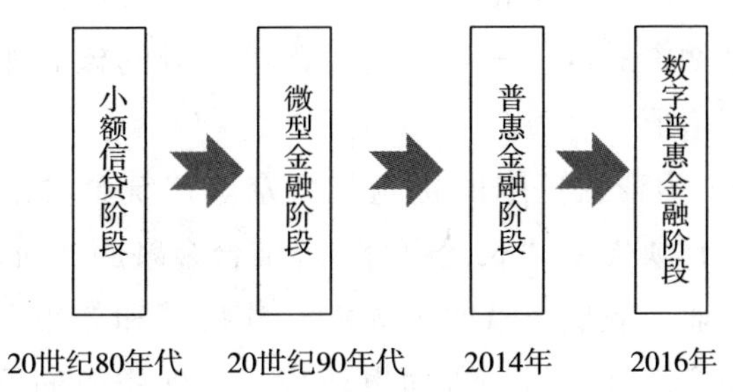

图 1-1 数字普惠金融演进阶段

二 数字普惠金融的概念及特性

（一）数字普惠金融概念

1. 普惠金融

2015 年国务院印发的《推进普惠金融发展规划（2016—2020年）》定义：“普惠金融是立足机会平等要求和商业可持续性原则，以可负担的成本为有金融服务需求的社会各阶层和群体提供适当的、有效的金融服务。”参照星焱（2016）一文，普惠金融的服务群体界定为“社会各阶层”“每一个人”，这势必造成普惠金融概念的宽泛化和无效性。按照我国政府的《推进普惠金融发展规划（2016—2020年）》，普惠金融服务客体主要是弱势群体，通常包括低收入者、小微企业、老年人和残障人士等特殊人群。他们财富占有少、个体多，统计上具有长尾分布特征，因此可以称之为“长尾群体”。

2. 数字普惠金融

数字普惠金融是普惠金融结合大数据、云计算、区块链、人工智能等金融科技的新金融业态，是普惠金融在技术应用方面的延伸，其服务对象、宗旨、目标均与普惠金融一致。数字普惠金融核心是“金融”，要遵从金融的基本规律；普惠是定语限定词，体现在覆盖范围上的“普”、资金价格上的“惠”；技术是基本手段，体现在普惠金融运行载体上的“金融科技”。

“金融”，是指它首先是金融，而不是财政转移支付，也不是社会保障和社会救济，为此必须遵从金融的运行规律：一是提供支付、结算、汇兑、收付款、电子银行、账户等基本金融服务；二是提供信贷服务，也就是融资服务——当前这是普惠金融的核心所在；三是资金或财富的保值增值。

“普”表现为覆盖范围的普遍和大众。传统金融的服务对象为高端客户和富人，缺失了“长尾群体”。结合金融服务对象界定的范围，主要为小微企业、农民、低收入人群、残疾人和老年人等。一方面体现出包容性和广泛性，另一方面也体现了金融服务的可得性，让大多数的人群分享金融发展的成果。

“惠”主要体现为价格上的合理性。结合金融资产的定价原理，符合市场供求的基本规律，保证供求双方的利益，维持商业可持续性为最合理。但现阶段，数字技术限制和普惠金融目标客群的相对“弱势”特征，导致现有信用体系难以覆盖普惠金融的目标客群，使得金融市场供需双方的信息不对称问题突出，为普惠金融定价带来两大难题，一是普惠金融业务扩张的边际成本高，二是普惠金融风险大，这使得普惠金融的定价高、定价不合理问题突出。

“金融科技”表现为以云计算、大数据、互联网等技术为底层架构的一系列技术创新，其可以利用各类科技手段创新传统金融行业与金融领域，如支付清算、借贷融资、财富管理、零售银行、保险、交易结算等产品和服务，能够提升效率并有效降低运营成本，是金融业未来的主流趋势。

综上可知，数字普惠金融的独特性在于其利用先进的数字技术，收集、整理、归类、储存普惠客群的“大数据”，利用“云计算与人工智能”分析特定客户的行为特征、偿债意愿、偿债能力等信用数据，建立起一整套客户评价体系，为普惠金融业务提供宽泛、实惠的信贷支持。

（二）数字普惠金融特点

1. 公平性

数字普惠金融的核心要义之一体现为“普”，即为受到金融排斥的“长尾群体”提供及时、有效和优质的金融服务，体现公平性的特征。张恒等（2021）认为：数字普惠金融是普惠金融数字化转型的产物，其核心理念是借助数字化技术为低收入群体提供公平、优质的金融服务，具备良好的公平性特征。李建伟（2017）研究发现，普惠金融核心要义之一是缓解弱势群体的金融排斥问题，使得金融资源向普惠客群有效渗透，从而使金融发展的成果公平、合理地惠及包括弱势群体（小微企业、城市低收入人群、农民）在内的社会所有成员。

2. 多元性

数字普惠金融的多元性体现为供给主体是多元的，需求主体也是多元的。一是供给主体是多元的，现阶段，中国已经形成了由五大国有商业银行牵头，各类股份制商业银行参与，村镇银行和农村信用社补充，并与蚂蚁金融服务集团（以下简称“蚂蚁金服”）和京东金融等互联网金融新势力相结合的多维数字普惠金融市场。二是需求主体是多元的，包括贫困人群、低收入群体等，表现为阶层多、数量多等特点。

3. 丰富性

数字普惠金融向客户提供的金融服务是丰富的，体现为产品具有丰富性，包含不同期限的信贷业务，还包括保险、储蓄、转账、汇款、租赁、抵押等多功能、多层次的金融服务。多样化金融服务的提供，保证了社会各阶层客户的金融服务需求可以以合理的价格得到有效满足。同时，在存、取、贷、汇、保险等基本金融服务可得的前提下，进一步强调服务的多样性，包括投融资、理财、担保、支付、结算以及征信、金融教育、权益保护等全方位的个人服务和公共服务体系。

4. 政策性

数字普惠金融的发展也体现出政府对特殊群体金融需求的支持，具有一定的准公共产品性质。完善的内部管理体制、健全的市场监管体系、合理的行业标准是普惠金融体系应当具备的。不仅如此，在特定的市场环境下，还应适当发挥政府在政策支持及监管方面的职责与作用。因此，政策性是数字普惠金融的又一特征。受机构与政府两方面的推动作用影响，数字普惠金融能够实现自身的可持续发展。

5. 可持续性

可持续性是指金融服务机构或者第三方服务平台要有一定的生产者剩余，即让金融机构成本可负担、商业可持续，或让第三方服务机构有持续经营的能力（邢乐成，2018）。数字普惠金融并不等于扶贫，不能过度强调社会性而忽略商业性、市场性。当然，合理的定价对于需要付出相对较高融资成本的农户、小微企业来说，显得尤为重要。

6. 数字性

数字性是数字普惠金融的核心特征之一，也是区别于普惠金融的重要特征。数字普惠金融基于金融科技的数字性对普惠金融的变革表现在以下两个方面。一是普惠金融市场融合。随着金融科技的发展，在智能化供需配置的支持之下，不同普惠金融市场之间的隔阂将会被打通，供求信息在市场之间的传导将会变得更为迅速。二是普惠金融机构人机协同。在数据和算法的支持下，人机之间分工合作将达到更高的协同水平，人与机器之间将有望实现无缝衔接。大量的流程性工作将可以由机器来承担，而人则可以更多地参与对机器进行维护管理，以及那些更需要创造性的决策工作。

第三节　中国数字普惠金融发展现状综述

一　数字普惠金融发展历史

数字普惠金融的雏形可追溯到小额信贷，经过不断尝试、探索、总结、发展、创新，经历了小额信贷阶段、微型金融阶段，到为不同阶层提供可持续性发展的金融服务的普惠金融阶段，最终搭乘金融科技“快车”迅速进入数字普惠金融阶段。数字普惠金融是普惠金融的最新发展，不仅具备普惠金融的基本功能，其服务对象广度、使用深度、数字化程度更是在普惠金融基础上，借助数字化工具不断“延伸”和“扩大”。

“普惠金融”缘起于联合国和世界银行2005年的“国际小额信贷年”。2008年国际金融危机之后，普惠金融受到全球的重点关注，很多金融机构积极推行普惠金融。相比传统金融而言，普惠金融能够有效地消除金融排斥，提高金融服务的可获得性。Pitt和Khandker（1998）通过孟加拉国的小额贷款项目发现小额信贷促进消费增加，减少贫困。Poyo和Young（1999）、Fernando（2001）研究指出，NGO成为金融机构后，实现了业务的不断拓展以及金融机构的可持续发展，同时为正规金融机构开展小额信贷提供了条件，有利于后期普惠金融的推广。Lloyd-Ellis（2000）从职业选择，Matsuyama（2000）从信贷市场均衡利率高低，Townsend和Ueda（2001，2006）从金融深化角度验证了金融服务机会的不平等对收入差距的影响，普惠金融能够提供均等的服务机会，减小收入差距。Valenzuela（2002）研究发现正规金融机构由于拥有广泛的分支网络、提供存款服务和支付经验而更利于开展小额信贷业务以及后期的普惠金融业务。Claessens（2004）将普惠金融理解为合理成本下的金融产品和服务的可得性。Ahlin和Jiang（2005）检验发现小额信贷对资本的人均产出、收入差距和贫困存在长期影响。杜晓山（2006，2007）指出金融体系应该建立一个分工合理、功能完备、监管有效、适度竞争的普惠金融体系，尤其是需要重点关注贫困群体。杜晓山（2006）等最早将普惠金融的理念介绍到中国，主要致力于拓展更贫困和更偏远地区的客户群体、降低金融需求群体和服务提供者双方的成本。杜晓山（2006）认为普惠金融是国家主流金融的有机组成部分，能够提供高质量的金融服务。Dowla和Barua（2007）等分析了普惠金融组织应具有的社会作用。王睿等（2008）研究发现普惠金融以公平、高效、稳定、相容性作为其基本特征。Sarma（2011）指出金融可获得性是普惠金融的核心，但需要确保金融服务的质量和金融可获得性，实现可持续发展。Mahjabeen（2008）研究发现孟加拉国微型金融服务的壮大使得金融服务的家庭和个人收入明显提升。周孟亮和李明贤（2009）发现普惠金融需要考虑金融的可持续发展、金融机构服务的广度和深度、社会福利三者之间的关系。焦瑾璞等（2009）研究发现普惠金融体现了金融公平，强调全民平等地享受现代金融服务的理念。焦瑾璞等（2010）研究发现普惠金融体系是对金融体系不足的有力补充，同时鼓励和依靠技术革新和政策来向偏远、贫困地区发展。陆磊等（2010）研究发现普惠金融介于政策性金融和商业性金融之间，必须要考虑其可操作的边界。吴晓灵（2010）提出普惠金融的服务对象主要为基层的贫困人口和小微企业。龙丹丹（2011）研究发现普惠金融体系建设应该重点关注金融服务的多元化和多样性。Ocasion 和 VangeMariet（2012）借鉴阿玛蒂亚·森对人类社会发展的思想，认为社会的发展不仅包括经济产出的增长，还要提供保持个人社会尊严与价值的机会与渠道，普惠金融正是人获取均等金融机会的权利。Bauchet（2011）和班纳吉（2013）研究发现金融深化能使小型企业和穷人更好地利用投资机会。Demirguc-Kunt 和 Klapper（2012）研究发现金融自由化能够产生普惠金融，为此能够很好解决现有中小微企业融资难的问题。胡国晖等（2012）研究发现普惠金融以小额信贷和微型金融为基础，但是其所达到的目标和作用不应该受到局限。World Bank（2013）研究发现普惠金融通过小微金融的金融创新，不断地降低金融服务主体和客体之间的信息成本。王婧等（2013）认为2002—2011 年中国银行业数据构建普惠金融指数反映出我国普惠金融虽经历波折但总体良好。曾康霖等（2014）对普惠金融的历史背景及研究现状进行了梳理和探讨。陈银娥等（2015）运用马尔科夫链等方法研究发现中国的普惠金融呈现多极化格局和“俱乐部效应”现象。杜强等（2016）运用 2006—2013 年省级面板数据说明我国各省普惠金融的发展现状，研究发现我国普惠金融存在显著的地区差异。张珩等（2017）指出中间业务交易金额与当地生产总值之比、农户拥有农村信用社银行卡数量、存款加权利率水平和贷款加权利率水平是评价农村普惠金融发展水平的4个重要指标。张栋浩等（2018）研究发现普惠金融有效提高了农村家庭风险应对能力，缓解了农村风险性问题，进而对降低其贫困脆弱性产生积极影响。张龙耀等（2021）利用核密度估计和Dagum基尼系数，实证发现农村数字普惠金融水平发展水平上升趋势明显，且发展水平的绝对差异、相对差异均呈下降趋势。

2016年，数字普惠金融概念被正式明确定义于G20框架下普惠金融全球合作伙伴（GPFI）发布的白皮书中。随后理论界掀起数字普惠金融"热潮"。王晓（2016）以2016年G20峰会为背景，考虑到数字普惠金融新业态普及催生的金融风险，总结了各类国际金融组织制定的数字普惠金融风险监管条例，为我国数字普惠金融发展提供了借鉴参考。胡滨（2016）指出数字普惠金融发展存在三大挑战，一是数字普惠金融发展存在分业监管体制与金融业混业经营格局的错配问题；二是现有法律、监管规则的制定滞后于数字普惠金融的快速发展；三是金融创新与风险控制的协调问题突出。孔祖根等（2016）基于丽水农村金融改革经验证据，研究发现数字普惠金融有效缓解了长期以来农村地区存在的信息不对称问题，延伸了农村信用体系，便利居民支付，有效推动了农村产业发展。宋晓玲（2017）基于2011—2015年省级面板数据的研究发现，数字普惠金融有效缓解了城乡收入差距。易行健等（2018）基于家庭微观数据的研究发现，数字普惠金融对促进居民消费具有重要作用，主要体现在缓解居民流动性约束与便利居民支付方面，但这种促进作用主要体现在低负债率家庭上。龚沁宜等（2018）基于不同经济发展水平视角，利用面板门限模型研究发现，数字普惠金融的减贫效应随着经济发展存在明显的拐点，且呈现边际效应递减特征，即当地区经济发展水平低于某一临界点时，数字普惠金融的减贫效应较强；当地区经济发展水平高于某一临界点时，数字普惠金融的减贫效应突减，且呈现边际效应递减特征。张勋（2019）从经济包容性增长视角探究数字普惠金融的影响、机制及效应时发现，数字普惠金融有助于推动中国经济的包容性增长，其主要通过提升农村低收入群体家庭可支配收入来促进农户创业机会均等化等途径激励低资本家庭创新创业。汪亚楠等（2020）基于中国280个地级市面板数据探究数字普惠金融对完善社会保障的影响时发现，数字普惠金融通过收入效应，就业效应显著提升了社会保障水平。陈慧卿等（2021）从不同财政支出比例、经济发展水平、城镇化水平角度探究数字普惠金融的农村增收减贫效应时发现，数字普惠金融的农村增收减贫效应随着城镇化水平提升而增强，但随着经济发展水平和财政支出比例的提升而减弱。姜松等（2021）指出数字普惠金融发展有利于经济高质量发展，但二者存在明显的结构性矛盾，表现为数字化程度对经济高质量发展存在不确定性，现阶段抑制效应更为突出。杨刚、张亨溢（2022）从创新能力视角验证数字普惠金融对区域经济增长的影响时发现，数字普惠金融有效提升了创新产出进而推动了经济增长，这种推动效应呈现逐渐增强的特性，即数字普惠金融和区域经济实力越强，这种促进效应越大。孙学涛等（2022）从农业机械化视角，利用县域面板数据，探究数字普惠金融对农村发展的影响时发现，数字普惠金融显著提升了农业科技化与机械化水平，推动了农村经济发展，通过异质性分析发现县域经济发展水平、地形特征的异质性导致数字普惠金融的农业机械化效应的差异性，即县域经济发展水平更低的平原地区，数字普惠金融对农业机械化水平的提升效应更大。

综上可知，不难发现数字普惠金融发展至今，经历小额信贷—微型金融—普惠金融—数字普惠金融阶段，从向穷人、小微型企业延展至为各个阶层提供金融服务，其研究内容也逐步向纵深扩展。同时，众多的学者研究也发现数字普惠金融在服务范围、服务产品上优于普惠金融，能实现更为广泛的金融普惠。数字普惠金融释放出更强的适应性与发展活力。但我国的普惠金融发展较晚，数字普惠金融的研究成果更为零散，导致数字普惠金融优势难以充分凸显，这迫切需要对数字普惠金融效应及发展的整合性研究。

二　数字普惠金融多维度探析

研究者较为关注数字普惠金融，是由于数字普惠金融的不同特性影响相关领域，包括对经济增长的影响、对于现代金融扶贫的作用、对就业机制等方面的影响。世界银行扶贫协商小组在《服务于所有人——建设普惠金融体系》一书中提出普惠金融应该让所有人有能力获得金融服务，尤其是贫困人口、妇女、小微企业等弱势群体。后来大量学者研究发现，数字普惠金融在一定程度上可以消除贫困、饥饿，增强妇女权利，改善小微企业经营状况。

（一）宏观维度

1. 数字普惠金融与经济增长

Beck 和 Demirgüç-Kunt（2008）研究发现普惠金融发展程度不高将会导致社会阶层的固化，扩大贫富差距，引起社会矛盾，阻碍经济的健康持续发展。Easterly（2006）研究发现普惠金融能缓解贫困、促进经济增长，是实现包容性社会的一种重要机制。Mandira 和 Jesim（2010）研究发现：一国的金融普惠程度与社会经济发展程度显著的同向变动，同时，平等程度、文化、城镇化率与普惠金融显著相关。王曙光等（2011）研究发现普惠金融可以提高人民收入，消除贫困，扩大内需，改善城乡二元结构，有利于中国经济增长方式的改变和可持续发展。Chattopadhyay（2011）研究发现缺乏普惠金融体系会使得 GDP 损失 1%。王修华等（2012）研究发现一个地区或者国家的经济发展水平与普惠金融的发展程度密切相关。Kapoor 等（2013）研究发现不断壮大的数字普惠金融能促进一个国家和地区经济增长。宋汉光等（2014）利用 G20 国家 2005—2012 年的面板数据定量分析发现普惠金融水平在经济增长中发挥重要的作用，并且在发展中国家更加显著。刘亦文等（2018）研究发现，普惠金融发展的经济增长效应显著，呈现出明显的非线性特征，即普惠金融对经济增长的正向效应存在多重门限，普惠金融发展水平越高，对经济增长的边际贡献越大。钱海章等（2020）研究发现，数字普惠金融对经济增长具有显著的正向促进作用。张庆君等（2021）指出，数字普惠金融通过扩展金融服务覆盖广度，缓解信贷歧视，进而推动产业结构升级，推动经济高质量发展。蒋长流和江成涛（2020）基于市域面板数据，从要素生产率、技术升级和创新活动等视角研究数字普惠金融对地区经济高质量发展的影响时发现，数字普惠金融对城市经济发展存在明显促进效用，且这种促进存在明显的门限特征，表现为城市发展水平越高其相对促进效用越低。周超和黄乐（2021）从经济发展质量的视角切入，研究数字普惠金融对地区经济发展的影响时发现，数字普惠金融通过改善产品市场环境，从中小微企业和偏远山区群众等主体提升了经济发展质量。马黄龙等（2021）从农村人力资本视角切入，探究数字普惠金融对经济高质量发展的影响时发现，数字普惠金融显著推动区域经济高质量发展。马绍刚等（2021）从普惠金融与财富积累、生产力进步、实体经济发展的视角，利用 DSGE 模型构建普惠金融与经济体系的随机动态机制，并利用中国人民银行与世界银行发布的金融市场运行数据，模拟了普惠金融与市场条件的一般均衡过程，研究发现，普惠金融是关系到财务积累、资源配置效率与实体经济发展的重要因素，普惠金融发展提升了居民收入和消费水平，有效扩大了产品市场需求，刺激了技术更新与进步，推动了实体经济发展。任太增和殷志高（2022）从数字普惠金融概念出发，研究中国经济增长的动能时发现，数字普惠金融通过改善中小微企业融资环境，提高企业与贫困居民金融资源可得性，推动了中国经济快速增长。

2. 数字普惠金融与金融稳定

Atkinson 和 Messy（2013）研究提出普惠金融的激励原则、金融教育国家战略、金融消费者保护制度三者有效的整合能增强金融的稳定性，提高民众的“金融幸福感”。Hanning 和 Jansen（2010）认为，普惠金融能提高金融效率与社会稳定。Benhua（2011）指出普惠金融发展能够消除金融排斥。Cull 和 Perica（2012）研究发现基于有效的监管，普惠金融与金融稳定存在正相关关系。王颖等（2012）研究发现普惠金融能够有效实现金融资源的有效配置，实现金融业的快速发展。Kapoor（2013）研究发现不断壮大的普惠金融促进了一个国家和地区的经济增长，并增强了金融的稳定性。白当伟等（2018）以金融体系稳定为突破口，探究普惠金融对金融体系稳定的机制与路径时发现，普惠金融通过缩小贫富差距，增强了金融体系的稳定性，同时，金融稳定性的增强反向推动了普惠金融发展。吴雨等（2021）利用中国家庭金融调查数据研究发现，数字地金融发展通过增加投资便利性、强化信息传递、提升家庭风险承受力等途径提升了家庭金融资产组合有效性。欧阳资生等（2021）基于省级面板数据的实证结果，认为数字普惠金融发展通过资本转移和创新研发两路径有效抑制了中国区域性金融风险。赵晓鸽等（2021）研究发现，数字普惠金融显著改善了金融错配程度，提升了金融资源配置效率。

3. 数字普惠金融宏观层面影响因素

宏观层面与经济发达程度、金融理念和文化、金融知识和素养、政府的宏观政策、科技发达程度有关。Allen（2012）研究发现普惠金融更容易被金融知识丰富的人接纳。Chakravarty 和 Pal（2013）对印度 1972—1999 年实施的普惠金融进行了细致的研究后发现，普惠金融在一定程度上与国家政策、实施效果有关，同时还与区域经济发展、经济结构有关系。吴国华（2013）研究发现我国普惠金融的建设，需要不断完善法律法规作为制度保障。Klapper（2013）通过对 1000 位俄罗斯居民的样本分析发现人们获取正规渠道金融服务的程度与其掌握的金融知识正相关，而从非正规渠道获取信贷与其所拥有的金融知识呈负相关。Kama 和 Adigun（2013）基于尼日利亚普惠金融服务情况的研究发现，金融服务对象金融知识的缺乏将制约普惠金融的发展。焦瑾璞（2014）研究发现基层政府执行的各项政策对普惠金融发展具有重要作用。龙云飞和王丹（2017）利用 2004—2015 年金融数据，构建了普惠金融指数，并在利用邓氏灰色关联度模型探究影响普惠金融发展水平因素时发现，教育、收入和信息化水平是影响普惠金融发展的重要因素。王喆等（2021）基于城市面板数据的实证研究发现，传统金融供给有效驱动了数字普惠金融发展，并进一步研究发现：市场化水平、金融监管程度、法治水平、风险规避意识和社会信任度高的地区，传统金融供给对数字普惠金融发展的正向影响作用更为显著。

（二）中观维度

1. 数字普惠金融与城乡收入差距

徐敏（2014）基于 1985—2012 年数据的研究发现普惠金融的发展和城乡收入分配之间存在长期的均衡关系，普惠金融水平提升能够有效地缩小城乡收入差距。Xu 和 Zhang（2014）指出普惠金融能够减少城乡居民的收入差距。李志军等（2015）研究发现普惠性的金融发展更有助于缩小中国城乡收入差距。李建伟等（2015）基于 2004—2013 年的相关数据，构建了普惠金融指数，建立了 VEC 模型，研究发现：中国普惠金融的发展程度与城乡居民收入分配差距之间存在长期的均衡关系。谢升峰（2016）研究发现农村普惠金融发展水平对经济发展、城乡统筹发展具有较显著的促进效应。李建伟（2017）利用 2009—2014 年我国 30 个省份的普惠金融发展程度，采取空间计量模型研究发现分省普惠金融能缩小省级城乡收入差距，但存在不一致的现象。黄永兴等（2017）运用 2005—2014 年的省级面板数据进行研究，发现普惠金融对于城乡收入差距表现为先扩大后缩小的非线性特征。宋晓玲（2017）研究发现，数字普惠金融利用信息技术的低边际成本、强信息互动和易推广性的优势，降低了获取金融服务的门槛，高效和低成本地扩大了数字普惠金融服务的客户群体，有效缓解了弱势群体的金融服务约束，进而激发了农村居民内生发展动力，缩小了城乡收入差距。陈啸和陈鑫（2018）考虑到不同区域间的城乡收入差距表现出的空间关联性和数字普惠金融的数字性，探究数字普惠金融对城乡收入差距的影响时发现，数字普惠金融发展显著缩小了地区城乡收入差距，并通过城乡收入差距的空间关联性，显著缩小了周边地区城乡收入差距。梁双陆等（2018）基于 2011—2015 年省级面板数据的研究证实，数字普惠金融对缩小城乡收入差距具有重要作用。李牧辰等（2020）从金融排斥理论和金融功能观出发，探究数字普惠金融对城乡收入差距影响时发现，中国数字普惠金融的发展总体上收敛了城乡收入差距，但主要体现为覆盖广度和使用深度等方面带来的影响，数字化程度扩大了城乡收入差距。王永静等（2021）研究也发现数字普惠金融对缩小城乡收入差距效果显著。

2. 数字普惠金融与投资、产业结构

Banerjee 和 Newman（1993）从创业能力的获取角度研究发现，初始的禀赋差异扩大贫富差距的收入分配效应，普惠金融市场能够为穷人提供更多的融资、投资机会，因此贫富差距将逐渐缩小。Simanowitz（2002）研究发现普惠金融知识的普及使得就业模式和就业渠道趋向稳定和多样性。Aghion、Fally 和 Scarpetta（2006）研究发现普惠金融降低了中小微企业的融资门槛，促进中小微企业的健康发展。Beck、Demirgüç-Kunt 和 Levine（2009）研究发现普惠金融能使小企业、穷人更好地利用投资机会，实现自我保护。徐敏等（2015）利用 VAR 模型检验了 1985—2012 年的普惠金融与产业结构的关系，研究发现普惠金融与产业结构合理化、高级化存在双向的格兰杰因果关系。张宏亮（2015）基于对西北经济欠发达地区普惠金融发展现状的分析发现，普惠金融对促进经济结构转型、平衡城乡经济发展有显著作用。师俊国等（2016）基于 2008—2013 年的 87 个县的面板数据，运用面板平滑转换模型研究发现，普惠金融对投资效率有非线性效应，还存在明显的门限特征。范兆斌等（2017）运用我国 10 个省份 15 个制造行业 2004—2013 年的数据研究表明普惠金融对于出口总体有促进作用。张号栋等（2017）通过 2015 年家庭金融调查数据实证研究发现在京津冀地区，金融普惠比非金融普惠城镇居民失业概率下降了 1.7%，同时发现金融普惠可以提高城镇居民的人力资本。吴桐桐等（2020）的研究表明，数字普惠金融发展对投资者“炒新”影响显著，一是数字普惠金融通过降低信息不对称机制缓解投资者“炒新”，二是数字普惠金融通过激发投资者乐观情绪机制刺激投资者“炒新”。张林（2021）基于我国 1148 个县面板数据的实证研究表明：数字普惠金融对县域产业优化升级具有重要的促进作用，对非贫困县作用更为明显。孙倩等（2021）研究也证实，数字普惠金融发展对非贫困县产业结构升级效果显著。

3. 数字普惠金融中观层面影响因素

中观层面与金融基础设施建设、信息透明度、技术发展有关。钱小安（2003）认为解决民营企业资金稀缺和民间资本相对过剩矛盾需要加强和完善金融基础设施建设，推进普惠金融发展。Appleyard（2011）以英国和美国为例，研究发现网点位置分布的不均导致人们无法享受平等的金融服务。Kama 和 Adigun（2013）通过对尼日利亚的研究发现由于受技术落后、工作效率低下、基础设施不健全等因素影响，普惠金融发展缓慢。郭田勇等（2015）研究发现经济发展水平、信贷资源、城镇化率、人口地理等因素严重地影响了我国普惠金融的发展。蔡洋萍（2015）研究发现农村人均收入、机构服务数量、基础设施、普惠政策、信用环境造成普惠金融发展水平存在差异。明炼（2015）指出，农村信用信息体系不健全，缺乏农村金融机构常态化信息共享机制，导致农村金融需求缺乏高质量的信用支撑，农村居民信贷难信贷贵的问题尤为突出。杜兴洋等（2018）考虑到信息技术对金融产业的正向冲击，利用2001—2016年省域数据实证研究信息技术对普惠金融的影响时发现，信息技术显著促进了普惠金融发展，其中通信终端和通信网络等信息基础设施的完善程度表现出明显的中介效应，信息基础设施完善程度越高，则信息技术对普惠金融发展表现出的正向推动效应越强。郭妍等（2020）研究发现，网络设备普及率、网络覆盖度、消费水平、学历、性别和金融知识均是影响数字普惠金融发展的重要因素。李明贤等（2021）从县域数字普惠金融视角研究发现，传统金融发展水平和经济发展水平对县域数字普惠金融发展的促进作用显著，但政府干预程度的提升会阻碍传统金融发展进而抑制县域数字普惠金融发展。

（三）微观维度

1. 数字普惠金融与减贫

Caskey等（2006）与Dupas和Robinson（2009）基于家庭调研数据分析发现信贷、支付、储蓄等基本的金融服务能有效改善穷人的生活质量。Mor和Ananth（2007）基于印度的信贷案例分析发现普惠金融打破了行业壁垒，降低消费信贷获取成本，有利于经济的增长、扩大就业、减少贫困发生率。Demirgüç-Kunt等（2008）运用跨国数据研究发现普惠金融有利于经济增长，实现收入公平、减少贫困。Honohan（2008）基于160个国家成人使用正规金融服务与贫困的数据分析发现普惠金融与贫困存在相关关系。Beck等（2008）研究发现金融深化程度与基尼系数测算的收入分配的不公平程度具有负相关性，普惠金融能够促进经济增长，减少贫困。Demirgüç-Kunt和Levine（2009）从金融结构、金融中介、市场结构的改进方面研究发现，普惠金融的有效发展将逐渐减少贫困和提高就业机会。Anand 和 Chhikara（2013）通过跨国数据研究发现，普惠金融指数每增加 1%，人类发展指数增加 0.142%。Puttaraja 和 Heggade（2012）研究发现普惠金融可向那些受金融排斥的弱势群体和低收入阶层提供金融服务，普惠金融有助于经济发展和实现社会整体的包容性。郑中华等（2014）研究发现普惠金融能够提升金融服务的覆盖率和可获得性，在消除贫困方面有积极作用。马蔚华（2014）研究提出普惠金融能够为贫困人群提供强有力的支持。何德旭等（2015）研究提出构建普惠金融体系，给贫困地区、贫困人口提供更多的信贷资源，将有利于解决贫困问题。贝多广（2016）研究认为，普惠金融实质上是帮助人们获得公平发展权利。尹志超（2017）通过 2015 年家庭金融调查数据实证研究发现京津冀社区金融普惠提高 10 个百分点，社区家庭收入基尼系数显著下降 2.42%。魏丽莉（2017）基于西部地区的面板数据研究表明，普惠金融对西部地区反贫困整体效应明显，但对于各省份效应并不显著。何学松等（2017）研究发现普惠金融综合指数每提升 1 个百分点，贫困率下降 0.151 个百分点，普惠金融广度指数每提升 1 个百分点，贫困率下降 0.122 个百分点。韩晓宇（2017）利用 2006—2014 年各省普惠金融发展指数的 PVAR 计量检验发现普惠金融有明显的减贫效应。马彧菲（2016）运用 2005—2013 年构建的包容性增长指数研究发现普惠金融总体上有利于贫困减缓，可以解释的变换为 15%。卢盼盼等（2017）基于省际 2005—2014 年的面板数据运用 GMM 方法验证发现中国普惠金融有显著减贫效应。黄倩等（2019）研究发现收入增长和收入分配的改善是数字普惠金融促进减贫的重要机制。刘锦怡等（2020）研究发现数字普惠金融通过缓解农业信贷约束、增加就业机会，改善农村贫困问题。张勋等（2020）研究发现数字金融通过提升支付便利性促进居民消费，而流动性约束放松的消费增强效应并不显著。同时，数字金融的发展提升了农村居民收入，但未显著提升农村居民消费。李京蓉等（2021）指出数字普惠金融能通过增加农户非农就业机会、拓展电商业务、提升金融素养等方式分别实现减贫增收、产业扶贫以及资源优化配置来提升农户多维减贫效应。曾福生等（2021）进一步将贫困分解为教育贫困、消费贫困、收入贫困三大维度，依次检验数字普惠金融的减贫效应，研究发现数字普惠金融有效减缓消费和收入贫困，但对于教育贫困的减缓作用并不理想。梁榜等（2021）指出数字普惠金融发展有效缓解了减贫问题，对农村贫困地区减贫成果的影响尤为显著。谢升峰等（2021）则从农村相对贫困视角进行研究，发现数字普惠金融为构建缓解相对贫困的长效机制奠定了金融基础，有效缓解了因机会、权利不平等造成的相对贫困问题。刘魏等（2021）也进一步证实了数字普惠金融的减贫效应。

2. 数字普惠金融与农村农户

Schreiner（2003）等通过研究证明，普惠金融组织对提高农民收入、减少农村贫困、填补农村金融服务的空白具有重要作用。马九杰等（2010）研究发现我国农村存在严重的金融排斥，发展普惠金融有利于解决金融排斥问题，实现农户增收。王曙光等（2011）研究发现普惠金融能有效地弥补欠发达地区存在的金融服务空白，改善城乡二元金融结构，促进区域经济均衡发展。王修华等（2011）利用1978—2008年的时间序列数据论证了普惠金融的不断发展能够有效地促进农村经济发展，从而缩小城乡收入差距。田杰等（2012）研究发现，普惠金融的发展能较为显著地提高了农村生产率。朱一鸣（2017）利用全国2018个县的数据研究发现普惠金融有利于农村居民增收。张栋浩等（2018）研究发现，普惠金融有效提高了农村家庭风险应对能力，缓解了农村风险性问题，进而对降低其贫困脆弱性产生积极影响。任碧云等（2019）基于京津冀2114位农户调查数据实证检验发现，数字支付、信贷均促进了农村经济包容性增长。陈丹等（2019）研究发现，数字普惠金融有效提升了农村居民收入。黄倩等（2021）研究发现，数字普惠金融发展有效提升了农户创业概率。陈晓芳等（2021）的研究也进一步证实数字普惠金融有助于提升创业成功率。张龙耀等（2021）利用核密度估计和Dagum基尼系数实证发现，农村数字普惠金融发展水平上升趋势明显，且发展水平的绝对差异、相对差异均呈下降趋势。张婷婷和孟颖（2022）从乡村振兴视角切入研究，发现农村普惠金融存在金融基础设施不完善、普惠金融产品供需结构失衡和农村普惠金融生态体系内生循环能力偏弱等问题，弱化了普惠金融对乡村振兴的支撑作用。孙学涛等（2022）从农业机械化视角利用县域面板数据探究数字普惠金融对农村发展的影响时发现，数字普惠金融显著提升了农业科技化与机械化水平，推动了农村经济发展，县域经济发展水平、地形特征的异质性导致农业机械化效应的差异性，即县域经济发展水平越低的平原地区，数字普惠金融对农业机械化水平的提升效应越大。

3. 数字普惠金融微观层面影响因素

微观层面与地理位置、交易成本、组织流程、产品创新程度有关。周立（2002）研究认为信息不对称是造成金融覆盖率低的一个主要原因。何德旭等（2007）研究认为金融机构的经营模式导致金融服务供求不能有效地匹配，从而会影响普惠金融的推广。Bester 等（2008）研究发现一旦金融机构的产品设计不合理，达不到普惠金融需求者的要求时，会导致一部分人放弃正规渠道的金融服务，转向其他金融渠道。Priyadarshee 等（2010）研究发现政府政策激励和基础设施建设是影响印度普惠金融发展水平的关键因素。Allen（2012）基于 123 个国家 12 万人的样本研究发现，金融机构真实惠民政策能够刺激普惠金融需求者更加广泛地使用金融服务，促进当地金融的发展。王婧等（2013）通过实证研究发现，产业发展、城乡收入差距、交通便利等都会影响普惠金融的发展，同时发现第一产业对经济的拉动率以及交通的便利性正向显著影响普惠金融发展。李建军等（2015）研究提出基础设施的建设与普惠金融发展正向相关。李巧莎等（2015）从客户、微观、中观以及宏观 4 个层面构建了农村普惠金融的分析框架。周顺兴和林乐芬（2015）考虑到商业银行竞争对金融普惠性的影响，发现银行业竞争表现出明显的竞争效应，激励村镇银行革新金融科技，进而有效提升了金融服务的普惠性。张珩（2017）基于 2008—2014 年陕西省 107 家农村信用社调查数据的实证发现产业结构、投资环境、城乡收入差距对农村信用社的普惠金融服务总体水平有显著的影响。张宇等（2017）研究发现交通的便利程度、信息技术、政府扶持、产业发展水平对西部农村普惠金融发展有一定的影响。陈啸（2017）研究发现，关系型借贷可显著提高农村中小微企业贷款的可得性，从而更利于推广普惠金融。张正平等（2017）研究表明新型农村金融机构扩张对普惠金融发展有显著作用。林德发等（2020）认为，区块链技术是推动传统商业银行发展数字普惠金融的重要突破口之一。

三 数字普惠金融发展核心动力：技术进步

Burgess 和 Pande（2005）基于印度银行的监管数据分析发现技术驱动的低成本金融服务能有效地减少农村贫困。Ivatury（2006）研究发现利用先进技术提供的金融服务可以有效地降低服务成本，更能够有效地为低收入人群提供金融服务。焦瑾璞（2010）发现金融市场的技术创新为低收入人群提供了丰富的金融产品。郭兴平（2010）研究发现信息技术创新有利于普惠金融的推广，政府需要主导将电子化的金融服务渠道推广，实现普惠金融的可持续发展。Bihari（2011）研究发现，在印度手机的普及率越高，覆盖率越广，越有利于手机银行的推广，以此不断地满足印度贫困人口的普惠金融的需求。Czernich（2011）研究发现，宽带渗透率提升 10 个点，将带动人均 GDP 增长 0.9—1.5 个点。Kunt 和 Klapper（2012）研究发现互联网的发展能有效触及“长尾群体”的金融需求，体现金融的普惠性。刘海二（2013）研究提出手机银行能够拓宽交易的边界，解决普惠金融发展遇到的问题。李立威等（2013）研究发现互联网普及率每提升 10%，实际人均 GDP 将提升 1.38%。林宏山（2014）研究提出互联网金融覆盖面广、灵活、交易成本低廉的金融特性能够在一定程度上缓解普惠金融发展的不均衡等问题。梁骞（2014）研究发现互联网技术的兴起为普惠金融的发展提供了新的机会。王金龙等（2014）指出了传统金融在普惠金融发展上存在的不足，提出了互联网金融是实现普惠金融的重要平台。裴平（2014）等认为互联网金融具有“开放、平等、协作、分享”的社会主义普惠金融的特征。丁杰（2015）指出大数据的应用、金融模式创新引导互联网金融走向普惠金融之路。朱民武等（2015）从金融伦理和互联网金融的视角研究发现，普惠金融的伦理在于公平、包容和效率，互联网具有开放、共享、合作等特性，因此互联网时代的普惠金融发展需政府提供稳定有效的制度保障。随着网络、手机信息技术的发展和普及，手机为载体的商务模式将实现空前的发展，为普惠金融提供一个全新的契机。刘文峰（2015）提出“互联网+”与普惠金融的有机结合，将比传统的普惠金融更有优势。连耀山（2015）研究认为互联网高速发展与普惠金融发展高度契合，互联网降低信息不对称和交易成本，扩大了金融服务的范围，普惠金融是向社会“草根”下延，为此可以利用互联网技术以及大数据，在风险可控的条件下实现普惠金融服务。李丹和潘子利（2015）研究发现互联网金融较好地满足了不同层次群体客户的需求，这正是普惠金融的发展目标。郭田勇（2015）研究认为，普惠金融发展需利用大数据手段精确定位客户群体，推动网点和服务下沉，提升普惠金融商业可持续性发展能力。董希淼（2016）研究发现，普惠金融不同于互联网金融，应该开放市场，在互联网技术创新的推动下，实现商业可持续发展。周孟亮等（2016）研究发现，民营银行需要寻求新的金融理念和经营模式，“互联网+”是民营银行服务普惠金融的立足点，为此需要激励普惠性金融、互联网金融创新。巴曙松（2016）认为，金融机构应该借助“互联网+”的动力，利用技术来带动商业模式创新，推动普惠金融的可持续发展。宋晓玲等（2017）基于省级面板数据探究“互联网+”和普惠金融对城乡收入的影响，研究发现，互联网和普惠金融对城乡人均收入水平、城乡收入均衡水平有显著的促进作用，二者交互效应也对城乡人均收入水平有显著作用，但对城乡收入均衡水平影响并不显著，表明二者结合度不够。韩俊华等（2017）认为，互联网金融交易成本低、信息对称、具有广覆盖和可持续性，能够实现普惠金融，缓解金融排斥。徐光顺等（2017）研究发现，信息通信技术和普惠金融的发展均有利于农民增收。唐松等（2020）指出，数字金融的发展能够有效校正传统金融中存在的“属性错配”“领域错配”和“阶段错配”问题，这有效缓解了企业的“融资难、融资贵”问题，驱动企业去杠杆、稳定财务状况，有助于企业技术创新产出的增加，且这种驱动效应在金融发展禀赋较差的地区更为显著。钱海章（2020）研究发现，数字普惠金融发展通过推动技术创新与地区创业促进经济增长，在城镇化率低和物质资本高的省份中，这种促进效应更为显著。葛和平等（2018）基于2011—2015年省级面板数据进行实证研究发现，互联网使用率的提升有效促进了数字普惠金融发展。

综上可知，通过梳理宏观、中观、微观三层的研究综述不难看出，一是数字普惠金融促进经济增长，有利于金融稳定，能够有效地减贫，促进农户增收、农村经济的发展、缩小城乡收入差距，有利于投资和产业结构的合理调整；二是技术的不断进步，互联网的覆盖面不断扩大，手机支付的不断推广有利于数字普惠金融多渠道、多路径发展，降低交易成本，提升数字普惠金融发展的可持续性、高覆盖性。这表明了数字普惠金融的重要性。

四　金融机构发展数字普惠金融现状

目前关于数字普惠金融的研究主要是从宏观经济层面进行的研究以及对微观的农村金融发展现状的研究。学术界关于金融机构对数字普惠金融的发展的研究相对较少。张海峰（2010）研究发现商业银行参与普惠金融体系建设有三个动机，商业银行在普惠金融业务方面各有优劣。何广文等（2011）研究了大型商业银行在小额信贷服务模式方面进行的组织创新、业务操作创新。周孟亮等（2011）基于理论角度研究了大型商业银行与专业小贷机构的普惠金融，研究发现我国普惠金融建设离不开大型商业银行的作用。王婧（2013）利用银行业数据综合评价我国普惠金融的发展现状及影响因素。潘毅（2013）分析了国外中小银行的成功经验，提出城商行发展需要做“市民银行”，从管理体制转型、资本管理机制转型两个方面提出了对策建议。普惠金融的核心对象就是贫苦人口、中小微型企业。几乎所有的城市商业银行都把中小微金融作为自己的战略重点之一。姚耀军等（2014）研究发现城商行实施中小微战略的关键点在于商业银行的风险管理能力。娄飞鹏（2014）从商业银行产品创新角度探讨普惠金融，从重点关注“三农”和小微企业、借助互联网金融手段、实现跨界经营、做好风险管理四个方面给出了商业银行发展普惠金融的建议。符林等

（2014）认为社区银行是发展普惠金融的重要实现形式。王宁等（2014）研究发现金融机构对贫困地区的信贷门槛过高，导致贫困农户掉入“贫困陷阱”，为此需要构建普惠金融体系。李建军等（2015）研究表明，与互联网平台相比，银行在小微经济体融资的搜索成本和网络效应两个方面更有优势，为此互联网平台是普惠金融服务的重要提供者。规范互联网平台发展，对于普惠金融体系的建设具有重要意义。周顺兴等（2015）利用江苏 43 家县域村镇银行 2008—2013 年面板数据验证了银行业竞争对村镇银行普惠绩效为正的促进作用。欧理平（2016）通过对 41 家商业银行 2003—2014 年的面板数据实证检验发现普惠金融能够提高商业银行的盈利可持续性。苏冬蔚等（2017）通过银行网点的问卷调查发现金融机构积极拓展社会网络资源并全力构建互信互惠的合作关系能不断促进微型金融业务的创新，从而推动普惠金融体系的可持续发展。郭丽虹等（2021）以银行主体为突破口研究发现，金融科技有效提升了银行数字普惠金融新业态的运营效率，降低了普惠信贷风险，强化了银行风险监管与控制能力。

关于金融机构如何发展数字普惠金融的问题，上述研究者主要基于社区银行模式进行了一定的研究分析，同时将互联网技术引入金融机构进行研究。金融机构如何发展数字普惠金融，既是一个技术问题，也是一个战略问题。如何兼顾商业可持续性和社会服务性，也是困扰金融机构发展的问题。

五　数字普惠金融发展述评

综上，国内学者对数字普惠金融的研究相对较少，多是关注农村金融和小额信贷。在数字普惠金融的概念被提出后，政府和学界才高度重视其研究。

理论上，上述的研究表明数字普惠金融发展经历了小微信贷、微型金融、普惠金融、数字普惠金融阶段，不同学者也从不同角度论证了数字普惠金融对经济增长、金融稳定性、城乡收入差距的影响。但目前并未形成一个较为完整的理论模型，考虑到数字普惠金融的社会性，以及现代技术的不断发展，数字普惠金融的理论模型可以进行深入的研究和推广。

实践上，如何破解数字普惠金融发展的桎梏，发挥数字普惠金融的社会性优势功能方向的研究薄弱。现阶段的研究主要突出了数字普惠金融发展的社会性功能，但针对数字普惠金融发展的突出问题，如法律政策的不完善、监管模式适应性有待提升、现存信用体系适应性弱、数字普惠金融发展的商业可持续性弱、网络信息和数据安全问题突出；消费者数字普惠金融知识欠缺、运营成本难以降低、金融数据信息严重不对称等，探讨如何有效地整体破解上述难题，系统推进数字普惠金融发展的研究鲜见。

本书的创新点为基于效用函数与技术创新构建数字普惠金融的理论模型。随着技术的不断发展，探究数字普惠金融对经济增长、城乡收入差距、绿色全要素生产率的影响状况。同时，在供给侧结构性改革、推进数字普惠金融发展规划背景下，从宏观层面、中观层面和微观层面，系统性地对数字普惠金融存在的问题进行整体性梳理。综合分析当前数字普惠金融发展环境，对互联网金融、数字普惠金融进行整体性考量，从宏观、中观、微观三个视角，提出系统性的解决方案，为进一步弥补现有研究在推动数字普惠金融发展的薄弱环节提供参考。

第二章　数字普惠金融可持续模型：技术创新+社会福利视角

第一节　数字普惠金融发展的相关理论

一　数字普惠金融发展理论基础

（一）金融发展理论

金融发展理论源于格利和肖在1955年、1956年的论著，系统地剖析了金融发展与经济增长的相关关系。金融发展理论以发展中国家作为核心的研究对象，关注金融发展与经济增长二者的关系、影响效果。麦金农和肖批判政府对金融的过度干预，并认为发展中国家存在较为严重的“金融抑制”现象，针对性地提出“金融抑制”“金融深化”理论。金融抑制表现为政府对利率的过度管制，从而降低了社会普遍储蓄率，使得社会资本积累逐渐放缓，最终严重损害了投资的效率，损害了投资的合理性。这就使得金融抑制的严重后果表现为阻碍经济发展，技术创新的进展缓慢。他们认为发展中国家应该逐渐消除金融抑制，政府应该逐渐放手，使金融市场化发展以减轻经济的分割性，从而不断地促进经济健康、可持续发展。金融深化理论强调市场的作用，减少政府对市场的干预，以此实现利率、储蓄、投资、技术创新、经济增长的协调发展。

发展中国家普遍存在的金融抑制现象，政府对金融机构和信贷市场的过度管制，加上不发达国家固有的以国有银行为主的单一金融结构，导致金融体系无法充分服务经济发展，尤其是代表新生力量的中小微企业及居民消费。因此，很多发展中国家的金融总量虽然可以增长较快，但是分享金融增长成果的群体分布结构存在巨大的扭曲（邢乐成，2019）。

（二）金融排斥理论

金融发展作为反映金融机构各项功能全面有序演变的核心概念，主要表现在两个方面：第一是金融深度，主要反映金融机构中金融资产的数量增加；第二是金融宽度，是金融机构提供的各项服务的可获得性和可实现性。

金融排斥理论发端于20世纪末，随着时代的发展不断丰富，对于实现金融发展特别是金融宽度的发展具有十分重要的理论和现实意义。信息技术的日益普及，一些发达国家的政府开始逐渐放宽对经济的干预，使得整个金融业迎来了一个新的巨大的发展空间，一些金融机构为了降低成本，实现利润最大化，关闭了一些小型的办事处，这就使得一些经济落后的地区严重缺乏金融机构以及相应的服务，出现了金融排斥现象。金融排斥理论是指一些社会群体由于自身能力有限而无法进入相应的金融体系享受相应的服务。随着研究的深入，这一概念的内涵不断丰富。现在公认的金融排斥含义是经济社会中的一些群体没有能力进入金融体系，不能以适当的形式获得金融机构提供的必要的金融服务。能力和技术水平不高、健康状况差、住房条件差、收入水平较低的这一部分人群，将在享受金融机构提供的金融服务上更加困难（李文，2016）。

金融排斥总的来说有6种：价格、营销、条件、地理、自我和评估排斥。价格排斥指对于某些需求主体而言，金融机构对自己的产品和服务的定价远远超出部分群体的支付能力，使其望而却步；营销排斥指金融机构在制定具体的营销策略和战略时，弱势群体一般会被排斥在外；条件排斥是指面对金融需求者的金融需求，大多数金融机构提供的金融服务或产品，出于自身利益考虑往往伴随着一些不合理的苛刻条件或者附加条件；地理排斥是指经济主体在近距离内无法获得相关金融服务，只能借助交通工具，从地理位置较远的金融机构获得金融产品与服务，导致其在使用产品或服务上受阻；自我排斥是指信贷失败经历与心理因素会影响到金融需求者的信贷意愿与行为，使金融需求者产生主动性的自我排斥行为；评估排斥是指许多金融机构在提供金融服务前，设置一些评估条件，提高金融服务获得的门槛，将某些服务对象排除在外。金融排斥与金融包容相对应，是一个国家金融宽度发展不足的表现。数字普惠金融是在破解金融排斥现象的基础上，基于国家层面提出的。

（三）金融抑制理论

1973 年，麦金农和肖分别对凯恩斯主义和传统货币理论进行了批判，并且在此基础上，对发展中国家金融发展与经济增长之间的辩证关系进行了探索，提出了金融抑制理论。金融抑制表现在：一是金融制度不健全、金融机构不发达、金融业态不丰富等原因造成金融市场落后，导致社会无法有效筹集资金；二是出于风险控制以及其他原因，政府对金融市场采取了较为严格的干预和管制，导致利率和汇率的价格指标严重失真，降低了信贷资金的配置效率。当金融抑制现象产生时，政府为了以较低成本将金融资源优先配置到自己偏好的产业或项目上，往往会采取降低利率、提高金融市场准入条件及差别化信贷政策等手段。然而利率的不均衡极易导致资金的供需失衡，造成部分资金需求者难以通过正规金融机构获得信贷资金。金融抑制导致利率上升，进一步推动通胀上升（张晓琳，2018）。为此，促进经济发展，必须解除金融抑制，促进金融深化。

从金融市场信贷资金供求曲线分析金融抑制所产生的影响。由于金融抑制，货币当局强行制定低于市场均衡的利率水平，导致市场中资金需求远超资金供给，形成资金缺口。发展中国家由于社会信用差、违约风险高，加上政府干预等各种因素，可贷资金往往流向大型企业或国有性质的企业，而有资金需求的民营和中小型企业很难获得贷款，而这些企业往往能带动当地就业，稳定经济，不能获得贷款会造成经济发展陷入停滞状态。为打破这一现状，必须要加强金融自由化、促进金融服务惠及更广泛的机构和人群，通过消除信贷配置歧视

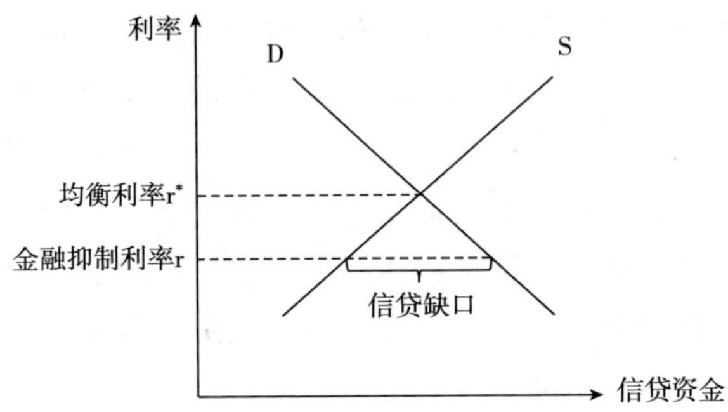

图 2-1　金融抑制对金融市场信贷资金供求的影响

以及金融歧视释放经济活力，进一步提高金融资源配置的优化作用，以解决金融抑制问题的强烈需求为导向，通过数字普惠金融理念来解决这一问题的金融探索便应运而生。

（四）信息不对称

从经典金融学来看，数字普惠金融依然没有跳出经典的研究框架。可以从微观和宏观两个层面进行分析，微观分析涉及信息不对称下的风险溢价、信用结构和信贷配给理论；宏观分析则从发展中国家的金融抑制（前面已提及）问题出发，涉及金融市场化过程中金融覆盖范畴的不断扩展和深化。

从微观金融学的层面来看，信贷配给理论在一定程度上解释了对普惠群体供给出现缺口的问题。信贷配给理论指出，在信息不对称的假设条件下，当风险溢价攀升到一定程度，作为资金价格的利率已经无法成为调节信贷供需的有效手段，这时借款人尤其是缺乏信用传递信号能力（比如抵押资产）的借款人，即使愿意付出再高的价格，贷款人（主要是商业银行）也不愿意贷出资金。此时，信贷已经不是价格的问题，而是信贷可得性问题。在信贷配给普遍存在的情况下，小微和低收入人群逐渐被排除在正规的信贷市场之外，不得不借助非正规金融资源。信贷配给理论在传统金融学框架内，较好地解释了普惠群体在获取金融服务方面“备受歧视”的问题，为此信息不对称缓解显得异常重要。

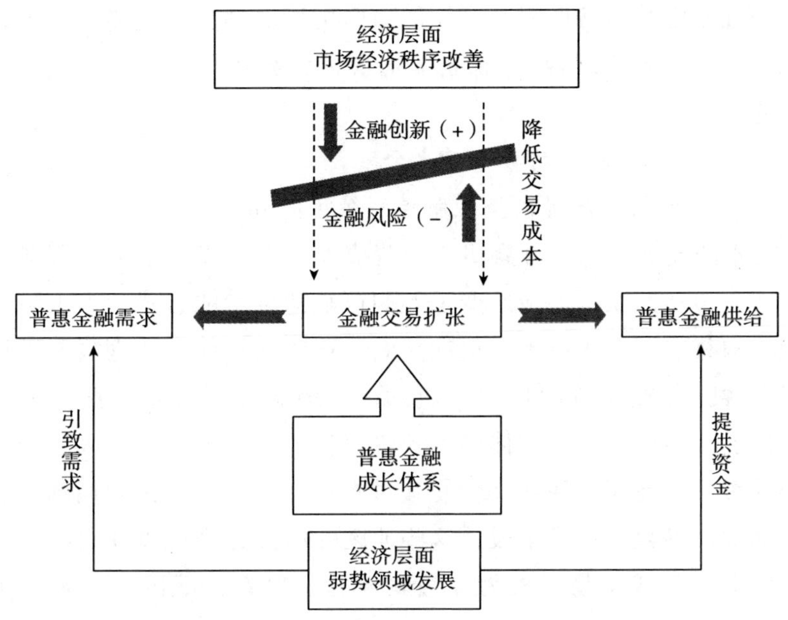

图 2-2　数字普惠金融的供求机理

二　社会+技术视角下的数字普惠金融

本书结合金融发展理论、金融排斥理论、金融抑制理论以及信息不对称等理论，在技术创新、互联网发展等背景现状下，进行数字普惠金融模型重新设计。

（一）社会学视角的数字普惠金融

数字普惠金融社会性内涵包含两个层面：第一，数字普惠金融具有正外部性，是维持社会稳定发展的一种新路径。数字普惠金融作为面向农户、城市低收入者和小微企业的金融供给形式，在一定程度上担负了“为弱势群体提供金融服务，提升弱势主体的金融服务可得性，增强传统金融排斥主体的社会稳定”的社会责任，为缩小社会收入差距、维持社会稳定创造了一种适用路径。第二，数字普惠金融隐匿了传统救助形式的“歧视”。数字普惠金融为弱势群体提供可得的金融服务，在金融层间缩小“贫困群体”与“优势阶层”的资源差距，以普惠金融投入的“关怀”模式改变原有的“直接式”救助形式，这既能更好地帮助弱势群体增强内生发展动力，又能更好地改变传统救助形式的“歧视”，保护弱势群体的自尊与自信，有利于推动社会的和谐稳定。

（二）技术创新下的数字普惠金融

1. 技术创新发展提高金融服务的触达能力

技术的发展降低了金融机构经营成本，大大提升了金融服务的触达能力，移动互联深刻地改变了人们可触达金融的方式，大大降低了金融机构获取用户的成本，更加高效。移动支付使得地理限制不再是阻碍金融服务覆盖范围扩大的瓶颈，金融服务的可获得性被大大提高。传统金融机构依靠实体网点的覆盖程度实现范围的扩大，而出于盈利的考量，高成本往往又会使其对农村、低收入地区望而却步。通过移动端口等数字技术手段，这些地区的居民完全可以在自己生活的空间范围内完成交易，成为金融服务的获得者，不再受地理范围的局限。

2. 技术创新发展降低金融服务的成本

触达性的提高又可以有效扩大用户群，促进金融服务需求向“尾部”移动，使得数字普惠金融更具可持续性。蚂蚁金服发布的数据显示，云计算的成本和传统 IT 的成本之比是 1∶10，相较而言降低了 90%的成本。而基于云计算技术的应用，支付宝单笔支付成本在几年前就已经降到 0.02 元，以后还可能保持降低趋势。数字技术在平台的运营中变得越来越重要，大数据和人工智能效率的大幅提高，成功降低了人工参与度，减少了许多运营支出，这会使得平台的成本、运营效率都会发生很大的改变。数字技术与金融服务的结合，大大降低了金融服务的整体成本，也使得传统金融服务所不能覆盖的人群——小微企业、农村居民、贫困社区等，都可能成为数字普惠金融的获得者乃至服务核心群体（宋晓玲，2017）。

3. 技术创新发展增强风险控制能力

风险的有效控制又为拓展尾部市场奠定了征信基础，降低了风险控制成本，提高了金融服务的效率。增强风险控制信息收集与处理能力是风险甄别的基础，而大数据、云计算、人工智能等现代化数字技术手段的运用，正深刻改变着收集与处理数据的方式方法，大大提高了数据处理方式和甄别风险的效率，为构建包括普惠群体在内的全面征信体系奠定了坚实的基础。征信体系的建立可以避免信贷交易中的风险，给需要资金的小微企业、农村低收入人群进行贷款提供一个有效、健全的平台，投资者可以通过其信用记录或其他信息甄别金融投资的风险，合理选择，而不是将所有低收入者排除在外。这不仅降低了排除效应的影响，大大提高了金融服务的可获得性，还将金融的门槛按风险、信用级别合理划分，而不是依高、低收入人群和地区进行划分，减弱了不平等因素，也必将促进贫困落后地区的经济增长。

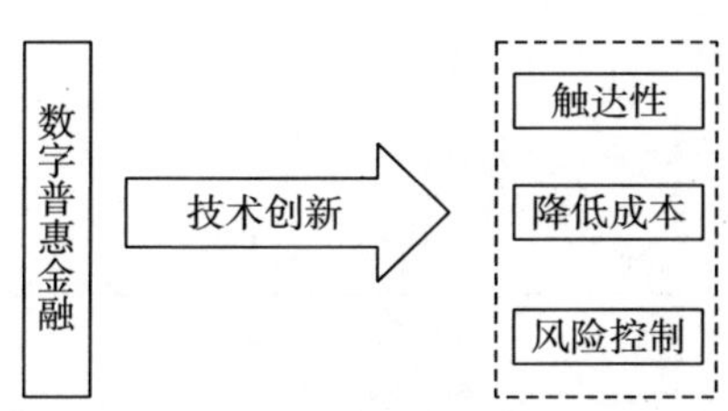

图 2-3　技术创新的数字普惠金融效应

第二节　社会福利视角的数字普惠金融模型

构建一个标准的生产函数来完整地讨论数字普惠金融在技术创新下的发展。假定：社会加总的金融服务或产品分为两类——主流金融 X 和数字普惠金融 Z。结合技术可能性和社会偏好性曲线，基于古典情形下分析数字普惠金融对社会福利的影响。

一　技术可能性曲线

将金融产出 S 设定为主流金融和数字普惠金融两大类，即 $S=X+Z$。现阶段，数字普惠金融发展仍处于初级阶段，供给能力相对不足，而商业银行作为主流金融产品供给主体，在中国发展较为成熟，已建立了涵盖中央银行、政策性银行、五大国有银行、民营股份制商业银行和村镇银行的多层次、完善的商业银行金融体系，金融产品的供应链和供应渠道强大，承担了大部分的金融产出。借鉴赵建（2018）的研究成果，结合新古典经济理论，将金融产出函数设置为 $S=S(X, Z)$，如图 2-4 所示。

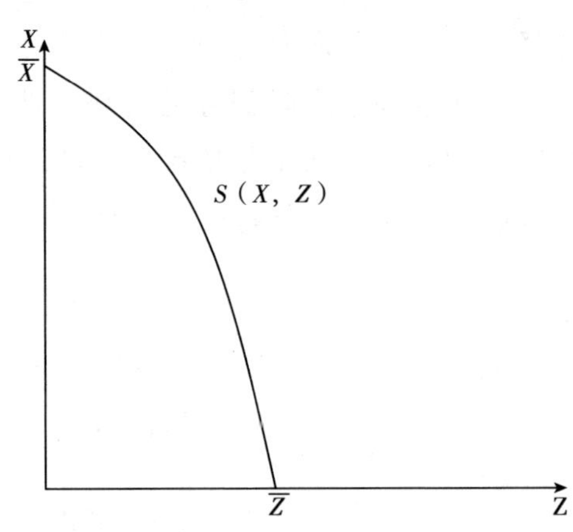

图 2-4　技术可能性曲线

资料来源：赵建：《普惠金融的现实困境与突破思路——基于技术可能性曲线与机制设计理论》，《山东社会科学》2018 年第 12 期。

金融结构决定技术结构，从而决定供给的无差异曲线。中国当前仍是以商业银行为主导、其他金融形式为补充的金融结构，这导致主流金融产品供给能力大于数字普惠金融产品供给能力，表现为 $\overline{X}>\overline{Z}$。

二　社会福利分析

随着经济的持续发展，虽然供给侧数字普惠金融的产出能力相对落后，但是小微企业、个体经营商为主的普惠群体不断发展壮大，对数字普惠金融服务的需求不断提高，数字普惠金融对社会福利的边际改善贡献也较大。福利函数为 $U=U(X, Z)$，如图 2-5 所示。

假设政策采取支持金融发展的产业政策，有两种选择：

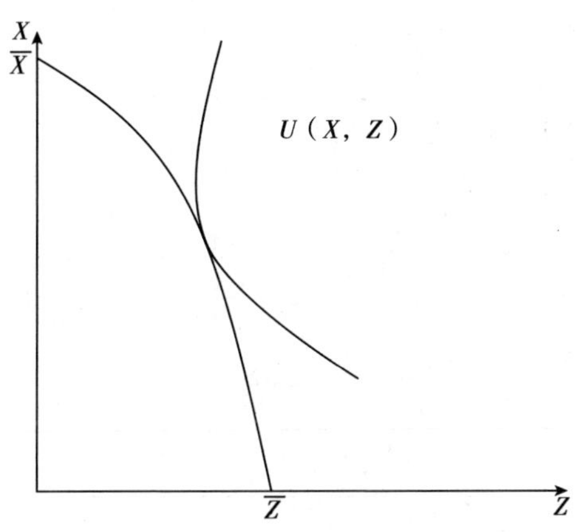

图 2-5　社会福利曲线

一是继续加大投入，推动发展主流金融产出 $\overline{X}$，在保持数字普惠金融最大产出水平 $\overline{Z}$ 不变的前提下，使得最大产出水平从图 2-6 中的 $\overline{X}_0$ 扩展到 $\overline{X}_1$，与新的社会福利曲线 U 相切，得到新的社会福利水平 U_1；二是通过产业政策支持发展数字普惠金融，使得社会最大可能供给水平从 $\overline{Z}_0$ 提高到 $\overline{Z}_2$，得到与之相切的社会福利水平为 U_2。从设定的可能性曲线和社会福利曲线的性状可知，两种产业政策虽然对主流金融和数字普惠金融的产出提升数量相等，但是得到的社会改进福利效果有很大的差异。很明显，相对于继续发展供给总量已经很高的主流金融，发展数字普惠金融的社会福利改进更加明显，即 $U_2>U_1$。

以此来看，发展数字普惠金融的社会福利改进更为明显和有效。

三　技术创新+社会福利的数字普惠金融模型

结合技术创新来看，数字普惠金融主要有三大作用：提高金融服务的触达能力、降低金融服务的成本、增强风险控制能力，因而能够更好地服务“长尾群体”，其表现如下：

降低门槛效应。金融服务的获取需要支付一定的成本，也就是存在金融门槛效应，收入较高的群体能凭借自身经济实力和信用环境，负担该成本，从而获取金融服务，进而投资收益率高的项目，获取高收入。但低收入群体、小微企业被排斥在门槛之外，导致金融服务可

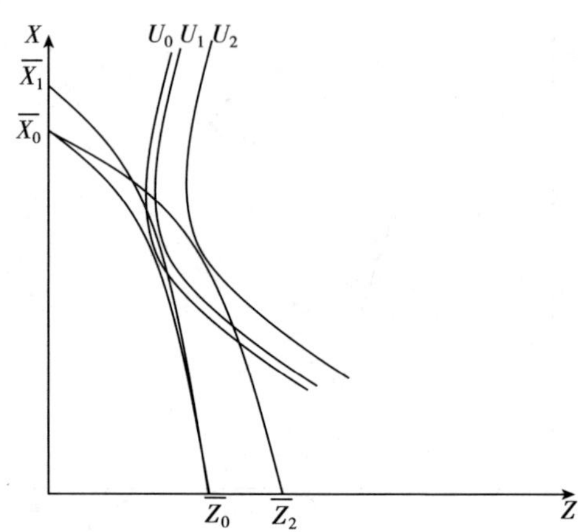

图 2-6 改进的社会福利曲线

得性及增收可能性降低。科技的进步、金融服务边界拓宽、成本降低、互联网“碎片化资金”不断整合，这些技术手段降低了金融聚集的资金成本和运营成本，惠及低收入群体、小微型企业。

缓解排斥效应。基于降低成本、风险管控以及扩大盈利的目的，许多银行纷纷关闭在经济落后地区或者中小微企业发展较差地区的分支机构，造成金融排斥。技术创新降低了金融机构的融资成本，同时，互联网发展使得资金的运行效率更高，这使得融资需求者不会受到时间、地点、空间的限制，有利于金融机构向落后地区、中小微企业提供金融服务。

增加福利效应。一定程度上来看，传统金融能降低贫困，但其减贫力度远远不够。发展新型、微型、数字金融等多种数字普惠金融模式，向低收入人群提供信贷、支付、保险等金融产品，使得农村、低收入人群可享受互联网低门槛“碎片化”小额理财、高效率的生产经营增收，被金融排斥的群体能够获取传统金融以外的金融服务，更能提高金融覆盖范围和覆盖深度，有助于降低贫困，扩大社会福利效应。

拓宽融资渠道、提升融资效率效应。互联网技术、云计算等多种技术的发展，使中小微企业、贫困人口获取资金的渠道变得更加宽阔。同时，也使得资金流动不受到空间、时间的限制，融资效率不断提升，技术能够有效优化融资模式、促进融资效率提升。

承接上一部分的福利性视角的数字普惠金融模型：根据生产可能性曲线的内在机理，推动 $\overline{Z}_0$ 提高到 $\overline{Z}_1$ 从而大幅改善社会福利水平，单靠加大要素投入是不行的（只会导致可能性曲线平行移动，社会福利改进幅度不大）。那么技术创新和技术的不断发展与制度的完善将实现金融企业的生产函数向外移动。

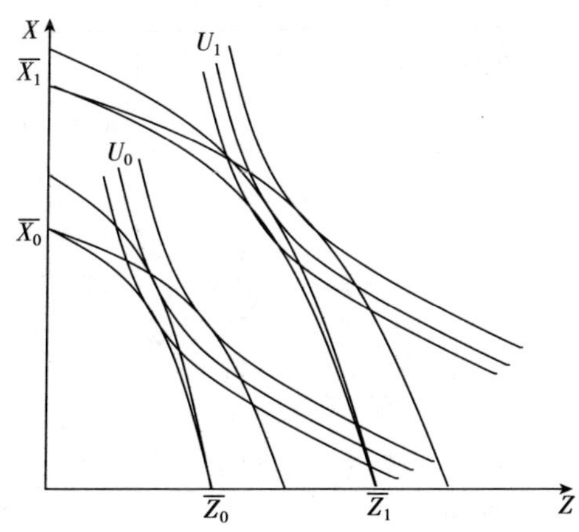

图 2-7　技术创新下的社会福利曲线

本章从技术创新和社会福利视角构建数字普惠金融可持续的发展理论模型。发展中国家普遍存在的金融抑制现象、政府对金融机构和信贷市场的过度管制，加上不发达国家固有的以国有银行为主的单一金融结构，导致金融体系无法充分地服务经济发展，尤其是代表新生力量的中小微企业及居民消费。同时，价格、营销、条件、地理、自我和评估 6 个方面的排斥，造成了更为严重的金融排斥。技术创新发展能够提高金融服务的触达能力、降低金融服务的成本、增强风险控制能力，从而更好地服务“长尾群体”，有效降低金融服务的门槛、缓解金融排斥、拓宽融资渠道、提升金融效率、发挥金融减贫效率的作用明显，金融供给方运用技术创新，更能提升社会福利以及实现更加可持续的金融服务。运用现有理论，结合技术及社会福利进行数字普惠金融模型的构建，为后文的研究提供了基础的理论。

第二部分

中国数字普惠金融发展效应

第二部分从经济、收入和生产率三大角度，系统论述中国数字普惠金融发展的正向效应，突出了数字普惠金融发展的重要性，为推动数字普惠金融发展提供理论依据和效应支撑。本部分由“第三章　数字普惠金融与区域经济发展的时空耦合协调研究”“第四章　数字普惠金融对城乡收入差距影响的效应研究——基于嵌套广义线性混合模型”和“第五章　数字普惠金融与绿色全要素生产率——基于系统GMM的实证检验”组成，从区域经济发展、城乡收入差距和绿色生产率三大角度，论证中国数字普惠金融发展的经济效应、收入效应和生产效应（环境效应），突出了数字普惠金融发展对中国社会主义现代化建设的推动效应和发展数字普惠金融的重要性和紧迫性，为第三部分“国内外优秀数字普惠金融实践案例”和第四部分“中国数字普惠金融发展的问题及对策研究”提供实践效应的支撑。

第三章　数字普惠金融与区域经济发展的时空耦合协调研究

金融活，经济活；金融稳，经济稳；经济兴，金融兴；经济强，金融强①，阐明了金融发展与经济增长的内生互动关系。2021 年是全面建设社会主义现代化强国的开局之年，充分把握当前我国金融与经济协调发展状况是推动金融与实体经济深度融合发展，探究新发展格局下金融治理机制的重要基础。数字时代来临，信息不对称程度缓解，传统金融服务业也逐渐突破了原有排他性限制，延伸出新的金融模式——数字普惠金融。一方面，获得金融服务的群体持续扩大，由点到线及面形成金融普惠性发展趋势；另一方面，数据与技术嵌入到生产与生活的各个场景中，将精准获客与风险管理有机结合到一起，形成金融服务的新范式。在此基础上，2019 年、2020 年普惠型小微企业贷款余额增长分别为 25%和 30. 9%，有效扶持与带动各地区实体经济发展。随着数字普惠金融规模化发展，空间集聚和地区收敛等新特点也逐渐显现出来（向洁等，2021）。因此，探究数字普惠金融、区域经济发展和二者间协调发展能力状况，验证区域经济及二者协调发展能力是否具有类似的空间集聚、地区收敛等特性，有利于发现数字普惠金融模式与区域经济发展的互动关系，对金融普惠性和区域协调发展格局有重要的指导意义。

① 《金融新起点——中央政治局第十三次集体学习核心要点解读》，搜狐网，https：//www. sohu. com/a/297732196_730713/？pvid＝000115_3w_a&99-pf-to＝pcqq. c2c.

第一节　数字普惠金融与区域经济发展现状及模型构建

一　数字普惠金融与区域经济发展现状

数字普惠金融在保护客户信息前提下，创新使用各类平台数据减少信息不对称，通过线上标准化与区域定制化金融产品相结合，基于技术创新持续优化要素配置、提高就业率、助力脱贫攻坚、促进产业结构调整，促进区域经济高质量发展。国内外众多学者对此进行了研究，研究方法、内容的维度均不断扩展。就研究方法而言，逐步由定性研究（林德发等，2020；胡滨等，2020）过渡到定量研究。大量经典方法，如面板回归（傅秋子，2018）、Probit 模型（李建军等，2020）、系统 GMM（成学真，2020）、动态空间杜宾模型（李林汉，2021）等广泛应用于测度数字普惠金融与区域经济发展关系，以不同技术手段论证了数字普惠金融对区域经济发展的影响。

就研究内容而言，国内外相关研究主要集中在数字普惠金融通过“中介”对经济增长产生的正向效应：企业中介视角，缓解中小微企业的融资约束，激发经济活力（Huang，2021）；技术中介视角，优化信贷资源配置（Liu et al.，2020），激活创新激励效应，推动技术进步（梁榜等，2019），增强区域创新能力（Huang，2018；徐子尧，2020），促进产业升级，提升经济增长内生动力；人力中介视角，激发个人创业志向，推动地区就业，为经济发展提供充足人力资本（谢绚丽等，2018）。同时，数字普惠金融便利居民支付，降低金融服务门槛，拓宽居民投融资渠道，提高居民收入（Li et al.，2020），增强城乡居民消费能力（易行健等，2018），缩小城乡收入差距（宋晓玲等，2017），增强经济发展内驱力，提升经济发展集群效应；帮助低收入群体配置生产性工具（Beck et al.，2018），提高工作效率，降低脆弱性（彭澎等，2021），增强发展内驱力，摆脱“持续性贫困陷阱”[①]（Radosavljevic et al.，2021），推动经济社会整体进步。

部分学者还发现，数字普惠金融发展存在明显的异质性、聚集性、收敛性等特征（郭峰等，2020）。就推动企业创新而言，存在显著的地区、企业差异，对制度环境好、信息不对称程度高、内部治理混乱的中小微企业创新激励作用较大（喻平等，2020）。就促进居民消费而言，同样存在显著的群体、地域等差异，对中低收入家庭的高学历群体消费带动作用明显，同时，对城、镇、村的中心区消费带动作用显著，但对三者边缘区消费带动效应明显减弱（孙玉环等，2021）。

不难发现，已有大量学者多角度论证了数字普惠金融与经济发展的关系，但主要集中于依赖“中介”效应，但数字普惠金融与区域经济发展都是一个较综合的指标，影响它们的因素是一个综合指标集，包括政策、资源、人力、数据等，两者的相互关系也并非某一个“中介”或几个“中介”因素就能够很好地解释。因此，本书将借助综合评价模型、耦合协调度模型、收敛系数等直接测度数字普惠金融与区域经济发展及二者协调发展现状及特征。

二　数字普惠金融与区域经济发展的机理分析与模型构建

（一）数字普惠金融与区域经济发展的耦合机理

耦合本是物理学概念，是用以衡量多个系统间关联程度的指标，其本身并无主观价值判断标准。随着概念的进一步发展，耦合与协调度等指标被引入经济学的研究视角，耦合协调度理论应运而生。近年来，该理论因较强的实用性以及解释力，被大量应用于测度多个系统间协调正向发展能力（曹炳汝等，2019；曹芳东等，2021）。

一方面，数字普惠金融增强金融供给驱动力，推动区域经济发展。金融供给驱动力的增强主要通过缓解信息不对称、降低金融业门槛、减少金融服务成本、扩大金融服务受惠范围等方式，引导社会资源优化配置，提高资源利用效率，增强区域经济发展内生动力，推动

---

① 持续性贫困陷阱指低收入群体的生活资料被迫全部用于日常消费，资本积累难以形成，收入难以提高，由此导致的贫困恶性循环。

区域经济发展；另一方面，区域经济发展提升金融需求拉动力，带动数字普惠金融进步。金融需求拉动力的提升主要通过提升区域经济发展规模、增强市场经济活力、扩大金融服务需求等方式，引导大量资源流向数字普惠金融领域，从而推动数字普惠金融发展。总体而言，数字普惠金融供给驱动区域经济发展，区域经济发展需求拉动数字普惠金融进步，形成良性循环，实现二者协调发展。

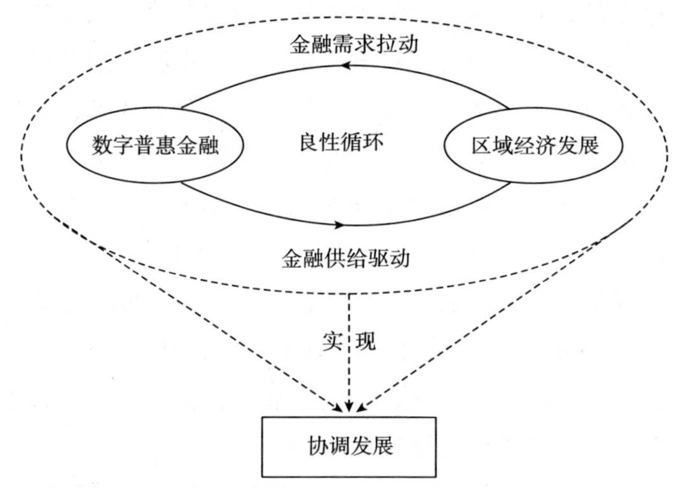

图 3-1　数字普惠金融与区域经济发展的耦合协调机理

（二）模型构建

1. 数据来源及指标体系构架

数字普惠金融数据源于北京大学数字普惠金融指数（郭峰等，2020）；其余数据来源于《中国统计年鉴》（2011—2020）、《国民经济与社会发展统计公报》（2011—2019），部分缺失数据采用均值法补齐。

本书数字普惠金融指标体系在借鉴郭峰等（2020）的研究成果基础上，从覆盖广度、使用深度以及数字化水平等三个维度建立，反映我国数字普惠金融整体发展状况；区域经济发展指标体系构建是参考谢国根等（2020）、马慧强等（2020）研究成果，同时，考虑到区域人口基数差异显著，本书用人均国内生产总值、人均固定资产投资额反映区域经济发展水平；此外，考虑到区域城镇化水平提高能缩小城乡收入差距（张耀军，2018）、扩大内需（徐亚东，2021）提升经济发展潜力，因此将城镇人口比重纳入指标体系反映区域经济发展状况。经济水平、经济结构、消费水平的二级指标详见表 3-1。

表 3-1　指标体系及权重

<table>
<tr><th colspan="3">系统层</th><th>指标层</th><th>性质</th><th>权重</th></tr>
<tr><td colspan="3" rowspan="3">数字普惠金融</td><td>覆盖广度</td><td>正</td><td>0.5400</td></tr>
<tr><td>使用深度</td><td>正</td><td>0.2970</td></tr>
<tr><td>数字化水平</td><td>正</td><td>0.1630</td></tr>
<tr><td rowspan="10">区域经济发展</td><td rowspan="2">经济水平</td><td rowspan="2">0.2396</td><td>人均国内生产总值</td><td>正</td><td>0.1675</td></tr>
<tr><td>人均固定资产投资额</td><td>正</td><td>0.0721</td></tr>
<tr><td rowspan="3">经济结构</td><td rowspan="3">0.2302</td><td>城镇人口比重</td><td>正</td><td>0.0671</td></tr>
<tr><td>第二产业增加值占 GDP 比重</td><td>正</td><td>0.0572</td></tr>
<tr><td>第三产业增加值占 GDP 比重</td><td>正</td><td>0.1059</td></tr>
<tr><td rowspan="5">消费水平</td><td rowspan="5">0.5302</td><td>城乡居民消费比*</td><td>负</td><td>0.0408</td></tr>
<tr><td>城乡居民收入比*</td><td>负</td><td>0.0632</td></tr>
<tr><td>人均可支配收入</td><td>正</td><td>0.1418</td></tr>
<tr><td>人均社会消费品零售额</td><td>正</td><td>0.1674</td></tr>
<tr><td>人均消费支出</td><td>正</td><td>0.1170</td></tr>
</table>

注：*城乡居民消费比和收入比越小，说明城乡居民的消费和收入差距越小，所以区域经济发展越好。故两处的性质为“负”。

2. 综合评价模型

评价数字普惠金融与区域经济发展状况，引入综合评价模型。其中 S_{jm}、E_{jm} 分别表示 j 年 m 省份数字普惠金融、区域经济的综合发展水平。D'_{ijm}、B'_{ijm} 分别表示 j 年 m 省份数字普惠金融、区域经济发展指标 i 无量纲化后的值，W_i 表示通过熵权法对指标 i 所赋权重，I 为指标 i 个数。

$$S_{jm} = \sum_{i=1}^{I} D'_{ijm} \times W_i ; \qquad E_{jm} = \sum_{i=1}^{I} B'_{ijm} \times W_i \tag{3-1}$$

随后进行无量纲化处理：正向指标表示其数值越大，对系统优化贡献程度越大，负向指标则反之。其中 X'_{ijm} 表示无量纲化后指标 i 在 j 年 m 省份的值，$\max X_{ijm}$、$\min X_{ijm}$ 分别表示指标 i 在 j 年 m 省份的最大值与最小值。

$$\text{正：} X'_{ijm} = \frac{X_{ijm} - \min X_{ijm}}{\max X_{ijm} - \min X_{ijm}} \qquad \text{负：} X'_{ijm} = \frac{\max X_{ijm} - X_{ijm}}{\max X_{ijm} - \min X_{ijm}} \tag{3-2}$$

综合考虑层次分析法、专家咨询法、文献资料借鉴法、熵权法等常规方法对指标进行赋权，借鉴陈景华等（2020）研究经验，为避免主观价值判断对于指标赋权的影响，最终确定以“熵权法”作为赋权方式，其中 e_i、W_i 分别表示指标 i 的信息熵和权重；M、J 分别表示省份个数及时间跨度，计算结果详见表 3-1。

$$e_i = \frac{-1}{\ln(JM)} \sum_{j=1}^{J} \sum_{m=1}^{M} \frac{X'_{ijm}}{\sum_{j=1}^{J} \sum_{m=1}^{M} X'_{ijm}} \ln\left(\frac{X'_{ijm}}{\sum_{j=1}^{J} \sum_{m=1}^{M} X'_{ijm}} \right); \quad W_i = \frac{1 - e_i}{\sum_{i=1}^{I} (1 - e_i)} \tag{3-3}$$

3. 耦合协调度模型

测度数字普惠金融与区域经济的协调发展水平，引入耦合协调度模型。其中 F_{jm}、G_{jm}、D_{jm} 分别表示 j 年 m 省份的耦合度、协调度、耦合协调度，其中 α、β 均为待定系数，参照朱建华等（2019）的研究成果，数字普惠金融与区域经济发展同等重要，设定 $\alpha=\beta=0.5$。数字普惠金融与区域经济发展的耦合协调度指数介于 0—1，耦合协调度指数越接近 1，表明二者协调发展能力越强；越接近 0，表明二者协调发展能力越弱。为明确度量不同地区二者耦合协调度指数水平，在借鉴张广海等（2013）研究成果基础上，采用均匀分步法确定耦合协调度指数等级量表 3-2。

$$F_{jm} = \sqrt{\frac{S_{jm} \times E_{jm}}{\left(\frac{S_{jm} + E_{jm}}{2}\right)^2}}; \qquad G_{jm} = \alpha S_{jm} + \beta E_{jm}; \qquad D_{jm} = \sqrt{F_{jm} \times G_{jm}} \tag{3-4}$$

表 3-2　耦合协调度指数等级量表

区间	0<D≤0.25	0.25<D≤0.5	0.5<D≤0.75	0.75<D≤1
类型	极度失调	轻度失调	勉强协调	优良协调
方式	不可接受区域	过渡区域		可接受区域

4. 收敛系数

测度区域经济发展以及二者协调发展水平的收敛性特征，引入 σ 收敛系数、变异系数测度系统指数的偏离程度，以及偏离程度变化动态过程，进行交叉验证，若 σ_j 与 V_j 均逐渐缩小，则说明存在地区收敛性特征。其中 σ_j、V_j 分别表示 j 年 σ 收敛系数、变异系数；D_{jm} 表示 j 年 m 省份的数字普惠金融与区域经济发展的耦合协调度指数值；$\overline{D_j}$ 为 j 年该指数均值。

$$\sigma_j = \sqrt{\frac{1}{M}\sum_{m=1}^{M}\left(\ln(D_{jm}) - \frac{1}{M}\sum_{m=1}^{M}\ln(D_{jm})\right)^2};$$

$$V_j = \frac{\sqrt{\frac{1}{M}\sum_{m=1}^{M}(D_{jm} - \overline{D_j})^2}}{\overline{D_j}} \tag{3-5}$$

第二节 数字普惠金融与区域经济发展的耦合协调测度研究

一 耦合协调测度研究

基于 2011 年、2019 年省级面板数据，利用综合评价模型（3-1）测度我国 31 个省数字普惠金融与区域经济发展指数，进一步利用耦合协调度模型（3-4）度量二者的协调发展状况（详见表 3-3），最后，利用收敛系数模型（3-5）测度二者协调发展能力的收敛性特征。

表 3-3 2011 年、2019 年数字普惠金融、区域经济发展及二者耦合协调测度指数

省份	2011 年			2019 年		
	数字普惠金融指数	区域经济发展指数	耦合协调度指数	数字普惠金融指数	区域经济发展指数	耦合协调度指数
安徽	0.0689	0.1964	0.3411	0.7946	0.4279	0.7636
北京	0.1887	0.5215	0.5601	0.9664	0.8603	0.9549

续表

省份	2011 年			2019 年		
	数字普惠金融指数	区域经济发展指数	耦合协调度指数	数字普惠金融指数	区域经济发展指数	耦合协调度指数
福建	0.1421	0.3002	0.4545	0.8706	0.6019	0.8508
甘肃	0.0328	0.1250	0.2530	0.6981	0.2504	0.6466
广东	0.1595	0.3052	0.4697	0.8707	0.5473	0.8309
广西	0.0703	0.1430	0.3166	0.7469	0.3400	0.7099
贵州	0.0320	0.1029	0.2396	0.7087	0.3191	0.6896
海南	0.0988	0.1863	0.3684	0.7944	0.3963	0.7491
河北	0.0667	0.2221	0.3489	0.7339	0.3756	0.7246
河南	0.0566	0.1853	0.3200	0.7772	0.3976	0.7456
黑龙江	0.0696	0.2239	0.3533	0.7044	0.3343	0.6966
湖北	0.0871	0.2469	0.3829	0.8303	0.5033	0.8040
湖南	0.0671	0.2052	0.3426	0.7466	0.4148	0.7460
吉林	0.0499	0.2638	0.3387	0.7043	0.3737	0.7162
江苏	0.1439	0.3550	0.4755	0.8740	0.6469	0.8671
江西	0.0602	0.1981	0.3304	0.7678	0.4011	0.7449
辽宁	0.0966	0.2813	0.4060	0.7490	0.3832	0.7319
内蒙古	0.0599	0.2713	0.3570	0.7098	0.4257	0.7414
宁夏	0.0667	0.2071	0.3428	0.7074	0.3896	0.7245
青海	0.0308	0.1877	0.2757	0.6806	0.3612	0.7041
山东	0.0837	0.2599	0.3841	0.7894	0.4665	0.7790
山西	0.0705	0.2124	0.3498	0.7461	0.3290	0.7039
陕西	0.0893	0.1876	0.3598	0.7789	0.4142	0.7536
上海	0.1912	0.4948	0.5546	0.9910	0.8450	0.9566
四川	0.0866	0.1849	0.3557	0.7627	0.3978	0.7422
天津	0.1404	0.4514	0.5017	0.8303	0.6155	0.8455
西藏	0.0273	0.1077	0.2328	0.7060	0.3178	0.6882
新疆	0.0382	0.1910	0.2924	0.7111	0.3436	0.7030
云南	0.0479	0.1136	0.2716	0.7302	0.3263	0.6987

续表

省份	2011 年			2019 年		
	数字普惠金融指数	区域经济发展指数	耦合协调度指数	数字普惠金融指数	区域经济发展指数	耦合协调度指数
浙江	0. 1823	0. 3778	0. 5123	0. 9362	0. 6642	0. 8880
重庆	0. 0926	0. 2344	0. 3838	0. 7852	0. 4987	0. 7911
均值	0. 0870	0. 2434	0. 3702	0. 7807	0. 4506	0. 7643

（一）2011—2019 年时间纵向数据对比探析

近十年来我国数字普惠金融与区域经济快速发展，二者协调发展能力不断增强。2011—2019 年，数字普惠金融指数涨幅近 8 倍，保持高速增长态势；区域经济发展指数增长约 85%，虽增速较缓，但增长态势稳定，与国家稳中求进的总基调保持一致；数字普惠金融与区域经济发展的耦合协调度指数均呈上升态势，净增幅约 100%，2019 年耦合协调度指数均值为 0. 7643，处于优良协调发展阶段，协调发展能力较强（见图 3-2）。

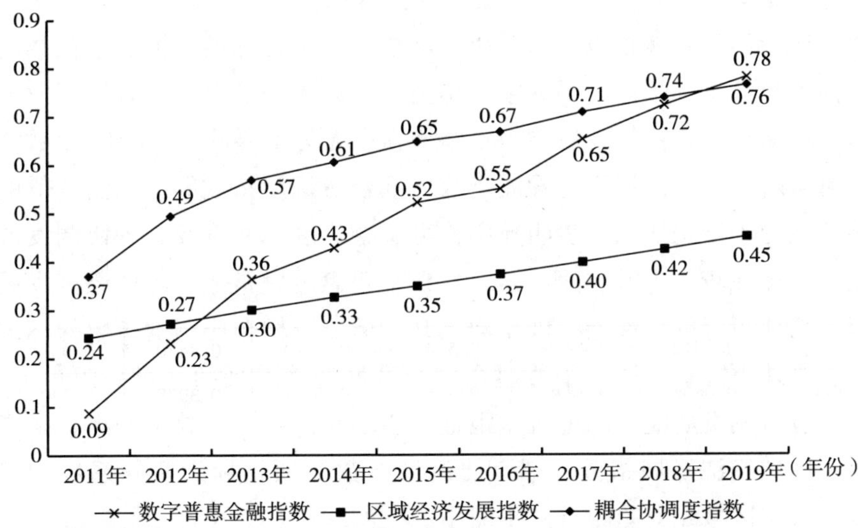

图 3-2 2011—2019 年数字普惠金融指数、区域经济发展指数、耦合协调度指数

（二）空间横向数据对比分析

为更清晰地探究各年数字普惠金融、区域经济发展及二者协调发展状况的内部特征，选取 2011 年、2019 年数字普惠金融指数与区域经济发展指数及二者耦合协调度指数的描述性统计特征进行横向分析，进一步把握内在增长逻辑（见表 3-4）。

表 3-4　　2011 年、2019 年三项指标描述性统计特征

	2011 年			2019 年		
	数字普惠金融指数	区域经济发展指数	耦合协调度指数	数字普惠金融指数	区域经济发展指数	耦合协调度指数
均值	0.0870	0.2434	0.3702	0.7807	0.4506	0.7643
中位数	0.0703	0.2124	0.3533	0.7627	0.3978	0.7449
标准差	0.0475	0.1051	0.0864	0.0811	0.1480	0.0769
极差	0.1639	0.4186	0.3273	0.3103	0.6100	0.3100
变异系数	0.5458	0.4318	0.2333	0.1039	0.3285	0.1006

相比 2011 年、2019 年出现三点新特征：第一，数字普惠金融指数、区域经济发展指数、耦合协调度指数三项指标的均值、中位数均正向增长，进一步论证了数字普惠金融、区域经济以及二者协调发展水平不断提高，协调发展能力不断增强。尤为重要的是，2019 年数字普惠金融指数、区域经济发展指数、耦合协调度指数等指标测度值的中位数均小于均值，这表明数字普惠金融、区域经济及二者协调发展能力均存在较大提升空间。第二，数字普惠金融指数、区域经济发展指数两项指标的标准差、极差均上升，但二者耦合协调度指数的标准差、极差下降，表明数字普惠金融与区域经济发展的绝对差距扩大，但二者协调发展能力的绝对差距进一步缩小。第三，数字普惠金融指数、区域经济发展指数、耦合协调度指数三项指标的变异系数均降低，表明区域相对差距进一步缩小。

（三）耦合协调度的地区收敛性研究

为了进一步验证数字普惠金融与区域经济发展协调能力是否存在

地区收敛性，利用收敛系数式（3-5）得到图 3-3。2011—2019 年，数字普惠金融与区域经济发展的耦合协调度指数的 σ 收敛系数表现出递减态势，变异系数也表现出递减态势，这充分表明，区域数字普惠金融与区域经济发展协调能力差距相对缩小，协调发展水平暂时落后地区存在赶超头部区域的机会与可能，呈现明显的地区收敛性。

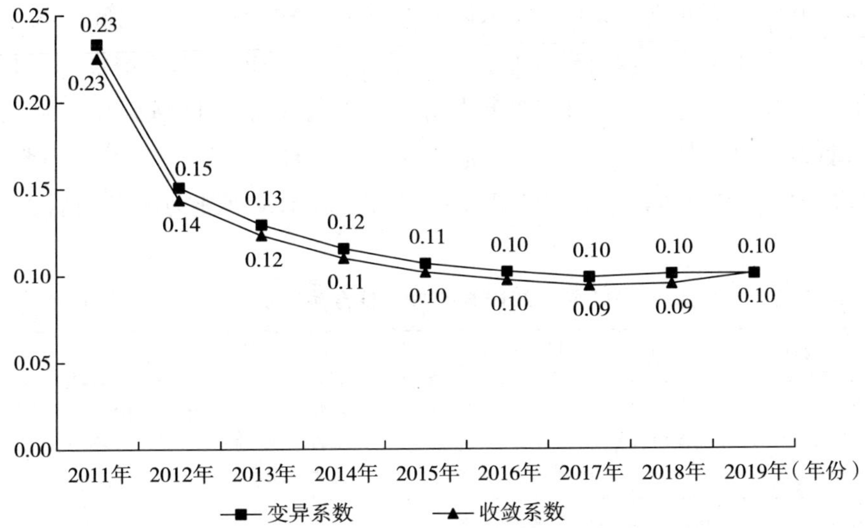

图 3-3　2011—2019 年耦合协调度的地区收敛系数、变异系数趋势

二　时空耦合协调研究

（一）数字普惠金融指数时空分析

2011—2019 年 31 个省份的数字普惠金融指数均呈正增长态势，尤其是，2019 年以东北—西南为空间分界线，数字普惠金融发展的空间集聚特征突出。北京、上海、浙江、福建、江苏、广东等空间分界线以南的 22 个省份的数字普惠金融测度指数均在 0.73 以上，发展水平较高；青海、甘肃、内蒙古、宁夏、新疆等空间分界线以北 8 个省份的数字普惠金融测度指数位于 0.5—0.73，仅处于良好发展水平。

（二）区域经济发展指数时空探析

2011—2019 年区域经济发展指数均呈正增长态势，沿海省份经济发展仍处于“领头羊”位置。2019 年沿海地区包括北京、上海、浙江、福建、江苏、天津、广东等区域经济发展指数明显领先其他地区，东西部经济发展不平衡仍然突出，也呈现空间集聚性特征。北京、上海区域经济发展指数均大于 0.73，区域经济发展领先优势明显。

（三）数字普惠金融与区域经济发展的耦合协调度时空研究

由表 3-5 可知，2011—2019 年，数字普惠金融与区域经济发展的耦合协调度指数保持较快增长，二者融合发展能力逐渐增强。2019 年，北京、上海、天津等 12 个省份数字普惠金融与区域经济发展协调能力指数度超过 0.75，处于优良协调发展阶段，协调发展能力强，其余 19 个省份均处于勉强协调发展阶段，协调发展能力相对较弱。

表 3-5　　2011 年、2019 年个省份耦合协调状况

区间	类型	2011 年	2019 年
0.75<D≤1	优良协调		北京、上海、天津、山东、江苏、浙江、福建、广东、海南、安徽、湖北、陕西、重庆
0.5<D≤0.75	勉强协调	北京、天津、浙江、上海	辽宁、吉林、黑龙江
0.25<D≤0.5	轻度失调	广东、福建等	
0<D≤0.25	极度失调	西藏、贵州	

进一步研究发现，数字普惠金融与区域经济发展协调能力存在明显的空间集聚性。2011 年，北京、天津、上海、浙江等沿海近海省份二者协调发展能力较强，呈点状集中分布。2019 年，广东、福建、浙江、江苏、山东、北京、天津等沿海近海省份与安徽、湖北、重庆等沿江省份数字普惠金融与区域经济的耦合协调度指数均大于 0.75，处于优良协调发展区间，协调发展能力强；由北京、天津、上海、浙江等沿海近海省份的点状集中分布延伸为沿海、沿江带状集中分布。

第三节 数字普惠金融与区域经济发展的讨论

本章基于2011—2019年省级面板数据，利用熵权法、综合评价等模型测度数字普惠金融与区域经济发展状况，再引入耦合协调度模型度量两系统的协调发展情况，最后利用σ收敛系数、变异系数等测度二者协调发展水平的地区收敛特征。

通过实证发现，一是数字普惠金融方面，数字普惠金融指数快速增长，变异系数明显降低，呈现明显的地区收敛性；以东北—西南线为数字普惠金融空间分界线，南方区域数字普惠金融发展水平较高，呈现明显的空间集聚性。二是区域经济发展方面，区域经济持续稳定发展，相对差距缩小，但中西部地区与东部沿海地区仍保持较大绝对差距，且以广东、浙江、江苏、上海等为代表的沿海省份的区域经济发展水平远超中西部地区。三是耦合协调度方面，数字普惠金融与区域经济发展协调能力持续提升，由轻度失调跨入优良协调发展阶段，协调发展能力显著增强；二者耦合协调度指数的极差、标准差、变异系数、σ收敛系数降低，表明区域间绝对差距、相对差距缩小，地区收敛性显著且表现出空间集聚性。

基于以上结论，本书提出三点建议：

一是持续完善地区数字信息基础设施建设，重点支持空间分界线以北的地区补齐信息“短板”。数字经济迅速发展，数据资产已经成为经济生活中必不可少的生产要素。各省应提高政府数据、重点行业、重点领域公共信息数据规划化管理水平，建立数据资源开放共享平台。金融机构在数字化转型过程中，能够有效切入居民生活与生产场景，利用大数据降低金融排斥，扩大数字普惠金融的受惠群体，让最具活力的中小微企业、偏远地区农民都能享受到高质量的金融服务。

二是政府与金融机构合作开展公益金融基础知识培训，增加企业、居民金融知识储备，激发创新活力，营造更加浓厚的社会创业氛围，为区域经济增长顺畅“供血”，推动区域经济发展。近几年，金融机构通过线下和线上业务相结合的方式大力发展普惠金融业务。未来，金融普惠性不仅仅是金融产品的推广，更应该是金融与数字化运营知识的普及。在数字普惠金融与区域经济发展耦合度不断提升的趋势下，经济发展位于中位线以下的地区应坚持创新发展，提高产业链、价值链、创新链、资金链融合度，稳步加快经济发展速度。

三是加强省际合作，充分发挥沿海、沿江等协调发展能力强的省的“领头羊”带动作用，实现协调发展能力由点到线再到面的整体提升。国内经济在从高速增长迈向高质量增长的进程中，区域经济将通过转变发展方式、优化经济结构、转换增长动能三个方面实现国家经济发展愿景的动态映射。重点区域利用自身优势以及外部环境，完成“质量变革、效率变革、动力变革”，进一步提升经济能级，同时对全国经济产生带动和辐射作用，缓解经济发展不平衡、不充分的问题，具有十分重要的意义。

第四章　数字普惠金融对城乡收入差距影响效应研究

——基于嵌套广义线性混合模型

收入差距是经济学研究的一个重要主题。中国自 1978 年改革开放以来，伴随着经济高速增长，城乡收入差距持续扩大。表现为城乡居民可支配收入相对差距从 1983 年的 1.82 上升至 2009 年的 3.10，后有所下降，2014 年为 2.75，2016 年为 2.72，相对差距虽小幅度下降但仍然较为严重；城乡居民可支配收入绝对差距从 1978 年的 209.8 元上升到 2016 年的 21253 元，38 年增长约 100 倍；2003 年以来中国的基尼系数保持在 0.4 的国际警戒线之上，其中，2016 年基尼系数为 0.465。中国已成为全球收入差距较为严重的国家之一，较大的城乡收入差距受到政府、学界高度关注。党的十九大报告指出，中国现阶段主要矛盾为人民日益增长的美好生活需要和不平衡不充分发展之间的矛盾，城乡收入差距也是其中的一个体现。伴随着新常态下中国经济“共享”发展理念的实践和推广，缩小城乡收入差距、实现城乡统筹、共享发展是缓解矛盾的有效途径。

普惠金融作为金融改革的重点领域，一直被认为是解决收入分配不均、促进经济与金融增长、实现社会和谐的重要机制。时至今日，政府及人民银行等在扩大服务主体、加大扶贫力度及税收减免等方面相继出台多部涉及普惠金融的政策及指导意见。在传统普惠金融实践的同时，数字普惠金融作为一种创新型金融模式，依托于行业自身创新思维及信息数字技术、云计算、大数据技术、知识图谱等技术，在服务实体经济、增加居民收入、优化区域资源配置等方面发挥着显著功效，逐渐成为新常态下的新引擎。同时，数字普惠金融运用互联网技术实现了金融效应边界的外移，拓展了普惠金融的服务范围，突破了普惠金融服务的时间和空间限制，降低了金融的服务成本，推动着普惠金融发展。2016 年《G20 数字普惠金融高级原则》发布，具有“开放、平等、协作、分享”普惠性本质特征的数字普惠金融以技术为驱动、以技术规则为支撑，实现金融发展的弯道超车、缩小城乡收入差距、经济的包容性增长不无可能。

第一节 数字普惠金融对城乡收入差距影响的理论分析

一 数字普惠金融对城乡收入差距影响综述

城乡收入差距的产生及其演变的复杂性，使这个研究领域本身充满神秘感和争议性。金融作为要素流通和资源配置的重要途径，也成为影响城乡收入差距的重要因素之一。相比传统金融，普惠金融更能提供多元化的服务，使得经济主体能够获得更多投资和增加收入的机会，从而改善收入分配失衡现象，促进金融稳定、经济发展。Dollar（2002）通过对 92 个国家实证研究发现，金融发展可以促进经济增长，减小贫困。Beck 等（2007）研究认为，普惠金融扩展金融服务广度和深度，提高金融资源合理配置，有助于金融稳定，还能有效促进经济增长和收入公平。Hanning 和 Jansen（2010）从微观视角研究发现，普惠金融能够提升金融包容性，增强低收入人群服务可得性，有利于消除贫困，减小收入差距。Chattopadhyay（2011）发现缺乏包容性的银行会使 GDP 损失约 1%。Kapoor（2014）研究认为金融的普惠能够促进经济增长，并能使公民获利。

近年来，随着科学技术的发展、产品的创新为普惠金融的发展提供了新的渠道和视角。《全球金融发展报告 2014》① 认为，新技术更有利于普惠金融发展，表现在移动支付、生物识别身份、互联网技术

① 世界银行：《2014 年全球金融发展报告：普惠金融》，王左发等译，中国财政经济出版社 2015 年版。

等方面，在提高金融服务效率的同时增强了金融安全。《2016 年世界发展报告：数字红利》[①] 指出，数字技术、互联网技术的发展，通过创新、高效、包容为弱势群体提供了发展机会。互联网金融实现了数字技术与普惠金融结合，为普通大众和中低端收入人群提供丰富的金融产品。谢平（2012）研究发现，互联网金融、数字金融与普惠金融高度耦合，推动普惠金融的发展。王海军等（2014）认为，我国互联网金融的发展与普惠金融的政策存在耦合性。焦瑾璞（2015）认为数字货币增强金融服务的覆盖面、降低金融的服务成本，提升服务质量。张晓燕（2016）指出，互联网金融发展提升普惠金融发展水平。星焱（2016）认为，由于低收入者缺乏金融知识，所以使用数字技术的金融服务较少。

数字普惠金融概念的提出和发展时间较短，关于其对城乡收入差距影响的研究相对较少。单从数字普惠金融的发展来看，2016 年《G20 数字普惠金融高级原则》[②] 指出，数字普惠金融涵盖支付、信贷、保险等各类金融产品和服务及数字化、电子化技术的交易。《2016 数字普惠金融白皮书》较系统地阐述和剖析了数字普惠金融概念。2016 年 7 月，北京大学互联网金融研究中心以蚂蚁金服提供的数据为基础，发布了《北京大学数字普惠金融指数（2011—2015 年）》，该指数是目前较为权威的数字普惠金融指数。部分学者结合北京大学发表的数字普惠金融指数对城乡收入差距进行研究。其中，宋晓玲（2017）基于 2011—2015 年 31 个省份面板数据，研究发现数字普惠金融能够缩小城乡收入差距。葛和平（2018）基于 2011—2015 年 31 个省份面板数据研究发现，地区经济发展与数字普惠金融之间呈 U 形非线性关系。宋晓玲等（2017）选取 25 个发达国家和 40 个发展中国家实证发现，互联网提升了发展中国家和发达国家的普惠金融指数，我国应该依托互联网数字技术，发展数字普惠金融。梁双

① 世界银行：《2016 年世界发展报告：数字红利》，胡光宇等译，清华大学出版社 2017 年版。

② 中国人民银行网站，http：//www. pbc. gov. cn/goutongjiaoliu/113456/113469/3122625/index. html。

陆等（2018）基于面板门限模型研究了数字普惠金融、教育约束对城乡收入的收敛效应。

以此来看，部分学者已关注到数字普惠金融与城乡收入差距之间的关系，并为二者之间的研究提供了较好的思路，但现有研究还有很大的拓展空间。一是现有数据实证研究只是考虑到省级层面，二者的研究应拓宽至地市级、县域，这样更能体现数字普惠金融的覆盖广度和深度；二是现有研究并未深入分析数字普惠金融对于城市和农村居民收入的影响效应差异；三是对于省级层面的研究，按照东中西的区域分类研究较为适合，但对于地市级的研究并不一定适合。较为明显的是在经济发展较好的省份，不是所有地区经济发展都较好，也存在经济落后的区域；在经济发展较差的省份，不是全部地区的经济发展都较差，也存在经济发展较好的区域。当然，数字普惠金融、城乡收入差距的状况亦如此。鉴于此，本书基于理论分析，结合嵌套广义线性混合模型，研究省、地市级的分层级数字普惠金融对城乡收入差距的影响效应。

二　模型理论构建

数字普惠金融对城乡收入差距的直接作用：（1）降低门槛效应。金融服务的获取需要支付一定的成本，也就是存在金融门槛效应，收入较高的群体能凭借自身经济实力和信用环境，负担该成本获取金融服务，投资收益率高的项目，获取高收入。但低收入群体（比如农户、低保户等）被排斥在门槛之外，导致金融服务可得性及增收可能性降低。科技的进步，金融服务边界拓宽，成本降低，互联网“碎片化资金”不断整合，数字普惠金融的技术手段降低了金融聚集的资金成本和运营成本，惠及低收入群体，将有助于缩小城乡收入差距。（2）提升减贫效应。从一定程度上来看，传统金融能降低贫困，但其减贫力度远远不够。发展新型、微型、数字金融等多种普惠金融模式，向低收入人群提供信贷、支付、保险等金融产品，使得农村、低收入人群可享受互联网低门槛“碎片化”的小额理财，实现高效率的生产经营增收，被金融排斥的群体能够获取传统金融以外的金融服务，更能提高金融覆盖广度和覆盖深度，有助于降低较低收入人群的贫困，从而缩小城乡收入差距。(3）减缓非均衡效应。传统金融的资本配置倾向城市，导致城乡金融资源配置不均衡，城乡经济发展、城乡居民收入存在差距。伴随普惠金融理念的推广，加之城市金融竞争白热化，农村、农民逐渐成为金融服务的重点对象，金融资源不断流向农村，逐步缓解农村金融排斥，缩小城乡收入差距。数字普惠金融在一定程度上“降低门槛效应”“缓解非均衡效应”“提升减贫效应”，能缩小城乡收入差距。

数字普惠金融对城乡收入差距的间接作用：Dollar（2002）研究发现金融发展有利于经济增长，在经济增长过程中使得贫困人口能更加容易地获取金融服务，利于其摆脱贫困，缩小城乡差距。Demirgüç-Kunt 等（2012）研究发现普惠金融能帮助贫困人口积累资产、建立信用。李建伟（2017）提出普惠金融的包容性能使更多人特别是农村贫困居民参与“金融—实体经济”循环过程，从而缩小城乡收入差距。基于数字普惠金融的内涵及特征，提出假说 H1：数字普惠金融的发展能有效缩小城乡收入差距；假说 H2：数字普惠金融对农村居民收入的效应大于对城市居民收入的效应。

三　区域异质性分析

经济改革的非均衡性导致省级经济发展和经济结构存在巨大的差异，这种差异使得区域金融发展处在不同的阶段，金融规模、金融效率存在差距，从而导致金融发展对城乡收入差距的影响表现出非一致性。但由于地理位置的区位相近、交通相连，加之市场化与政府宏观调控弱化了行政区域障碍，资本、劳动力的自由流通使得地区间的关联日趋紧密，区域依赖性和溢出效应更加明显。普惠金融服务范围及服务能力也能通过区域流通改善城乡收入差距，使得周边省域普惠金融的发展对本省域城乡收入差距的改善存在溢出效应，考虑到数字普惠金融更多的是依靠互联网技术，其省级区域差异性可能不明显（李建伟，2017）。基于此，提出假说 H3：数字普惠金融对于城乡收入差距的影响效应在省级层面上不存在异质性，即不存在省级的随机效应。

当然，地方政府都想通过金融集聚来促进经济增长，在金融资源的配置上存在较大的地域差异。表现为：相比农村，金融资源配比倾向城镇；相比经济发展差的地区，金融资源配比倾向经济发展较好的地区，金融资源的倾斜和集聚会引起不同区域之间资本积累差异的相对变化，表现出资本对劳动力的容纳力存在差异，最终导致不同地区之间存在较大的收入差距。数字普惠金融发展基于区域经济、人力、基础设施等因素，加之各地市级地理位置、自然环境、风俗习惯等因素都存在很大的差异，最终可能导致地市级层面上会存在异质性。基于此，提出假说 H4：数字普惠金融对于城乡收入差距的影响效应在地市级层面存在异质性，即存在地市级的随机效应。

第二节 数字普惠金融对城乡收入差距影响数理模型构建

一 模型相关假设

为了便于模型的构建，对相应的计数方法说明如下：中国 31 个省份，计数为 $m=31$，那么 $i=1$，2，3，…，m 表示 i 取遍 31 个省份；J_i 表示包含的归属第 i 个省的地市级计数，比如：重庆为直辖市，那么其对应的 $J_i=1$，山西包含归属 11 个地级市，那么 $J_i=11$，$j=1$，2，3，…，J_i 表示 j 取遍山西归属的 11 个地市，其余省份可按此定义进行相应的类推；对于每一个(i, j)，数据时间为 2011 年至 2015 年，存在 5 年相应的观测值。$k=1$，2，…，5 表示 k 从 2011 年取到 2015 年。那么，Y_{ijk} 表示第 k 年观测到的(i, j)的城乡居民收入比值，协变量 X_{ijk} 为 k 年(i, j)数字普惠金融指数以及相应的控制变量。U_i 表示省级 i 的随机效应，U_{ij} 为地市级的(i, j)的随机效应。$Y=(Y_{111}, \cdots, Y_{115}, \cdots, Y_{mJ_m1}, \cdots, Y_{mJ_m5})^T$，$U=(U_*, U_{**})$，$U_*=(U_1, \cdots, U_m)^T$，$U_{**}=(U_{11}, \cdots, U_{mJ_m})^T$ 假设如下：

（1）$U_1, \cdots, U_m$ 为正，且独立同分布 $E(U_i)=1$，$\mathrm{var}(U_i)=\sigma^2$；

（2）在 $U_*=u_*=(u_1, \cdots, u_m)$ 的随机效应下，$U_{11}, \cdots, U_{mJ_m}$ 的随机效应为正，同时，条件独立条件分布的 U_{ij}，在给定 $U_*=u_*$ 时，

$E(U_{ij} \mid U_*) = U_i$，$\mathrm{var}(U_{ij} \mid U_*) = v^2 U_i$，$v^2$ 是依赖于 i，j 的边际异质系数。

（3）考虑到随机效应 $U=u$，Y 的分量为条件独立，且城乡收入差距 Y 的统计检验服从伽马分布，那么，$Y_{ijk} \mid U = u \sim gamma(\mu_{ijk}u_{ij},\ \rho^2 u_{ij}^{1-p})$，其中，$\mu_{ijk} = \exp(X_{ijk}^T\beta)$。关于模型的参数估计，渐近性质和边际异质性，详见 Ma 和 Jørgensen(2007)一文。

二　数字普惠金融对城乡收入差距影响模型的选定

通过对城乡收入差距 Y 统计检验发现其服从伽马分布，为此我们的分析是基于伽马分布的混合模型，参考 Ma et al.（2003）一文，模型设定如下：

$$Y_{ijk} \mid U=u \sim gamma(\mu_{ijk}u_{ij},\ \rho^2 u_{ij}^{1-p})$$

即：$E(Y_{ijk} \mid u) = \mu_{ijk}u_{ijk}$，$\mathrm{var}(Y_{ijk} \mid u) = v^2\mu_{ijk}^2 u_{ijk}$

$\hat{\sigma}^2$ 是 σ^2 的估计值反映省级的随机效应，$\hat{\sigma}^2=0$ 表明不存在省份的随机效应，也就意味着 31 个省份之间数字普惠金融对于城乡收入差距的影响不存在地区的异质性；否则，$\hat{\sigma}^2 \neq 0$ 意味着 31 个省份存在地区的随机效应，省份之间存在异质性；$\hat{v}^2$ 是 v^2 的估计值，反映 336 个地市级的随机效应，$\hat{v}^2=0$ 表明地市级之间数字普惠金融对于城乡收入差距的影响不存在异质性；$\hat{v}^2 \neq 0$ 则表明 336 个地市级存在异质性，用于检验假说 H3、假说 H4。

第三节　数字普惠金融对城乡收入差距变量选取及实证结果

一　相关变量选取

城乡收入差距。参考刘玉光等（2013）、陈斌开等（2013）、张子豪等（2018）的变量选定，被解释变量 gap1 用城乡实际收入比来表示，主要选取城镇常住居民人均收入与农村常住居民人均纯收入的比值来衡量。由于所使用的城乡收入比率系参考国家统计局及各省、自治区、直辖市公布的城乡居民收入计算而得，可能会与中国真实的城乡收入差距水平存在一定的误差（杜鑫，2018）。但基于数据的可得性，只有国家统计局及各省、自治区、直辖市统计局发布的历年城乡居民收入数据才能反映各个地区的真实情况。考虑到消费支出在一定程度上反映居民的收入状况，为此在稳健性检验上选定城镇居民人均消费性支出与农村居民人均消费支出的比值衡量，记录为 gap2。

数字普惠金融指数。2016 年 7 月，北京大学互联网中心运用蚂蚁金服数据编制的《北京大学数字普惠金融指数（2011—2015 年）》是目前较为权威的数字普惠金融指数。其构造原则为：结合普惠金融的广度和深度，兼顾纵向和横向的可比性，体现出普惠金融服务的均衡性以及金融服务的多层次和多元化，强调互联网技术等方面。从覆盖广度、使用深度、数字支持服务程度 3 个维度，涉及账户的覆盖率、支付业务、信贷业务、保险业务、投资业务、征信业务、便利性、金融服务成本 8 个方面 24 个指标构造，通过层次分析法构建了数字普惠金融体系，编制了全国 31 个省份、337 个地级市、2082 个县的数字普惠金融指数。借鉴北京大学互联网中心的研究成果，作为本书研究核心指标。考虑到本书研究的量纲差异性，采取该指数与 100 之比表示，标记为 index。

控制变量。考虑到相关因素可能对城乡收入差距造成影响，为了保证实证的科学性，结合数据的可得性，增加控制变量来增强模型的可信度。具体指标包括：（1）经济发展水平 rgdp。选取各个地区人均 GDP 表示，为减小异方差的影响，对人均 GDP 进行对数处理。（2）产业结构 stru。单一的农业经济结构扩大了城乡居民收入差距，但是城镇化发展使得劳动力随产业结构变化而变化，可能缩小城乡收入差距。唐礼智等（2008）、徐敏等（2014）等研究发现非农业比重与城乡收入差距存在负向关系。胡荣才等（2011）则认为农村生产落后、农产品价格低使得农户收入增幅低于城市居民，为此非农产业比重与城乡收入差距的扩大有正向关系。选取第二、第三产业增加值在 GDP 的占比表示产业结构，研究产业结构对城乡收入差距的影响。（3）政府行为 fina。地方的发展与政府行为有很大的关系。选取地方公共财政预算支出在 GDP 的占比。（4）进出口 open。进出口对于地区经济的贡献较大，这可能也会间接对居民收入差距产生一定的影响，选取进出口总额占各地区 GDP 的比重衡量进行验证。由于三沙市成立于 2012 年，存在数据的缺失，选取《北京大学数字普惠金融指数（2011—2015 年）》中的 336 个地市数据进行研究，对于涉及地区的缺失数据都按照相应的增长率进行补充。

表 4-1　　变量的数据描述

变量名称	均值	中位数	标准差	最小值	最大值	样本数（个）
gap1	2. 59	2. 47	0. 64	1. 3	6. 56	1680
gap2	2. 36	2. 29	0. 6	1. 05	6. 7	1680
index	1. 15	1. 22	0. 46	0. 11	2. 31	1680
rgdp	10. 51	10. 48	0. 59	8. 73	12. 24	1680
fina	0. 24	0. 18	0. 21	0. 05	2. 86	1680
open	0. 03	0. 01	0. 05	0	0. 37	1680
stru	0. 86	0. 87	0. 09	0. 48	1	1680

从表 4-1 的数据描述发现，我国的城乡收入差距（gap1）在地市级层面较大，最小值为 1. 3，最大值为 6. 56，gap2 选取城镇与农村消费支出的比值与 gap1 保持着高度的一致性。从数字普惠金融指数来看，最大值为 2. 31，最小值为 0. 11，数字普惠金融在区域发展上也存在很大的差异性。其余相应的控制变量在一定程度上体现出区域的差别。

二　数字普惠金融对城乡收入差距影响实证结果

（一）数字普惠金融对城乡收入差距的效应实证

结合伽马分布混合模型，运用 R 软件编程运算，结果如表 4-2 所示。从基准模型来看，数字普惠金融指数与城乡收入差距（gap1）表现出显著的负向关系。单独考虑数字普惠金融指数与城乡收入差距（gap1）表现出显著的负向关系（系数估计值为-0. 0961）；结合控制变量来看，系数估计值为-0. 0492，进一步说明数字普惠金融与城乡收入差距存在负向关系，验证了数字普惠金融的发展能有效缩小城乡收入差距（H1）的假说，这与现有的众多研究者［宋晓玲（2017）、梁双陆等（2018）、张贺等（2018）］的结论高度一致。从控制变量来看，人均 GDP 显著负向影响城乡收入差距，表明经济增长能够有效地缩小城乡收入差距，经济发展有利于缓解城乡收入差距的扩大；政府行为表现出正向显著关系，这说明地方政府的财政预算支出扩大了城乡收入差距，进出口、产业结构对城乡收入差距影响不显著。

表 4-2　数字普惠金融对城乡收入差距的估计结果

	gap1（基准模型）		gap2（稳健性检验）	
常数项	1.0588*** (80.3992)	2.5170*** (15.8502)	1.0842*** (78.4098)	1.6163*** (7.8035)
index	-0.0961*** (-26.0688)	-0.0492*** (-7.9377)	-0.1998*** (-27.6589)	-0.1751*** (-17.4580)
rgdp		-0.1603*** (-8.3375)		-0.0933*** (-3.7133)
fina		0.0645*** (2.4374)		0.1298*** (3.1018)
open		-0.1197 (-0.9337)		0.1216 (0.6684)
stru		0.1760 (1.4541)		0.4433*** (2.8858)
σ^2	0.0000	0.0000	0.0000	0.0000
ν^2	0.0513	0.0353	0.0376	0.0310
ρ^2	0.0041	0.0040	0.0161	0.0158
样本数（个）	1680	1680	1680	1680

注：* p<0.1，** p<0.05，*** p<0.01，括号内为 t 值。

$\sigma^2=0$ 表明不存在省级的随机效应，也就意味着 31 个省份之间的数字普惠金融对城乡收入差距的影响不存在地区的异质性，验证 H3 数字普惠金融对于城乡收入差距的影响效应在省级层面上不存在异质性。υ^2 为 0.0513，0.0353（$\upsilon^2\neq0$）表明地市级存在随机效应，验证了假说 H4 数字普惠金融对于城乡收入差距的影响效应在地市级层面存在异质性。

为验证数据分析的合理性，选取 gap2（城镇居民人均消费性支出与农村居民人均消费性支出的比值）进行稳健性的检验。其相应的数字普惠金融指数的系数估计值为-0.1998，-0.1751，并且显著支持了假说 H1。$\sigma^2=0$，验证了假说 H3 的合理性。υ^2 为 0.0376，0.0310（$\upsilon^2\neq0$），验证了假说 H4 的合理性，表明基准回归结果是稳健和可信的。以此来看，数字普惠金融能够有效缩小城乡收入差距，在省级层面不存在异质性，在地市级层面存在异质性。

（二）数字普惠金融对城乡居民收入及消费影响效应实证

从前文分析不难发现，数字普惠金融能够有效缩小城乡收入差距。但是，值得深入探讨的是，数字普惠金融有利于城镇居民收入还是更有利于农村居民收入增长？是否存在省级或者地市级的异质性问题。本部分采取城镇常住居民人均收入与农村常住居民人均纯收入作为被解释变量（作为稳健性检验，选取城镇常住居民人均消费性支出与农村常住居民人均消费性支出），运用模型进行实证研究。经过实证（如表 4-3），数字普惠金融与居民收入有显著的正相关，从单个因素来看，数字普惠金融对于农村居民人均纯收入影响的估计系数为 0.5464，大于数字普惠金融对于城镇居民人均收入影响的估计系数 0.4025，考虑控制变量时，数字普惠金融对于农村居民人均纯收入影响的估计系数为 0.3257，大于数字普惠金融对于城镇居民人均收入影响的估计系数 0.2675，表明数字普惠金融对于农村居民收入影响效应大于城镇居民收入影响效应。相较城镇而言，数字普惠金融发展更利于农村居民收入的增加，验证了数字普惠金融对于农村居民收入影响效应大于对城镇居民收入影响效应的假说（H2）。从控制变量来看，经济增长有利于城镇（参数估计值为 0.1547）、农村（参数估计值为 0.3690）居民收入增长，政府行为和产业结构的发展更有利于城镇居民收入增长。相比城镇居民收入，进出口值对于农村居民收入的效应更为明显。

表 4-3　　数字普惠金融对城乡居民收入估计结果

	城镇居民人均收入		农村居民人均纯收入	
常数项	9.5857***	7.6867***	8.5295***	5.5556***
	(902.9294)	(70.5988)	(510.2126)	(37.7517)

续表

	城镇居民人均收入		农村居民人均纯收入	
index	0.4025*** (91.8009)	0.2675*** (57.4747)	0.5464*** (82.9396)	0.3257*** (53.5988)
rgdp		0.1547*** (11.6649)		0.3690*** (20.6043)
fina		0.0313 (1.5622)		-0.3968*** (-15.1487)
open		0.8878*** (9.5921)		1.3751*** (11.1707)
stru		0.4479*** (5.4237)		-0.7306*** (-6.5218)
σ^2	0.0000	0.0000	0.0000	0.0000
υ^2	0.0281	0.0117	0.0718	0.0239
ρ^2	0.0059	0.0028	0.0133	0.0044
样本数（个）	1680	1680	1680	1680

注：* p<0.1，** p<0.05，*** p<0.01，括号内为 t 值。

$\sigma^2=0$，$\upsilon^2\neq0$，数字普惠金融在促进城镇居民人均收入、农村居民人均纯收入增长时表现出省级层面不存在异质性，在地市级层面存在异质性的状况。作为收入的稳健检验，城镇与农村的消费性支出作为收入的一定体现，一并进行相应的验证，与上述结果保持高度一致，不再一一赘述，详见表 4-4。

表 4-4　　　　数字普惠金融对城乡居民支出估计结果

	城镇居民人均消费性支出		农村居民人均消费性支出	
常数	9.2276*** (784.8962)	7.1031*** (54.8131)	8.1910*** (493.1334)	5.6165*** (28.4911)
index	0.3728*** (66.2971)	0.2208*** (34.4182)	0.5745*** (76.1900)	0.3927*** (42.3007)
rgdp		0.2070*** (13.1861)		0.3403*** (14.2096)
fina		-0.0117 (-0.4413)		-0.2787*** (-7.1161)

续表

	城镇居民人均消费性支出		农村居民人均消费性支出	
open		0.8728*** (7.6447)		1.0606*** (6.1533)
stru		0.1048 (1.0949)		-0.9072*** (-6.1710)
σ^2	0.0000	0.0000	0.0000	0.0000
υ^2	0.0303	0.0116	0.0637	0.0298
ρ^2	0.0097	0.0067	0.0175	0.0130
样本数（个）	1680	1680	1680	1680

注：* p<0.1，** p<0.05，*** p<0.01，括号内为 t 值。

第四节 数字普惠金融对城乡收入差距影响的讨论

利用2011—2015年我国336个地级市城乡收入差距、居民收入、居民支出的面板数据，结合北京大学互联网中心运用蚂蚁金服数据编制的数字普惠金融指数，首次运用伽马分布混合模型实证了数字普惠金融与城乡收入差距之间的关系。研究发现：

一是结合数字普惠金融在一定程度上降低门槛效应、缓解非均衡效应、提升减贫效应能缩小城乡收入差距构建理论模型，提出了假说H1：数字普惠金融的发展能有效缩小城乡收入差距；假说H2：数字普惠金融对于农村居民收入影响效应大于对城市居民收入影响效应。结合区域金融发展的差异性和市场化及宏观政策的影响，提出了假说H3：数字普惠金融对于城乡收入差距的影响效应在省级层面上不存在异质性，即不存在省级的随机效应。基于地方政府的资源倾斜以及地市级地理位置、自然环境、风俗习惯等因素的影响，提出了假说H4：数字普惠金融对于城乡收入的影响效应在地市级层面存在异质性，即存在地市级的随机效应。

二是我国的城乡收入差距与数字普惠金融发展存在较大的差异，从数据描述来看，城乡收入差距的最小值为 1. 3，最大值为 6. 56；数字普惠金融指数的最大值为 2. 31，最小值为 0. 11，验证了数字普惠金融发展、城乡收入差距的地区差异性。

三是运用伽马分布混合模型实证研究发现，数字普惠金融能够有效地缩小城乡收入差距，并且表现出对于农村的影响效应比对城镇的影响效应更为明显。同时，在省级层面不存在异质性，在地市级层面存在异质性，这与中国的实际状况保持高度的一致，验证了本书的 4 个假说。

上述研究发现，嵌套广义线性混合模型能够很好地实现省级和地市级的分层区域效应实证，可用于我国经济的相关研究。数字普惠金融能缩小城乡收入差距，实现收入分配公平和有利于普惠金融发展。为此：首先，确立数字普惠金融发展战略。相比传统金融网点，数字普惠金融服务打破了时间和空间的限制，降低了金融服务的成本，更容易形成规模效应，在服务“三农”、小微企业、个体工商户上更有优势。为实现为更广泛的人群、企业提供金融服务，增强数字技术与普惠的融合，确立数字普惠金融发展战略有利于普惠金融的发展和缓解城乡收入差距。其次，从战略执行情况来看，省级的执行与国家的普惠金融战略保持高度的一致，但地市的数字普惠金融发展就存在较大的差异性和区域性，地方政府在推动区域经济发展的同时需要兼顾普惠金融的发展。同时，数字普惠金融的推广需要地方政府和区域金融机构的全力支持。尤其是对于农村金融的服务，需要结合数字技术扩大服务的广度和深度，通过技术解决金融服务“最后一公里”问题。最后，贫困地区的政府更加偏向对城镇的投入和关注，使得城乡收入差距扩大。为此地方政府需结合国家的政策方针对农村地区采取适当的政策倾斜，比如：采取农产品价格保护政策，增强农村基础建设，提供更多农民就业机会等，以此降低农民生活成本，提升农民收入，最终打破城乡二元结构，缩小城乡收入差距。

第五章　数字普惠金融与绿色全要素生产率

——基于系统 GMM 的实证检验

中国经济已由高速增长阶段转为高质量发展阶段，在高质量发展中促进共同富裕。传统“粗放式”高投入的经济增长模式难以为继，兼顾环境效益、社会效益、经济效益的绿色低碳模式成为经济高质量发展阶段的主旋律。绿色全要素生产率 GTFP（Green Total Factor Productivity）以全要素生产率 TFP（Total Factor Productivity）为基础，将环境因素纳入核算体系，更加科学地度量绿色低碳方式的经济增长能力。绿色低碳的经济增长模式注重人、自然、社会三者协调发展，推动经济社会产业结构向绿色可持续发展转型。在这个转型期，清洁能源领域、节能环保领域和碳减排技术领域“小而精”的企业急需金融的大力支持，但也面临传统金融服务无法有效覆盖的困境。近些年，普惠金融通过一系列信息技术手段，提高对企业的识别能力，扩大金融服务覆盖群体，降低“专精特新”企业融资约束，增强金融供给效率和质量，优化全要素资源配置效率（李建军等，2020），这种普惠性、数字化、科技型的金融服务方式是否也同时有利于促进绿色低碳经济增长成为一个值得研究的问题，这对于未来普惠金融与绿色金融的融合发展具有重要的意义。因此，探析数字普惠金融与 GTFP 的关系，分析数字普惠金融的覆盖广度、使用深度、数字化程度等特性对 GTFP 的影响，对制定金融发展政策、提升经济发展质量效率、推动绿色低碳经济高质量发展具有重要的理论与实践意义。

第一节 数字普惠金融与绿色全要素生产率文献综述

古典经济学理论认为，经济增长源于要素投入量增加和 TFP 提升，资源稀缺性导致要素投入量有限，经济持续增长的动力更多依赖于 TFP，即效率的提升。GTFP 将 TFP 与环境因素有机结合，是经济可持续增长、实现绿色低碳高质量发展的核心要素之一。金融是经济发展的“血液”，资金渗透产业的方向与方式对 GTFP 具有重要影响。基于传统信贷模式，数字普惠金融在覆盖广度、使用深度、数字化程度方面实现突破性发展，对 GTFP 的影响机制与效果也产生一定的变化。因此，目前针对金融服务与 GTFP 的研究成果主要集中在金融发展与 GTFP 的关系以及数字普惠金融对 TFP 的影响两方面。现有的研究对于金融发展与 GTFP 的关系存在不同的观点。一方面，金融发展提升 GTFP。金融部门降低技术创新类中小微企业融资约束，分散技术创新风险，鼓励企业加大技术投入（Hottenrott & Peters，2012），改变高污染、高排放的落后技术，提高绿色高科技产品生产与消费，提升社会运行效率（Ma & Stern，2008），对 GTFP 产生积极影响。技术创新发展低碳和无碳技术，替代高能耗投入品，从而减少单位 GDP 的二氧化碳排放量（严成樑，2012）。另一方面，金融发展不利于 GTFP 提升。有些学者认为，传统银行信贷资源向大型企业集中的现状并未改变，“专精特新”类企业融资壁垒仍然较高，抑制社会创新活力（徐思远、洪占卿，2016），不利于 R&D，进而抑制 GTFP 提升（李苗苗等，2015）。另外，金融促进经济发展的同时，也增加能源消耗及污染物排放量（严成樑等，2016），这给生态环境保护带来重大挑战，不利于提升 GTFP。

数字普惠金融对 TFP 有多种影响路径。技术进步是推动 TFP 增长的核心（陈晔婷等，2018）。数字普惠金融的发展促进企业的技术研发创新，以及技术的市场应用创新，产生技术溢出效应，有利于提高

TFP。一是数字普惠金融促进企业的技术研发创新。与传统金融不同，数字普惠金融利用信息技术提高金融服务能力，通过缓解信息不对称，减少“专精特新”企业融资约束，激发社会创新活力，推动技术创新，优化产业结构，对TFP产生重要的正面影响（贺茂斌、杨晓维，2021）。滕磊（2020）研究发现，数字普惠金融利用大数据与机器学习相结合，记录并分析用户行为特征和信用状况，形成对信用主体的信用评级，有效缓解融资双方的信息不对称程度，显著降低民营“专精特新”企业融资约束。信贷可得性的提高促进“专精特新”企业研发创新，激发社会“长尾群体”创新活力（万佳彧等，2020）。二是数字普惠金融促进需求升级，推动技术的市场应用创新。数字普惠金融通过优化收入结构，激发消费活力，推动产业结构合理化、高效化升级，加快新技术市场应用创新速度，增强市场应用创新能力，提升TFP。杜金岷等（2020）考虑到金融科技赋能下数字普惠金融信息获取的低成本与高准确性的特征，从分配和消费的视角进行实证研究，发现数字普惠金融发展显著缩小了城乡收入差距、提升了居民消费能力，反向推动了技术的市场应用创新。

综上不难发现，数字普惠金融与GTFP二者相互影响和作用机制的研究较少，却是目前重要的金融与经济发展模式。本书基于2011—2019年中国省级面板数据，利用SBM—GML测度GTFP，同时采用系统GMM模型探究数字普惠金融GTFP的内在作用机制及影响效应，为推动数字普惠金融发展、提升GTFP、增强经济高质量发展能力提供理论借鉴和政策建议。

第二节 数字普惠金融对绿色全要素生产率影响的机制及模型

一 内在机制分析

（一）数字普惠金融对GTFP的影响效率分析

数字普惠金融利用大数据、云计算、区块链等信息技术挖掘“长尾群体”信息，降低信息处理边际成本，对信贷主体的偿债能力、偿债意愿、违约概率等信用信息做出有效补充和判断，缓解信贷双方的信息不对称（万佳彧等，2020），提高对企业的识别能力，有利于满足“专精特新”企业融资需求，激发企业主体学习动力，加速技术创新与应用，激活技术溢出效应，从而激发社会整体创新活力，提升GTFP。滕磊（2020）基于2000余家中小微企业财务数据，利用固定效应模型研究发现，数字普惠金融通过扩大企业授信规模、完善金融服务生态，对缓解“专精特新”企业融资具有显著正向影响。任晓怡（2020）考虑到数字普惠金融与传统金融的差异性，利用沪深A股企业数据实证研究发现，数字普惠金融通过影响“专精特新”企业现金流、融资费用、财务杠杆等指标对缓解企业融资约束具有重要作用。综上可知，数字普惠金融通过缓解信息不对称，提高金融资源配置效率，增强“专精特新”企业融资可得性，促进企业技术研发和产品的市场应用创新，增加企业创新活力，对GTFP提升产生重要积极影响。

由此提出如下假说：

H5：数字普惠金融发展有利于GTFP的提升。

（二）数字普惠金融对GTFP的异质性影响特征探析

数字普惠金融在信息接入和存储以及信息处理量级、处理效率与准确度上具有显著优势，因此能覆盖到传统信贷模式无法覆盖的那些信息不充分、抵押品不足的中小微企业。在经济向绿色低碳转型期间，许多“小而精”的企业在清洁能源、节能环保、碳减排技术方面具有独特的技术优势和市场空间，也是广大普惠客群中的一部分。普惠金融在维持企业发展的同时，提高了其技术外溢性，推动了行业技术进步，提高了全要素生产率。第一，广泛覆盖。杨君等（2021）基于小微企业调查（CEMS）数据实证研究发现，数字普惠金融是对传统金融的有益补充，扩大了金融服务覆盖广度，进一步优化金融资源配置。同时，普惠金融对于传统金融具有替代作用，转移了一部分高排放企业贷款来满足普惠金融“长尾群体”的金融需求。第二，场景渗透。谢雪燕和朱晓阳（2021）从“专精特新”企业产品、金融服务等角度，利用固定效应模型进行实证研究，发现数字普惠金融能推动互联网经济向纵深发展，促进“专精特新”企业技术创新与实践创新。第三，需求引导。从消费需求端与生产供给端而言，数字普惠金融推动消费质量和种类升级，促进企业产品市场扩张，提高企业营业规模，增强企业现金流稳定性，为企业创新提供资金保障。杨伟明等（2021）的研究证实数字普惠金融能有效激发居民消费活力，扩大创新技术型企业产品的市场占有率，加速新技术创新、集成和应用。综上，数字普惠金融加速金融开放性、场景化、智能化，不断形成新金融生态，在经济转型期能够提供更加精准的服务。

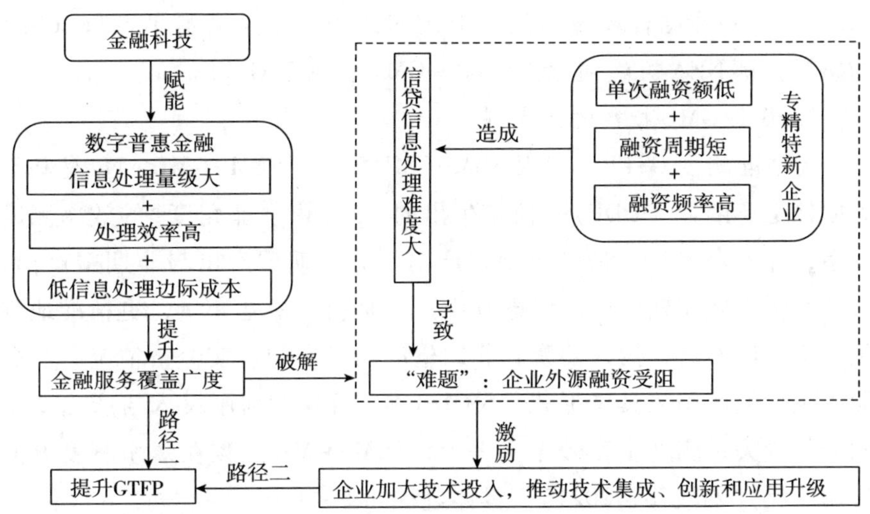

图 5-1　数字普惠金融对绿色全要素生产率的影响路径

由此提出如下两个假说：

H6：数字普惠金融覆盖广度的提高对 GTFP 提升产生积极影响；

H7：数字普惠金融发展通过激活技术效率，提升 GTFP。

二　数字普惠金融与绿色全要素生产率的研究设计

（一）SBM—GML 模型测度 GTFP

GTFP 的测算方法众多，主要包括索罗剩余法、随机前沿法、OP

与 LP 方法，以及数据包络分析法（DEA）。索罗剩余法与随机前沿法是基于古典经济学生产函数思想，利用回归方程，将 GTFP 以残差形式核算，该方式需先确定生产函数方程，精确研判除劳动、资本等生产要素外的其他投入要素，这会造成生产函数方程设定偏误，导致 GTFP 测度偏误。OP 与 LP 方法主要适用于企业微观效率测度，但由于存在函数相关性，投入变量与其他变量存在相关性问题，导致估计结果偏差，结果失真（Ackerberg et al.，2015）。

综上，本书采用 DEA 法，该方法无须预设生产函数具体形式，仅通过核算投入与产出要素关系测度 GTFP，这避免了索罗剩余、随机前沿、OP 与 LP 等方法的效率测度缺陷（郭永奇、侯林岐，2020），进一步结合环境因素，引入非期望产出，借鉴 Tone（2001）的思想，将 DEA 方法演化为 SBM—GML 法测度 GTFP。

1. SBM-GML 指数的效率测度

为精准测度 GTFP，引入 SBM-GML 模型。SBM-GML 函数是基于方向性距离函数（DDF）[①] 所衍生出的非径向[②]、非角度[③]的效率测度模型，优点众多。一是该模型将产出划分为期望产出与非期望产出，将环境污染等非期望产出考虑其中。二是引入松弛变量，更精准地刻画期望产出不足、投入要素和非期望产出过度的现实经济情况。三是无须预设生产函数具体形式，SBM-GML 函数仅利用投入与产出变量间的数量关系测度生产效率。综上，SBM-GML 函数在效率测度方面应用广泛（刘战伟，2021）。具体过程如下：

（1）生产可能性集构建

为有效刻画经济主体投入、产出范围，构建生产可能性集。决策单元 $k(1, 2, \cdots, K)$ 在 $t(1, 2, \cdots, T)$ 时期，决定投入 N 种资源 $x=(x_1, x_2, \cdots, x_N) \in R_N^+$ 得到 M 种期望产出 $y=(y_1, y_2\cdots y_M) \in R_M^+$ 与 R 种非期望产出 $b=(b_1, b_2\cdots b_R) \in R_R^+$，由此构建以下生产可能性

① 方向性距离函数（Directional Distace Functionss，DDF）：一种测度决策点到最优边界的数学方法。

② 非径向：能够测度非同比例变化的投入或产出变量，提升了效率测度精度。

③ 非角度：同时从投入和产出双向测度主体无效率程度，提升了效率测度的准确性。

集（王兵等，2010）。

$$p^t(x^t)=\left\{\begin{array}{l}(y^t,\ b^t)\left|\sum_{k=1}^{K}z_k^t x_{kn}^t\leqslant x_{kn}^t,\forall n;\sum_{k=1}^{K}z_k^t y_{\mathrm{km}}^t\geqslant y_{\mathrm{km}}^t,\forall m;\sum_{k=1}^{K}z_k^t b_{kr}^t=b_{kr}^t,\forall r;\right.\\ \sum_{k=1}^{K}z_k^t=1,\ z_k^t\geqslant 0,\ \forall k;\ s_n^x\geqslant 0,\ \forall n;\ s_m^y\geqslant 0,\ \forall m;\ s_r^b\geqslant 0,\ \forall r\end{array}\right\}$$

z_k^t 表示决策单元 k（地区）t 时期的权重（$z_k^t\geqslant 0$），$\sum_{k=1}^{K}z_k^t=1$ 表示规模报酬可变（VRS），当去掉这一限制条件，则转变为规模报酬不变（CRS）的生产可能性集。由于绿色全要素生产率的非线性，因此本书选用规模报酬可变的生产可能性集。

（2）SBM 函数线性规划式求解

为测度决策主体至最优生产可能性边界距离，在生产可能性集的基础上引入非径向、非角度的 SBM 函数线性规划式（王兵等，2010），如式（5-1）所示。（x^{tk}，y^{tk}，b^{tk}）分别为 t 时期 k 决策单元（地区）的投入、期望产出与非期望产出向量；（s_n^x，s_m^y，s_r^b）表示非径向、非角度的投入、期望产出与非期望产出松弛变量，为正则表示投入与非期望产出在有效边界外、期望产出在边界内，表示效率仍存在提升空间；（g^x，g^y，g^b）分别为劳动、资本、能源的投入降低、期望产出增加、非期望产出减少的正方向向量；$\overrightarrow{S_V^G}$ 表示决策单元的无效率值。

$$\overrightarrow{S_V^G}(x^{t,k},\ y^{t,k},\ b^{t,k};\ g^x,\ g^y,\ g^b)=$$
$$\underset{s^x,s^y,s^b}{MAX}\left\{\frac{\frac{1}{N}\sum_{n=1}^{N}\frac{s_n^x}{g_n^x}+\frac{1}{M+R}\left(\sum_{m=1}^{M}\frac{s_m^y}{g_m^y}+\sum_{r=1}^{R}\frac{s_r^b}{g_r^b}\right)}{2}\right\}$$
$$\text{s. t.}\left\{\begin{array}{l}\sum_{k=1}^{K}z_k^t x_{k,\ n}^t+s_n^x=x_{k,\ n}^t,\ \forall n;\ \sum_{k=1}^{K}z_k^t y_{k,\ m}^t-s_m^y=y_{k,\ m}^t,\ \forall m;\\ \sum_{k=1}^{K}z_k^t b_{k,\ r}^t+s_r^b=b_{k,\ r}^t,;\ \forall r;\ \sum_{k=1}^{K}z_k^t=1,\ z_k^t\geqslant 0,\ \forall k;\\ s_n^x\geqslant 0,\ \forall n;\ s_m^y\geqslant 0,\ \forall m;\ s_r^b\geqslant 0,\ \forall r\end{array}\right.\tag{5-1}$$

(3) GML 指数构建

引入 GML 指数精准测度 GTFP。基于 SBM 函数的 GML (Global Malmquist-Luenberger) 指数是基于全局参比形式计算的效率指数，能够有效避免 Malmquist 和 Malmquist-Luengerber 等生产率指数不可传递性和不可行解的问题 (Oh, 2010)，有效提高 GTFP 测度的准确性。由此构建 GML 指数，精准测度 GTFP 具体公式为：

$$GTFP_t^{t+1} = GML_t^{t+1} = \frac{1+\overrightarrow{S_v^G}(x^t, y^t, b^t; g)}{1+\overrightarrow{S_v^G}(x^{t+1}, y^{t+1}, b^{t+1}; g)} = GEC_t^{t+1} * GTC_t^{t+1}$$

$$GEC_t^{t+1} = \frac{1+\overrightarrow{S_v^t}(x^t, y^t, b^t; g)}{1+\overrightarrow{S_v^{t+1}}(x^{t+1}, y^{t+1}, b^{t+1}; g)}$$

$$GTC_t^{t+1} = \frac{[1+\overrightarrow{S_v^G}(x^t, y^t, b^t; g)]/[1+\overrightarrow{S_v^t}(x^t, y^t, b^t; g)]}{[1+\overrightarrow{S_v^G}(x^{t+1}, y^{t+1}, b^{t+1}; g)]/[1+\overrightarrow{S_v^{t+1}}(x^{t+1}, y^{t+1}, b^{t+1}; g)]} \quad (5-2)$$

进一步将 GML_t^{t+1} 拆分为生产效率指数(GEC_t^{t+1})与技术效率指数(GTC_t^{t+1})，探究 $GTFP$ 的内部特征。GML_t^{t+1} 指数测度 t 到 $t+1$ 期间 $GTFP$ 的环比效率值，当 $GML_t^{t+1}>1$ 时，$GTFP$ 得以优化；若 $GML_t^{t+1}<1$ 则反之；生产效率指数(GEC_t^{t+1})衡量 t 到 $t+1$ 期的效率水平；技术效率指数(GTC_t^{t+1})代表 t 到 $t+1$ 期技术创新与生产可能性边界的扩大范围。

2. 熵权法测度环境污染综合指数

为有效测度地区经济发展过程中环境污染的非期望产出，引入熵权法衡量环境污染综合指数。环境污染综合指数是 SBM—GML 效率测度模型的非期望产出变量，是测度 GTFP 的重要变量，也是关系到绿色低碳高质量发展的核心指标。该指标利用熵权法将能源消耗产生的二氧化碳排放量、工业三废整合为一个综合性指标，这既反映了能源使用的绿色效率，又突出了生产过程中废弃物清洁处理能力。

碳排放量具体测度是参考 2006 年联合国《国家温室气体指南》的二氧化碳排放量测度公式：

$$CO_2 = \sum_{h=1}^{H} M_h \times NVC_h \times CEF_h \quad (5-3)$$

其中 M_h、NVC_h、CEF_h 分别为 h 类能源消费量、平均发热量与二氧化碳排放因子。① 环境污染综合指数是基于熵值法对碳排放、二氧化硫、氮氧化物、颗粒物排放总量、一般工业固体废弃物产生量、废水化学需氧总量等指标赋权下的加权综合污染指数。

首先，对指标进行无量纲化处理。碳排放、二氧化硫、氮氧化物、颗粒物排放总量、一般工业固体废弃物产生量、废水化学需氧总量均为负向指标，即指标值越大，正向效应越差，此时，无量纲化处理公式为：

$$X'_{kth}=\frac{\max(X_{kth})-X_{kth}}{\max(X_{kth})-\min(X_{kth})} \tag{5-4}$$

其中 X_{kth}、X'_{kth} 分别为 k 省 t 时期 h 类污染物排放量和无量纲化后的量。

其次，利用熵权法为各指标赋权，其中 e_h、W_h 分别为 h 类排放物的信息熵与权重，公式为：

$$e_h = \frac{-1}{\ln(KT)}\sum_{k=1}^{K}\sum_{t=1}^{T}\frac{X'_{kth}}{\sum_{k=1}^{K}\sum_{t=1}^{T}X'_{kth}}\ln\left(\frac{X'_{kth}}{\sum_{k=1}^{K}\sum_{t=1}^{T}X'_{kth}}+0.0001\right);$$

$$W_h = \frac{1-e_h}{\sum_{h=1}^{H}(1-e_h)} \tag{5-5}$$

最后，利用综合评价法测度环境污染综合指数（S_{th}，$0\leqslant S_{th}\leqslant 1$），公式为：

$$S_{kt}=1-\sum_{h=1}^{H}X'_{kth}\times W_h \tag{5-6}$$

（二）回归模型设定

为测度数字普惠金融对 GTFP 的影响，利用内生经济增长方程构

① 《中国能源统计年鉴（2020）》和联合国政府间气候变化专门委员会有煤炭、焦炭、汽油、煤油、柴油、燃料油和天然气的 NCV 值（GJ/T），分别为 20.908、28.435、43.07、43.07、42.652、41.816、38.931；CEF 值（kgCO2/GJ）分别为 95.977、105.966、70.033、71.5、74.067、77.367、56.1。

建回归模型。设内生经济增长方程为：

$$GTFP = A \times f(K) \times e^{\varepsilon} \tag{5-7}$$

其中 A 表示技术因素，K 表示数字普惠金融，e^{ε} 表示其他因素。令 $f(K)=K^{\beta}$，对式（5-7）进行化简与对数化处理后的回归模型设定为：

$$\ln(GTFP) = \ln(A) + \beta \times \ln(K) + \varepsilon \tag{5-8}$$

基于式（5-8），构建数字普惠金融对于 GTFP 的回归方程如下，进一步研究影响机制。

$$gtfp = \beta_0 + \beta_1 \times aggregate + \beta_2 \times others + \varepsilon_{kt} \tag{5-9}$$

aggregate、*others* 分别为数字普惠金融指数与控制变量，β_i 为待定参数 $i=$（1，2，3，…，n），ε_{kt} 为残差。进一步考虑到数字普惠金融对 GTFP 影响的滞后性，将数字普惠金融指数滞后一期 *L. aggregate* 作为解释变量。同时，由于 GTFP 存在序列自相关性，即 GTFP 是下一期 GTFP 的重要影响因子，将 GTFP 滞后一期 *L. gtfp* 引为解释变量，但考虑到绿色全要素生产率滞后项 *L. gtfp* 与扰动项 ε_{it} 存在相关性，进而引发内生性问题，导致 OLS 估计结果不一致。本书利用动态面板 GMM 模型解决上述难题，GMM 模型主要包括差分 GMM 模型与系统 GMM 模型两类，其中系统 GMM 模型能够有效避免差分 GMM 模型引发的弱工具变量问题和难以检验的不随时间趋势项变化的先天缺陷问题，有效提高估计效率。因此，采用系统 GMM 模型探究数字普惠金融对 GTFP 的影响，新模型设定为：

$$gtfp = \beta_0 + \beta_1 \times L.\ gtfp + \beta_2 \times L.\ aggregate + \beta_3 \times others + \varepsilon_{kt} \tag{5-10}$$

为进一步探究数字普惠金融对 GTFP 的异质性影响，引入覆盖广度、使用深度、数字化程度的一阶滞后项（*L. coverage*；*L. usage*；*L. digitization*）作为核心解释变量；生产效率指数（*GEC*）和技术效率指数（*GTC*）作为被解释变量，新的模型设定如下：

$$gtfp = \beta_0 + \beta_1 \times L.\ gtfp + \beta_2 \times L.\ usage + \beta_3 \times others + \varepsilon_{kt}$$

$$gtfp = \beta_0 + \beta_1 \times L.\ gtfp + \beta_2 \times L.\ digitization + \beta_3 \times others + \varepsilon_{kt}$$

$$gtfp = \beta_0 + \beta_1 \times L.\ gtfp + \beta_2 \times L.\ coverage + \beta_3 \times others + \varepsilon_{kt}$$

$$gec = \beta_0 + \beta_1 \times L.\ gec + \beta_2 \times L.\ aggregate + \beta_3 \times others + \varepsilon_{kt}$$

$$gtc=\beta_0+\beta_1\times L.gtc+\beta_2\times L.aggregate+\beta_3\times others+\varepsilon_{kt} \quad (5-11)$$

第三节　数字普惠金融与绿色全要素生产率实证

一　变量说明与数据来源

（一）变量说明

1. 测度 GTFP 的投入、产出变量

投入变量为劳动投入、资本投入以及能源投入。劳动投入以三大产业年末就业总人数衡量；资本投入借鉴张军等（2003）资本存量核算方法，采用永续盘存法测度：

$$D_{kt}=I_{kt}+(1-\delta_{kt})\times D_{k,t-1} \quad (5-12)$$

其中 I_{kt}、D_{kt} 为 k 地区 t 时期的固定资产投入量与资本投入量，固定资产投入按 1996 年不变价格计算，δ_{kt} 为折旧率，借鉴尚娟等（2021）的研究成果，令 $\delta_{kt}=10.69\%$；能源投入折算为年标准煤消耗量。产出变量为期望产出与非期望产出两类。期望产出为 1996 年不变价格测度的国内生产总值；非期望产出以环境污染综合指数衡量。

2. 被解释变量

被解释变量为 GTFP。GTFP 由生产效率指数与技术效率指数构成，分别反映生产效率水平和技术创新与生产可能性边界的扩大范围。三者均为效率环比值，即 $GTFP>1$ 则表明，绿色全要素生产率提高，$GTFP<1$ 则反之，因此借鉴（徐璋勇等，2020）的方式，以 2011 年为基期，设置为 100，后续年份以累积值表示各年 GTFP、GEC、GTC。

3. 解释变量

解释变量为数字普惠金融指数。该指数是北京大学数字金融研究中心利用蚂蚁金服数据库，以覆盖广度、使用深度、数字化程度 3 个维度共 33 项指标所构建。该指数充分反映各区域数字普惠金融发展状况，应用广泛（黄漫宇，2020）。覆盖广度区别于传统金融以网点

数、服务人员数作为衡量指标，其本身具有数字化特征，突破空间限制，因此采用每万人拥有支付宝账号数量、支付宝绑卡用户比例、平均每个支付宝账号绑定银行卡数衡量；使用深度从信贷、理财、支付、信用、投资、保险6大方面20项指标对数字金融服务推广与应用情况进行测度；数字化程度从移动化、实惠化、信用化、便利化4个维度10项指标对金融服务的数字化水平进行测度。

4. 控制变量

借鉴现有研究成果将经济发展水平、数字化发展能力、基础设施状况、政府管理能力、产业发展特征、创新发展潜力作为控制变量。其中经济发展水平以地区年生产总值测度；数字化发展能力以人均网页数衡量；基础设施影响生产要素流动、归集，是地区生产总效率的重要影响因素，以"铁路+公路"总里程与各省面积之比测度；政府管理能力反映政府干预对生产效率变化的影响能力，以财政预算支出占当年GDP比重衡量；产业发展特征以第二、第三产业值占GDP比重测度；创新发展潜力以人均研究与试验支出测度。

（二）数据来源

以上数据均来源于《2012—2020北京大学数字普惠金融指数》、《中国统计年鉴》（2012—2020）、《中国能源统计年鉴》（2012—2020）、《中国环境统计年鉴》（2012—2020）、各省市区《统计年鉴》（2012—2020）及国民经济社会发展公报（2012—2020）。

表5-1　　变量说明与描述性统计

	变量	样本量	均值	标准差	最小值	最大值
解释变量	总指数（aggregate）	270	203.4	91.57	18.33	410.3
	覆盖广度（coverage）	270	183.6	90.24	1.960	384.7
	使用深度（usage）	270	198.0	91.35	6.760	439.9
	数字化程度（digitization）	270	278.4	118.0	7.580	462.2
控制变量	经济发展水平（gdp）	270	16499	13213	1042	69293
	数字化发展能力（Int_web）	270	199.7	641.6	0.0168	5137
	基础设施状况（traffic）	270	0.962	0.512	0.0917	2.177

续表

	变量	样本量	均值	标准差	最小值	最大值
控制变量	政府管理能力（governments）	270	0.264	0.115	0.120	0.758
	产业发展特征（structure）	270	0.901	0.0532	0.742	0.997
	创新发展潜力（R&D）	270	1114	1433	102.9	10199
GTFP 测度量	劳动投入（lab）	270	2737	1788	309.2	7150
	资本投入（cap）	270	57749	42392	3648	218847
	能源投入（ener）	270	14981	8881	1601	41390
	经济期望产出（GDP_dis）	270	16499	13213	1042	69293
	环境污染非期望产出（envi）	270	0.353	0.221	0.00532	0.897

二　数字普惠金融与绿色全要素生产率实证检验

（一）GTFP 测度

为精准测度 GTFP，利用非径向非角度的 SBM—GML 模型，将劳动、资本和能源作为投入变量；国内生产总值、环境污染综合指数作为产出变量，代入式（5-1）—式（5-6），测度 2011—2019 年 GTFP。以 2011 年为基期，令 GTFP = 1，后续年份以累乘形式测度 2011—2019 年测度各省 GTFP 效率值，2019 年各省绿色发展累计效率值如表 5-2、图 5-2 所示。

表 5-2　2019 年 GTFP、GEC、GTC 累计效率值测度结果

地区	GTFP	GEC	GTC	地区	GTFP	GEC	GTC
安徽	1.111	0.796	1.396	江西	1.055	0.748	1.410
北京	2.067	1.077	1.919	辽宁	1.283	0.930	1.380
福建	1.153	0.818	1.410	内蒙古	1.149	0.856	1.342
甘肃	0.943	0.723	1.305	宁夏	2.002	0.725	2.763
广东	1.015	0.428	2.373	青海	1.607	0.777	2.067
广西	0.976	0.716	1.362	山东	1.076	0.787	1.368
贵州	1.084	0.849	1.277	山西	0.955	0.738	1.294
海南	1.063	0.663	1.602	陕西	1.022	0.744	1.373
河北	0.912	0.686	1.330	上海	2.150	0.980	2.194

续表

地区	GTFP	GEC	GTC	地区	GTFP	GEC	GTC
河南	1.148	0.844	1.359	四川	1.142	0.838	1.362
黑龙江	0.901	0.678	1.329	天津	1.082	0.756	1.430
湖北	1.171	0.860	1.362	新疆	0.890	0.683	1.304
湖南	1.106	0.817	1.353	云南	1.049	0.793	1.323
吉林	1.028	0.744	1.382	浙江	1.116	0.776	1.438
江苏	1.184	0.826	1.434	重庆	1.324	0.954	1.389

由表 5-2、图 5-2 可知：2011—2019 年，一是 GTFP 均值上升趋势明显，提升较大，部分省份如北京、上海、重庆等 GTFP 提升迅速。二是 GTFP 的提升贡献主要来自技术效率，生产效率贡献率较小。结合表 5-2、图 5-2，不难发现：2011—2019 年，技术效率均保持高速增长态势；生产效率阶段性二元化特征显著。2016 年前生产效率保持下降趋势，2016 年后，生产效率历史低位震荡，这引致 2016 年前 GTFP 保持震荡趋势，2016 年后，受技术效率提升影响，GTFP 增速加快。这是因为一方面，“十二五”规划（2011—2015 年）首次明确提出绿色发展，建设资源节约型、环境友好型社会目标，积极推动产业结构优化升级，适时淘汰一批“污染型”企业，扶持“绿色”企业，我国进入绿色低碳发展转型阵痛期，这也显示了国家层面绿色低碳发展决心。“十二五”期间，污染排放主要指标均超额完成，这是导致 2011—2016 年生产效率保持下降趋势的核心原因之一，短期内，阻碍生产效率提升，为“十三五”时期的生态环境质量明显改善发展目标，奠定基础。另一方面，“十三五”时期（2016—2020 年）绿色低碳高质量发展成为共识，传统粗放式高投入的经济增长旧模式加速转换为新型创新驱动发展新模式，由图 5-1 可知，2016 年后，技术效率增速提升显著，同时，GTFP 的持续增长论证了绿色低碳高质量发展目标的科学性、合理性，这论证了“十三五”时期，绿色发展目标的达成性，这与唐啸和胡鞍钢（2016）预测我国环境库兹·涅茨曲线在“十三五”时期出现拐点，我国进入生态赤字缩小阶段，保持高度一致。

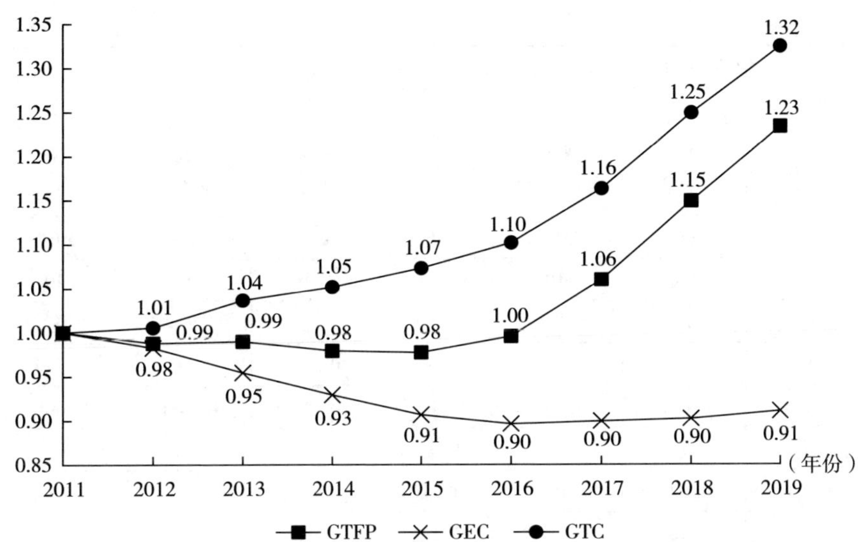

图 5-2 2011—2019 年 GTFP、GEC、GTC 累计效率均值

(二) 数字普惠金融对 GTFP 影响分析

1. 数字普惠金融对 GTFP 基础回归分析

为进一步提高数字普惠金融对 GTFP 影响测度的稳健性，采用动态面板系统 GMM 模型测度数字普惠金融指数对 GTFP 的影响，回归结果详见表 5-3。

表 5-3 数字普惠金融对绿色全要素生产率影响

	基础回归	稳健性检验回归				
	(1) two-step GMM	(2) 缩尾处理 two-step GMM	(3) One-step GMM	(4) 固定效应模型	(5) 随机效应模型	(6) 混合回归模型
	gtfp	gtfp	gtfp	gtfp	gtfp	gtfp
L. gtfp	1.066*** (0.122)	1.049*** (0.104)	1.066*** (0.126)	0.777*** (0.0996)	1.019*** (0.0611)	1.019*** (0.0853)
L. aggregate	0.0519** (0.0161)	0.0524** (0.0157)	0.0525** (0.0164)	0.0559** (0.0157)	0.0412*** (0.0125)	0.0412*** (0.0116)

续表

	基础回归	稳健性检验回归				
	(1) two-step GMM	(2) 缩尾处理 two-step GMM	(3) One-step GMM	(4) 固定效应模型	(5) 随机效应模型	(6) 混合回归模型
	gtfp	gtfp	gtfp	gtfp	gtfp	gtfp
N	210	210	210	240	240	240
是否控制	是	是	是	是	是	是
adj. R-sq	—	—	—	0. 632	—	0. 772
p-value	0. 000	0. 000	0. 000	0. 000	0. 000	0. 000
稳健标准误	是	是	是	是	是	是
AR (1)	0. 022	0. 018	0. 010	—	—	—
AR (2)	0. 161	0. 137	0. 125	—	—	—
Hansen	0. 177	0. 562	0. 177	—	—	—

注：括号内为稳健标准误，星号表示稳健性水平（ * p<0. 05， ** p<0. 01， *** p<0. 001），Hansen | 、AR（1）、AR（2）所标系数均为概率 p 值。

由基础回归模型可知：GMM 模型是合理的。一是通过工具变量的过度识别检验，证明工具变量有效。过度识别检验 Hansen 检验 P 值大于 0. 05，难以拒绝所有工具变量均有效假设，这表明工具变量选择的合理性。二是通过扰动项自相关检验，表明扰动项不存在序列相关，证明模型选择的合理性。系统 GMM 模型要求扰动项不存在序列相关，利用 Arellano-Bond 检验表明在 5%的显著性水平下拒绝一阶序列无自相关假设，难以拒绝二阶序列无自相关假设，这说明扰动项不存在序列相关。三是 GTFP 的滞后项 L. gtfp 在 1%的显著性水平下通过检验，这表明将 GTFP 滞后一阶作为解释变量的合理性。

表 5-3 模型（1）结果显示：数字普惠金融指数一阶滞后项（L. aggregate）在 1%的显著性水平下为正，这表明数字普惠金融发展对 GTFP 提升存在显著正向影响。假设 H5 "数字普惠金融发展有利于 GTFP 的提升" 得证。

2. 数字普惠金融对 GTFP 影响的稳健性检验

为验证数字普惠金融对 GTFP 正向促进作用结论的可靠性，进行以下稳健性处理：（1）数据的缩尾处理。对面板数据前后1%的数据进行缩尾处理后进行系统GMM回归。（2）多模型测度转化。利用一步系统GMM、固定效应模型、随机效应模型、混合回归模型等测度数字普惠金融对GTFP的影响效应，测度结果均表明在1%的显著性水平下，数字普惠金融对GTFP的提升存在显著的积极效应，这表明测度结果的稳健性，回归测度结果详见表5-3。

（三）数字普惠金融对GTFP影响的异质性分析

为进一步探究数字普惠金融对GTFP的异质性影响，进行以下维度分析：（1）数字普惠金融指数多维异质性分析。将数字普惠金融总指数分解为：覆盖广度、使用深度、数字化程度的一阶滞后项（L. coverage；L. usage；L. digitization）作为核心解释变量与GTFP进行two-step GMM回归；（2）GTFP多维异质性分析。将GTFP分解为生产效率指数与技术效率指数，用数字普惠金融指数一阶滞后项（L. aggregate）分别与生产效率指数与技术效率指数进行two-step-sys-GMM回归，回归结果详见表5-4。

表5-4　数字普惠金融多指标对绿色全要素生产率异质性影响分析

	（7）gtfp	（8）gtfp	（9）gtfp	（10）gec	（11）gtc
L. gtfp	1.124*** （0.146）	1.050*** （0.105）	1.134*** （0.133）	—	—
L. gec	—	—	—	0.807*** （0.144）	—
L. gtc	—	—	—	—	1.053*** （0.0698）
L. coverage	0.0563** （0.0174）	—	—	—	—
L. usage	—	0.0366* （0.0165）	—	—	—
L. digitization	—	—	0.0320*** （0.00678）	—	—
L. aggregate	—	—	—	0.00303 （0.0118）	0.0464* （0.0217）

续表

	（7） gtfp	（8） gtfp	（9） gtfp	（10） gec	（11） gtc
N	210	210	210	240	240
是否控制	是	是	是	是	是
p-value	0.000	0.000	0.000	0.000	0.000
稳健标准误	是	是	是	是	是
AR（1）	0.039	0.017	0.045	0.096	0.013
AR（2）	0.061	0.064	0.711	0.036	0.750
Hansen	0.167	0.170	0.565	0.176	0.121

注：括号内为稳健标准误，星号表示稳健性水平（ * $p<0.05$， ** $p<0.01$， *** $p<0.001$），Hansen | 、AR（1）、AR（2）所标系数均为概率 p 值。

1. 数字普惠金融指数多维异质性分析

为进一步探究数字普惠金融的指标结构特征对 GTFP 的异质性影响，本书从数据支撑、理论论证两方面进行数字普惠金融指数多维异质性分析。实证数据支撑方面。表 5-4 模型（7）—（9）结果显示：一是模型合理性方面，覆盖广度、使用深度、数字化程度的一阶滞后项（L. coverage；L. usage；L. digitization）的系统 GMM 估计均通过了 Arellano-Bond 检验、Hansen 检验，且 GTFP 的一阶滞后项 L. gtfp 均在 5%水平下通过显著性检验，这表明模型设定的有效性。二是多维异质性影响显著性方面，覆盖广度、使用深度、数字化程度一阶滞后项的系数均在 5%显著性水平下为正，这表明覆盖广度、使用深度、数字化程度的发展均对 GTFP 的提升存在显著正向影响。三是多维异质性指标影响程度方面，覆盖广度一阶滞后项（L. coverage）的影响系数远大于使用深度一阶滞后项（L. usage）、数字化程度一阶滞后项（L. digitization），这表明数字普惠金融发展对 GTFP 的影响主要体现在覆盖广度对 GTFP 的正向促进作用，假设 H6“数字普惠金融覆盖广度的提高对 GTFP 提升产生积极影响”得证。

理论论证方面。覆盖广度是从账户覆盖率与覆盖深度量两个角度对数字普惠金融的服务使用情况进行测度，主要反映数字金融服务的覆盖范围；使用深度是从信贷、理财、支付、信用、投资、保险六大方面进行加权核算，主要衡量数字金融服务的使用状况；数字化程度从移动化、实惠化、信用化、便利化 4 维度 10 项指标进行评估，是对金融服务数字化水平进行测度。因此，结合数据实证支撑，数字普惠金融对 GTFP 的影响首先通过扩大数字普惠金融服务群体、缓解金融与实体产业二元化现象等途径，对 GTFP 提升产生正向影响。其次，数字普惠金融通过完善消费、投资、储蓄、保险、理财的金融服务生态体系，提升金融服务数字化水平，这显著增强了金融供给满足金融需求的能力，降低交易成本，提升金融服务便利化水平，有效推动了社会资源流向“专精特新”企业，充分激发了高效率企业内生发展动力，引导其加大技术投入，推动技术集成、创新和应用升级，最终提升了 GTFP。

2. GTFP 多维度异质性分析

为进一步探究数字普惠金融对 GTFP 内部特征的异质性影响，利用系统 GMM 模型分别对数字普惠金融总指数与生产效率指数和技术效率指数进行回归，结果详见表 5-4 模型（10）—（11）。模型（10）是数字普惠金融对生产效率指数回归，结果显示：数字普惠金融对生产效率指数的影响未通过显著性检验，即数字普惠金融发展对生产效率的影响不显著。模型（11）是数字普惠金融与技术效率指数回归，结果显示数字普惠金融指数一阶滞后项（L. aggregate）在 5%的显著性水平下为正，且通过了 Hansen 检验和 Arellano-Bond 检验。这表明现阶段数字普惠金融发展对 GTFP 的影响主要通过促进技术效率指数提升实现，即主要通过技术创新与进步而非生产效率提升实现，假设 H7“数字普惠金融发展通过激活技术效率，提升 GTFP”得证。

第四节　数字普惠金融与绿色全要素生产率的讨论

数字普惠金融对绿色全要素生产率的影响关系到我国绿色低碳高质量发展。但数字普惠金融不同于以银行为主导的集权式线下性的金融业务模式，是数字金融与普惠金融结合的新金融业态，具备更好的服务下沉能力，与实体经济结合更加紧密，这导致传统金融发展对TFP、GTFP 的研究成果难以解释数字普惠金融发展与 GTFP 的关系，因此本书基于 2011—2019 年中国省级面板数据，利用 SBM—GML 模型、系统 GMM 模型、试图探究数字普惠金融指数对 GTFP 的影响效应，研究发现：

一是 2011—2019 年，GTFP 明显提高，绿色发展能力显著增强。近十年来，GTFP 均值上升趋势明显，提升较大，部分省份如北京、上海等地区 GTFP 提升迅速，但黑龙江、新疆等部分省份绿色发展能力相对滞后，且 GTFP 的提升贡献主要来自技术效率提升，生产效率增长贡献率较小。二是数字普惠金融发展显著提升 GTFP，增强了绿色低碳高质量发展能力。实证检验结果表明：（1）数字普惠金融主要通过覆盖广度、使用深度、数字化程度三维度提升 GTFP，进而增强绿色低碳高质量发展能力。其中覆盖广度对 GTFP 的影响系数远大于使用深度、数字化程度，这表明，数字普惠金融发展对 GTFP 的影响主要体现在覆盖广度对 GTFP 的正向促进作用。（2）数字普惠金融发展对 GTFP 的影响主要通过促进技术效率提升实现，即主要通过技术创新与进步而非生产效率提升实现。

基于以上研究结论，为进一步发挥数字普惠金融对 GTFP 提升的积极作用，增强绿色低碳型经济高质量发展能力，提出以下政策建议：

一是利用信息技术持续提升绿色普惠金融服务的覆盖面。基于数字普惠金融平台架构，金融机构充分利用内部数据有效接入外部数据，开展环境效益数据的采集、处理和分析工作，将环境、社会、治理要求纳入授信业务全流程，精准识别绿色低碳领域内的创新企业，建立科学的绿色信贷评价体系，同时更好地支持传统企业的节能减排项目。重视普惠金融、绿色金融、农村金融等融合发展，形成绿色“三农”、绿色小微、绿色消费等领域的绿色普惠金融特色，发挥集成优势，提高资金在绿色普惠领域中的贡献程度和效率，不断促进绿色全要素生产率的提升。

二是构建场景生态银行，深化绿色普惠金融服务能力，促进绿色低碳经济转型。金融的普惠性继续向场景深化、数字化、广覆盖的方向发展，不断渗透至居民生活与企业生产的各个方面，资金在城市绿色运营、居民绿色出行、绿色产业发展中持续优化资源配置功能。比如，居民碳普惠账户能够将绿色出行、植树造林、节电节能、清洁能源使用等低碳行动转化为绿色信用；政府通过汇聚金融机构、环境、气候等部门，建立绿色低碳金融综合服务平台，支持中小微企业绿色可持续发展，有利于绿色城市建设。

三是聚焦绿色新兴战略产业，促进绿色普惠金融与科技金融相融合。加大对清洁能源、节能环保、碳减排技术、分布式电源等绿色产业中“小而精”客群的拓展力度，积极服务国家“双碳”战略。持续大力践行绿色发展理念，把发展绿色金融作为长期战略，积极满足减缓气候变化、适应气候变化等应对气候变化领域的投融资需求，创新绿色金融产品，助力绿色低碳行业发展。

四是融合普惠金融和绿色金融，提高区域协调发展能力。经济发展从资源型向效率型、可持续方向转变的过程中，不同要素的贡献度会出现调整。“绿水青山就是金山银山”，普惠金融与绿色金融融合发展在目前经济相对落后的农村具有较高的可行性和广阔的空间。“十四五”期间，“三农”、小微企业、居民个人等普惠群体将成为数字普惠金融重点服务对象。同时，绿色普惠金融将进一步增强技术效率，提升联动性，持续提高生产效率，增强区域协调发展能力，进一步提升我国绿色低碳发展能力。

第三部分

国内外优秀数字普惠金融实践案例

第三部分通过梳理国内外先进数字普惠金融发展模式的特征与优势，为中国数字普惠金融发展对策研究提供经验支撑。本部分由“第六章　数字普惠金融先进实践案例研究”和“第七章　格莱珉普惠金融模式实践的内生动力及增收效应”组成，分别从广度和深度两大角度论述了国内外数字普惠金融发展模式的现状、特征和优势。一是从广度视角，系统梳理“肯尼亚 M-PESA 模式”“美国社区银行普惠模式”和“日本农协金融合作模式”等国外先进数字普惠金融发展背景、特征和优势，并结合国内的“蚂蚁金服”“网商银行”和“民生银行”等数字普惠金融龙头企业的发展阶段性特征和优势，宏观把握数字普惠金融发展规律和特征；二是从深度视角，以格莱珉普惠金融模式为例，研究“格莱珉金融模式实践的内生动力及增收效应”，深入挖掘数字普惠金融发展的驱动因素和积极效能，微观明晰数字普惠金融发展动能和效应，为第四部分“中国数字普惠金融发展的问题及对策研究”提供经验支撑。

第六章　数字普惠金融先进实践案例研究

多年来，在相关国际组织和世界各国的大力推动下，数字普惠金融不断地发展和壮大，部分国家的发展模式，实现可持续的商业模式，并取得显著成效，这些发展模式被国际组织推广以及被各国积极借鉴，成为全球最为宝贵的普惠金融实践经验。当然，对各国数字普惠金融的借鉴需要结合本国的实际情况进行，不能完全照搬有效经验。结合有效经验，本章主要通过考察优秀的数字普惠金融实践，总结其经验，取其精华，去其糟粕，为数字普惠金融发展提供宝贵的借鉴。

第一节　国外数字普惠金融先进案例

普惠金融在全球范围内不同程度的发展，给予了传统金融体系之外的弱势群体（“三农”与居民个体）和小微企业更为均等有效的金融服务，从而有效帮助传统金融体系之外的“长尾群体”，激活其内生发展动力，帮助其脱离贫困。为此，本章尝试以案例的形式探究国内外普惠金融和数字普惠金融案例，如肯尼亚 M-PESA 模式、美国社区银行普惠模式和日本农协金融合作模式等，国内代表性的互联网金融公司蚂蚁金服、互联网民营商业银行浙江网商银行和传统商业银行中国民生银行的数字普惠金融实践模式。在总结现有普惠金融发展模式的基础上，综合考量各类数字普惠金融模式优劣点，为探索数字普惠金融发展的最优中国模式，推动数字普惠金融在中国的发展提供案例借鉴。

一　肯尼亚 M-PESA 模式

肯尼亚属于人均收入水平较低的发展中国家，经济体系不够发达，金融机构分布不够广泛，金融服务难以满足社会主体的需求。为此，肯尼亚积极探索“普惠金融新模式”，通过移动支付解决了金融服务的问题。如今，肯尼亚拥有世界上知名的手机转账和支付体系 M-PESA。一是电信运营商的积极参与。在肯尼亚的农村地区，电子货币支付方案 M-PESA 允许使用者将货币保存在虚拟的储值账户里面，使用者可以通过本地的 M-PESA 代理商进行存款和取款，也可以使用其可用余额，将货币发送给其他移动电话用户、购买话费或者储存货币等。二是传统商业银行体系的金融架构支撑。电信运营商将客户储存在 M-PESA 账户上的资金汇集到统一账户，委托商业银行集中管理，将手机支付体系与商业银行的账户管理体系有效嫁接（马绍刚等，2018），一方面充分发挥了原有金融架构在风险控制方面的体系优势，利用现有监管体系和金融市场的基础设施延伸了原有金融架构优势；另一方面，利用手机支付体系大大优化了日常交易流程，使得日常交易在一定程度上得以突破时空束缚，大大提升了肯尼亚金融体系效率。三是适当的银行网络布局规模。一方面，如果有太多的银行网点，移动支付消费者的需求就会减少，消费者可以直接去银行网点办理适当的支付服务；另一方面，如果银行网点数量太少，那就增加了移动支付代理的难度，肯尼亚银行的网络尚未完善，但基本上可以满足代理管理流动性的需要。四是政府政策导向引导。肯尼亚央行鼓励在国家支付系统中使用手机金融服务以降低成本，这大大提高了金融服务的可达性、及时性与普惠性，在支付层面，有效推动了肯尼亚普惠金融体系升级与应用创新，推动了数字普惠金融在肯尼亚地区的应用与推广。

（一）肯尼亚的 M-PESA 发展概况

2007 年 3 月，肯尼亚沃达丰分公司（Safaricom）正式推出了 M-PESA。M-PESA 是通过手机访问电子支付和电子钱包的在线金融服务供应模式，同时通过线下代理直销合作店向 M-PESA 用户提供存取款和支付服务。一是 M-PESA 提供个人之间的手机转账和支付等金融服务。顾客可以通过手机，利用 M-PESA 系统向其他任何人转移资金。二是专注于企业对企业和企业对个人的支付结算等金融功能，如企业使用 M-PESA 系统支付员工工资，通过 M-PESA 系统获得销售报酬。

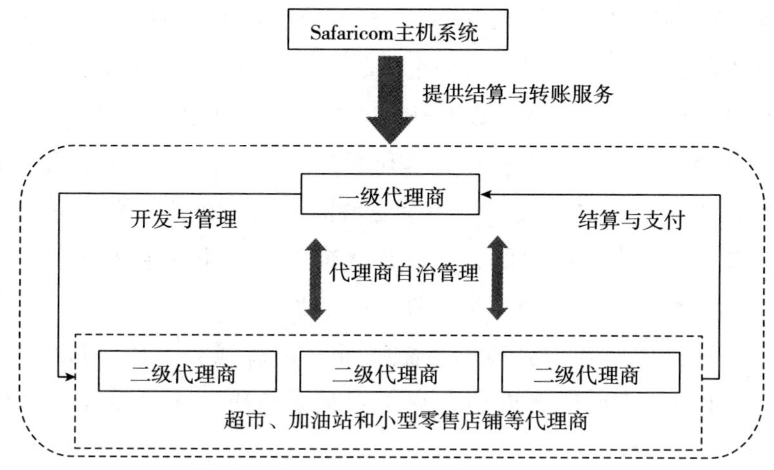

图 6-1　肯尼亚 M-PESA 模式

按照业务类型，肯尼亚 M-PESA 发展模式主要经历两个阶段：

第一是单一转账支付工具阶段。该阶段是肯尼亚 M-PESA 模式的早期阶段。肯尼亚 Safaricom 作为肯尼亚国内最大的移动通信网络服务供应商，敏锐地抓住了农户、外出务工人员庞大的转账需求与国内金融体系难以支撑如此规模金融转账需求的特征，于 2007 年创建了早期 M-PESA 模式。定位于满足"长尾群体"的转账支付金融需求是该模式的突出特征。Safaricom 公司注意到了庞大的市场需求特征，凭借国内最大通信服务供应商的市场优势与技术优势地位，提出 M-PESA 模式，该模式精准定位于跨区域转账汇款支付需求，并制定了"汇款回家"等一系列的配套营销策略，将服务对象精准定位于外出务工的"长尾群体"，一经推出，用户人数就获得了爆发性的增长，2014 年年底，用户规模接近 2000 万人，占全国总人口的 50%以上（傅长安等，2015）。

第二是综合性金融生态机构阶段。Safaricom 基于早期 M-PESA 模式的巨大成功，尝试将业务从转账支付拓展至存款、贷款、保险、工资发放、生活服务①等一系列综合性金融服务。M-PESA 注意到肯尼亚金融服务的高额服务费，提出以低成本、低价格、高质量的金融产

① 生活服务：商品支付、学费支付、水电费支付等方面。

品供给的市场战略，利用 Safaricom 公司在移动通信领域的龙头地位与行业技术优势，大大降低了跨国汇款、存款、贷款、保险、工资发放、转账结算等金融服务费用，如 M-PESA 将跨地区汇款费率从 6%降低至 1%（王振宇，2019）。这进一步提升了 M-PESA 在肯尼亚国内的市场占有率，2017 年年末，线上金融交易数额占国内生产总值比重上升至 50%左右，进一步推动肯尼亚 M-PESA 向综合性金融生态机构转变。

（二）肯尼亚 M-PESA 商业模式的分析

为顾客提供便利与可得的金融服务，创造社会价值。肯尼亚 M-PESA 商业模式面向弱势群体客户，着眼于解决普惠金融服务供给和需求两个主要问题。

第一，肯尼亚对汇款服务的需求很大。在城市化进程中，由于家庭亲属的需要，城乡之间的资金流动很大。肯尼亚的城市化率较低，仅为 31.2%，且低收入水平的家庭数量较大，约 20%的家庭主要依靠在城市工作的亲人汇款。肯尼亚作为非洲南部国家，工业基础设施、交通设施和金融基础设施较为落后，这制约了生产、生活与金融资源的跨区域流通，导致国内资源流通难度与成本较高。同时，肯尼亚经济发展水平差异较大，加之城市化的快速推进，导致大量年轻农村劳动力的跨区域流动，这对资源跨区域流通提出了更高的要求。庞大的人流带来了大量的资金流，即外出务工人员需定期汇款回家的需求旺盛，带来了庞大的资金流通需求，但金融基础设施和交通基础设施不健全，导致了高额跨区域转账的金融服务成本，以商业银行为代表的传统金融体系难以满足“长尾群体”的转账汇款支付需求，带来了转账汇款金融市场真空。

第二，肯尼亚的小微汇款等金融服务供给不足。小微汇款等金融服务供给不足导致汇款与支付的金融服务成本虚高与安全性较低。在 M-PESA 业务运行前，肯尼亚最常见的汇款是非正规的“快递”[①] 途径，即城市务工群体将转账货币以现金的形式交付客运司机或委托代理人进行流转，但这些被委托法人与自然人没有转运商业许可证，一

① 非正规的快递途径：长途巴士、熟人帮忙等形式。

是导致线下单笔汇款成本高，二是增加汇款中途损失风险。此外，邮局也可以合法地提供汇款业务，但由于费用较高、速度慢而未能得到广泛认可。此外，肯尼亚金融机构较少，金融基础设施投资严重不足，也抑制了“长尾群体”远程跨区域小额汇款的需求。

M-PESA 针对市场对金融服务需求大，而金融服务供给相对不足与定价偏高等问题，进行痛点剖析，精准定位，利用技术优势，制定差异化发展策略。对于肯尼亚的大多数人来说，金融服务的电子化交易是一种全新概念，在金融实体机构网络寄存现金更为符合日常使用习惯。为了克服肯尼亚人民的使用障碍，Safaricom 深入分析了 M-PESA 金融服务领域的核心问题，提出便利化、实惠化的运营与推广路径。

一是增加 M-PESA 的便利性。首先，Safaricom 利用移动通信技术优势，将 M-PESA 与手机号码绑定，用户登录仅需要提供密码信息。例如，在汇款业务中，需要输入汇款对象的手机号码、汇款金额、汇款 ID 号码。当收集到所有信息时，系统会自动反馈给客户进行交易的最终确认。其次，用户可以在任何零售店注册，零售店在注册过程中引导顾客，向用户说明使用方法和交易成本。M-PESA 用户可以从零售店，以及在 M-PESA 签名的合作银行取钱。顾客可以在 ATM 卡上输入一次认证码来取钱。

表 6-1　　肯尼亚 M-PESA 收费标准

<table>
<tr><th colspan="2" rowspan="2">服务类型</th><th colspan="2">标准金额（先令）</th><th rowspan="2">手续费（先令）</th></tr>
<tr><th>最低额度</th><th>最高额度</th></tr>
<tr><td>存款</td><td></td><td>100</td><td>35000</td><td>0</td></tr>
<tr><td rowspan="10">取款</td><td rowspan="5">注册用户在代理实体点取款</td><td>100</td><td>2500</td><td>25</td></tr>
<tr><td>2501</td><td>5000</td><td>45</td></tr>
<tr><td>5001</td><td>10000</td><td>75</td></tr>
<tr><td>10001</td><td>20000</td><td>145</td></tr>
<tr><td>20001</td><td>35000</td><td>170</td></tr>
<tr><td rowspan="4">注册用户在代理 ATM 取款</td><td>200</td><td>2500</td><td>30</td></tr>
<tr><td>2501</td><td>5000</td><td>60</td></tr>
<tr><td>5001</td><td>10000</td><td>100</td></tr>
<tr><td>10001</td><td>20000</td><td>175</td></tr>
<tr><td>非注册用户取款</td><td>1000</td><td>35000</td><td>0</td></tr>
</table>

续表

服务类型		标准金额（先令）		手续费（先令）
		最低额度	最高额度	
汇款	给注册用户汇款	100	35000	0
	给非注册用户汇款	100	2500	75
		2501	5000	100
		5001	10000	175
		10001	20000	350
		20001	35000	400

注：先令是肯尼亚货币计量单位（2022 年 4 月 25 日，人民币兑肯尼亚先令标准汇率为：1∶17.78）。

资料来源：任碧云、张彤进：《移动支付能够有效促进农村普惠金融发展吗？——基于肯尼亚 M-PESA 的探讨》，《农村经济》2015 年第 5 期。

二是实惠化金融服务，严格控制金融服务费率。首先，M-PESA 付费标准在全国统一，而且价格明显低于所有银行网点。Safaricom 采用免费注册和免费收款的方针，并且取款、汇款和其他业务类型按交易金额数量收取少量费用。客户可以根据交易的绝对数量来计算每一笔交易的准确成本，这是为了方便客户比较移动支付和其他替代方法之间的成本（任碧云、张彤进，2015）。其次，基于顾客支付欲望的付费机制。M-PESA 根据顾客的欲望支付定价，定价较低。电子交易比现金交易成本低，肯尼亚现金交易的手续费用是电子传输的 2 倍左右。最后，集中支付代理委员会系统。为了避免代理扰乱金融服务产品市场定价，Safaricom 直接从客户账户中扣除相关手续费，同时向零售店支付手续费。

三是根据消费者的“痛处”突出服务价值。首先，M-PESA 分析肯尼亚人的“高风险、高成本”汇款难题核心的价值要素，提出“汇款回家”的价值理念，将普惠金融融入用户的日常使用核心需求中，由此被肯尼亚人广泛接受。使用 M-PESA 汇款的肯尼亚家庭数量从 17%急速增加到 52%（陈元志，2015）。其次，转账支付自由。肯尼亚的 GSM 手机用户可以从 M-PESA 收到汇款。在向非 M-PESA 用户提供转账服务时，Safaricom 会根据汇款金额大小处理汇款人的账户，而收款人则会收到短消息（SMS）代码，并且可以通过短消息（SMS）代码从任何 M-PESA 零售店取现金。

（三）肯尼亚 M-PESA 商业模式的借鉴意义

肯尼亚手机银行模式对中国数字普惠金融的发展具有重要借鉴价值。傅长安等（2015）在充分剖析肯尼亚手机支付体系 M-PESA 现状基础上的研究发现，肯尼亚手机银行手续费用低、金融监管相对宽松、正规金融基础设施落后导致的传统金融机构的高成本金融业务和逐步成熟的在线支付信息技术为肯尼亚手机银行的发展提供了有利的发展环境，是 M-PESA 快速发展的重要条件。柳金平（2012）从农村金融服务可得性视角探索肯尼亚手机银行模式时发现，肯尼亚 M-PESA 大大提升了农村金融服务可得性，满足了农业弱势群体对金融服务的需求，具有良好的市场基础和广阔的发展空间。王振宇（2019）从普惠金融发展优势、劣势与特征的视角出发，以肯尼亚 M-PESA 普惠金融模式为例，探讨普惠金融发展内在冲突[①]时发现，肯尼亚 M-PESA 的低服务费率、精准定位与营销策略是普惠金融的肯尼亚模式快速发展的核心。宗民（2019）从肯尼亚普惠金融发展特征的视角出发研究发现：第一，肯尼亚“长尾群体”珍视自身信用状况，肯尼亚 M-PESA 坏账率远低于传统金融机构贷款；第二，M-PESA 金融实践倒推肯尼亚政府不断推动金融监管与普惠金融市场运行逻辑相匹配，不断推动金融法律体系完善；第三，肯尼亚传统银行业的快速发展为 M-PESA 提供了更为完善的金融产品运行闭环，不断提升 M-PESA 产品效率。

综上可知，肯尼亚 M-PESA 模式的成功之处在于：

第一，精准的市场调研，针对市场痛点，采取系统性的应对策略。肯尼亚 M-PESA 模式通过精准的市场调研，抓住了在国内银行机构少，城乡汇款需求大、成本高的市场痛点，并在充分考虑到当地网络

① 普惠金融发展的内在冲突指金融服务的可获得性、可负担性与商业可持续性之间的冲突。

基础设施不健全以及对“新鲜事物”市场接受程度低的限制点的基础上，区别于传统的App式、手机银行式的数字普惠金融推广模式，创新性地以手机短信与整合当地网点资源为突破口，开展普惠金融业务。

第二，依托极为成熟的短消息技术体系，运用移动通信技术实现了用户之间的转账和现金业务。与中国的移动支付不同，肯尼亚的移动支付不需要用户使用智能手机，也不需要下载移动应用程序（App），只需要一部手机和Safaricom公司发行的SIM卡就可以完成，极大地降低了使用移动支付的门槛。Safaricom推出的移动金融平台采用SIM卡的安全认证和加密，辅以手机银行金融服务记录和追踪，目前还未出现大规模信息泄露等高风险事件。在许多发展中国家，移动支付具有得天独厚的优势，它利用居民手机拥有率很高的优势，满足了普通民众最迫切的需求。肯尼亚M-PESA移动支付的成功经验表明，移动支付是弥补农村地区金融基础设施不足、传统金融机构物理网点服务不足的重要方式。

第三，金融监管机构适当宽松的监管态度。作为主要的金融监管机构，肯尼亚中央银行支持M-PESA项目。一是Safaricom作为独立的支付系统运营M-PESA，并给“存、贷、汇”的金融服务牌照，允许M-PESA参与银行业市场竞争，这为M-PESA业务开展提供了稳定的市场环境与市场保障，有利于Safaricom公司充分发挥电信运营商龙头企业技术优势，进一步降低转账、支付与汇款的金融服务成本。二是在发展金融服务代理上，给予M-PESA更宽松的管理条件。M-PESA可以突破商业银行发展代理点的限制，允许M-PESA将代理商对象从正规网点拓展至小卖部、超市、加油站及其他小额零售商店，这大大降低了合作“代理商”的准入门槛，激发了越来越多的经营主体开展M-PESA代理业务的兴趣。同时，“长尾群体”庞大的金融服务需求，增加了线下代理商的业务利润，保证了代理商的稳定性与可持续性。

二 美国社区银行普惠模式

（一）美国社区银行的业务概述

美国社区银行注册资本多为1亿—10亿美元，资产规模通常较小，且存贷资产来源主要为社区居民的定期存款与活期存款（见表6-2）。在日常经营决策独立性方面，社区银行通常是具有独立法人资格的企业实体，区别于大型商业银行分支机构和网点，其业务灵活性更强，能够突破既定框架限制，在信贷审批、信用评估、信贷授信方面，具备更强的信贷决策自主权。在市场定位方面，社区银行实行差异化定位策略，区别于国有大型商业银行、城市商业银行，其服务对象定位于大型商业银行难以覆盖的中小微企业、城市居民和“三农”等边缘弱势群体，在服务方式上更具灵活性，不同地域、不同社区和不同信贷对象存在差异化特征，信贷业务在资格审核、授信额度、授信周期上具有较强的灵活性。

表 6-2　　2019 年美国社区银行发展状况

资产（美元）	数量（家）		占比（%）	资产（亿美元）		占比（%）
	银行总量	社区银行		银行总量	社区银行	
1 万亿	4	0	0	73575	0	0
1000 亿—1 万亿	25	0	0	51932	0	0
100 亿—1000 亿	111	6	5.4	31843	890	2.8
10 亿—100 亿	657	467	71.1	17550	10235	58.3
1 亿—10 亿	3234	3164	97.8	10879	10525	96.7
1 亿以下	1146	1118	97.6	676	664	98.2

资料来源：陈卫东、熊启跃、李梦宇：《我国城商行股权结构特征及优化机制研究》，《金融监管研究》2021 年第 4 期。

（二）美国社区银行产生的独特社会与历史背景

美国社区银行的产生与发展具有其独特的政治、经济、社会和文化等方面的特征。一是政治体制方面，由于历史因素，美国属于联邦制国家，中央政府与州政府之间权力相对分割，州政府在金融立法、金融监管和金融发展规划上具有很强的独立性，州政府能够根据实际情况授予金融机构商业银行牌照，出台独立的金融监管法案，制定相关的金融发展政策，同时由于各州间利益的相对冲突，导致州政府在制定金融发展规划、颁布商业银行牌照、制定金融支持政策方面，更多地偏向于保护本州的企业，进而在一定程度上形成州与州之间的银行准入壁垒。这在一定程度上加速了商业银行数量的膨胀，为社区银行的产生奠定了政治基础。二是经济环境方面，现代银行制诞生以来，美国的社会生产力长期处于世界领先位置，经济发展程度很高，随着美国各类产业快速发展，企业的社会总体融资需求不断高涨，但由于信息不对称以及大型商业银行的“大企业病”等问题叠加，大型商业银行对小微企业、居民个体和“三农”等“长尾群体”开展业务的边际成本过高，因此针对“长尾群体”的金融业务出现市场真空，给美国社区银行提供了广阔的发展空间。三是社会和文化因素，由于美国金融发展历史悠久以及发展程度较高，美国居民的金融文化素质相对更高，且社会征信体系既涵盖官方征信平台（包括大企业征信信息），也包括完善的市场征信体系（涵盖小微企业、个体居民征信信息），经过多年的运作完善，提升了美国国民对个人征信和企业征信的认知，这种不断强化的社会认知，规范了各类社会群体的信用行为。

（三）美国社区银行商业模式总结

美国社区银行是区别于传统商业银行的一种更具生命力的金融机构，在美国商业银行体系中，发挥普惠金融功能，满足小微企业、农户以及个体居民等“长尾群体”金融需求的重要作用，在整个金融体系中具有重要的地位，其独特的运作模式、运作理念和运作经验，对中国数字普惠金融的发展具有重要的理论和实践价值。

市场定位精准。美国商业银行市场定位是为“三农”、小微企业和居民个人等弱势群体提供可持续金融服务。就美国的金融市场环境而言，大型企业、高净值人群等优质客户长期以来与大型商业银行、投资银行保持紧密的业务联系，同时，大型商业银行凭借雄厚的资金实力掌握着更多的社会资源，能够通过多种手段，牢牢把握住“高净值”客户的市场。但是由于“大企业病”的存在，大型商业银行的业务流程固化，灵活性差，这导致业务变革的边际成本、机会成本较高，而“三农”、小微企业和居民个人等弱势群体存在贷款额度小，信贷频度高、信贷周期短，客户分散程度高的特征，进一步导致信息拟合的成本较高，提升了大型商业银行信贷业务的边际成本；由于大型商业银行的组织变革成本高，涉及利益主体较多，利益协调难度较高，进一步延长了大型商业银行的组织变革周期，这导致大型商业银行的灵活应变能力较差，难以适应“三农”、小微企业和居民个人等弱势群体的融资需求，导致大型商业银行开展此类主体的业务的边际收益较低，大型商业银行的市场业务难以渗透至“长尾群体”。因此针对“三农”、小微企业和居民个人等“长尾群体”的金融服务市场长期处于市场真空状态。而社区银行通过扁平化的组织架构，具备组织结构调整和信贷业务组织灵活性，降低了业务调整成本，同时社区银行通过与社区“三农”、小微企业和居民个人等弱势群体的直接联系，降低了信贷双方信息不对称程度，将违约概率控制在可接受的范围内，进一步提升了信贷效率，产生了新的社区银行业务盈利点。

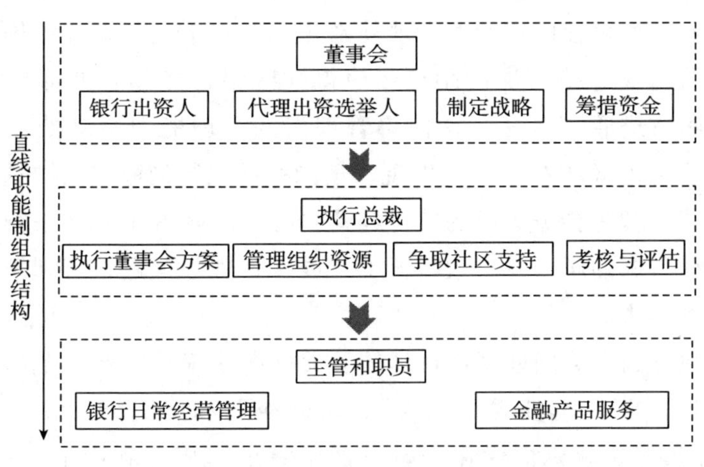

图 6-2　美国社区银行主流组织结构

企业组织结构的扁平化特征明显，灵活性较高。社区银行的组织结构的直线化特征明显，涵盖董事会、总裁和其余职能员工等三级架构，市场信息传递通道较短，信息失真度较低，信息传递与反馈时间短，这大大缩短了社区银行经营战略和经营业务调整的内部时滞和外部时滞，能够对市场环境变化、客户行为特征调整做出快速准确的反应，减少了因为决策时滞、政策时滞、执行时滞所带来的决策失效、政策失灵以及决策效果偏差，更好地缓解了“三农”、小微企业和居民个人等“长尾群体”单笔融资额度低、信贷周期短、融资频率高以及由于信息不对称所导致的“信贷风险大”等问题，更好地服务了“三农”、小微企业和居民个人等“长尾群体”。

（四）美国社区银行商业模式的借鉴意义

在美国独特的政治、经济、社会和文化背景下，社区银行的诞生缓解了美国“三农”、小微企业和居民个人等“长尾群体”融资约束，破解了弱势群体的融资难、融资贵的问题。微观方面，美国商业银行市场定位是为“三农”、小微企业和居民个人等弱势群体提供可持续金融服务，有效激发了“三农”、小微企业和居民个人等弱势群体的发展动力，提升了其内生发展能力。柴瑞娟和隋禾（2016）通过美国社区银行与中国城商银行对比研究发现，美国社区银行扁平化的管理结构，使得社区银行的管理外部化，即扁平化的管理结构，缩短了管理层与业务执行层的距离，使得社区银行能随着外部环境的变化，不断改进管理方法，这使得管理层的管理能力始终处在较高水平。陈卫东等（2021）研究发现，美国社区银行的股权结构具有适度集中的特征和为会员服务的银行经营目标，这降低了社区银行管理者短期业绩目标的压力并有效缓解了“委托代理”问题，有利于银行长远目标的实现。

宏观方面，美国社区银行延伸了大型商业银行的业务范围，将金融服务产品下沉至社区“三农”、小微企业和居民个人等“长尾群体”，拓展了金融机构优化金融资源配置的范围，利用市场化手段，进一步优化了经济资源配置，提升了资源配置效率。邓向荣等（2016）基于美国近3000家社区银行面板数据，利用数据包络模型测度了美国社区银行发展效率，研究表明，美国社区银行的技术效率提升速度远快于大型商业银行。原晓惠（2020）通过对美国社区银行、日本农协信贷模式和孟加拉乡村银行的比较研究发现，美国社区银行具备“关系型”银行特征，充分发挥了地理与人际社会关系在信贷业务开展方面的优势，即美国社区银行与当地居民联系密切，对其信用状况有大致判断，且美国社区银行可将对本地居民信用状况判断的“软信息”作为信用支撑，开展信贷业务，更好地发挥了美国社区银行的地理优势与人际社会关系优势。

结合中国特色社会主义的现实背景，美国社区银行的成功发展经验以及社会效应对中国发展数字普惠金融在精准定位、扁平化结构调整方面具有重要理论与实践的借鉴意义。

三　日本农协金融合作模式

合作性质的金融机构由来已久，但由于历史、政治和文化的差异，导致不同的合作性金融机构在合作模式、权力架构、核算内容、合作深度等方面存在明显差异，这使不同类型的合作金融机构的社会效应以及产业支持重点产生差异。其中，以日本农协金融合作模式最为突出，在国际上已产生较大影响。

（一）日本农协金融合作模式简介

日本农协金融合作模式是基于日本农业协会衍生出的为满足“三农”发展的金融需求的非营利性普惠金融业务模式。日本农业协会是农户为应对资本主义生产方式对农业市场的影响，以农业“产供销”全流程为主线，通过整合农作物要素市场、生产市场以及农作物产品市场，提升“三农”发展动力，增加农民收入，促进农业发展，推动农村进步的合作性、自助性组织。农作物要素市场方面，日本农协通过联合采购化肥、种子和农业用具等采购环节，提升农户要素市场的议价能力。农作物生产市场方面，由日本农业协会为农户提供生产技术指导、生产工具的有偿使用，并结合一系列市场手段和利用政府优惠政策，指导并协助农户的农业生产，降低农户生产的不确定性，并给予用户恰当的社会性帮助。农作物产品市场方面，帮助农户制定销售策略，并对农作物联合销售，提升农作物产品市场竞争力，保证农产品的快速变现。

为了进一步确保农作物要素市场、生产市场以及农作物产品市场的整体竞争力，金融业务被引入日本农业协会，并逐渐成为农协协助农户进行农业生产的重要手段，日本农协金融合作模式也逐渐由单一的农业信贷发展成为涵盖存款业务、信贷支持业务、农业保险业务、资金结转与结算等中间业务的系统性综合金融支持工具，日本农业协会自主经营、独立核算、自负盈亏的“法人化”特征逐渐显现。其入会主体也由本地农户扩大为包括政府、农户、农协、高等院校和农林经济管理的专业化人才等在内的主体，组织结构方面也由区域性的农协金融合作社进化为涵盖基层农协（村级）、信农联（县级）和农林中央金库（国家级）的体系化的半民间、半官方形式的金融合作社。

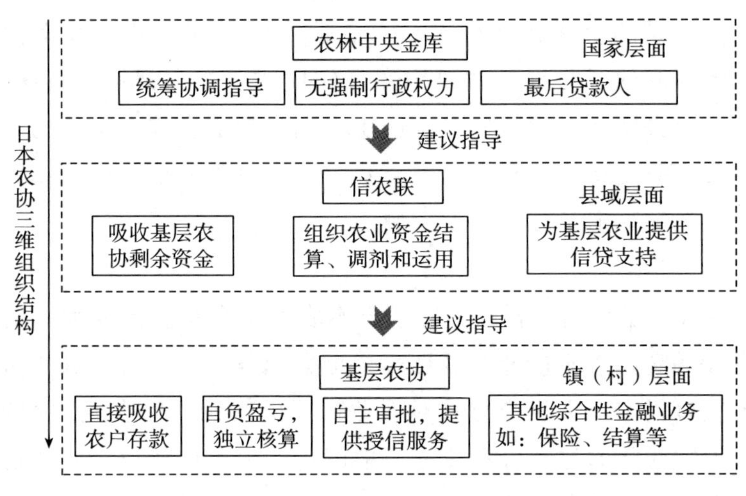

图 6-3 日本农协组织架构

（二）日本农协合作金融特征

日本农协组织结构以及层级职权方面。日本农协是由基层农协（村级）、信农联（县级）和农林中央金库（国家级）构成的体系化的半民间、半官方形式的金融合作社。在三维组织权力结构上，不同于科层制和直线制组织架构，日本农协并无明确的上下级关系，不存在强制性行政权力，各组织层级间主要依靠市场化手段进行行动的协同，利用常规性沟通机制实现具备独立法人资格的基层农协组织间的整体协调。基层农协组织方面，基层农协组织主要通过吸收农户存款的负债业务，积累银行资本。在此基础上，基层农协组织吸收存款主要为了满足本区域“三农”发展的金融需求，首先，对于剩余信贷资金，在农协理事会以及股东代表大会同意的基础上，将部分资金用于满足非协作社会员的融资需求。其次，将剩余信贷资金提交至信农联（县域机构）进行保值增值。信农联方面，信农联作为连接基层农协组织和农林中央金库的中间层级，协调区域内各独立基层农协组织的利益关系，在县域层面吸收基层农协组织多余信贷资金，并为基层农协组织发放贷款，调剂基层农协组织间的资金余缺，降低区域内基层农协组织金融风险。同时，信农联接受农林中央金库的指导，传递中央政策意图，确保基层农协的行动方向和农林中央金库的政策与意图保持一致，同时充当中央“三农”专项资金直达基层农协的“中间人”。农林中央金库方面，农林中央金库是日本农协组织的最高领导机构，其主要功能包括以下几个方面，一是为信农联提供信息咨询和工作指导，确保信农联功能得以正常发挥，调剂各独立信农联的资金余缺，为信农联提供专项存贷款业务。二是为农机企业、农种企业和其他相关大型企业直接提供信贷支持，提升农业机械化水平，推动农业现代化发展。三是发行专项农林类债券，筹集信贷资金。农林中央金库有权按照其发展规划与年度预算，开展农林债券发行业务筹集资金。

日本农协半民间、半官方形式的背景优势。日本农协的基层组织是独立的法人机构，具有独立经营、自负盈亏和独立核算的特点，在日常管理模式上，包括农协成员大会、理事会、监事会三类权力机关，农协成员大会由区域农协组织成员共同参加，是基层农协的最高权力机关，制定农协规章制度、发展目标以及业务流程等规则，并选举产生理事会和监事会，共同确保农协成员大会的各类决议得到贯彻执行。理事会是根据农协成员大会章程，推动农协信贷、农协存款、农协保险以及其他各类业务得以顺利展开的常设机构，对农协成员大会负责并接受农协成员大会和监事会的监督。监事会也是依据农协成员大会章程所设立的，负责监督理事会的日常工作是否符合农协成员大会章程，若发现理事会有严重违反章程的行为，有权组织召开农协成员大会，进而有效规范监事会行为。

日本农协以“农业生产为中心”的组织原则。日本农协金融是为降低“三农”发展风险，提升农业产业竞争力，满足日本农业现代化发展需要而自发成立的一个非营利性组织机构，其组织成员99%均为农户，其农协金融产品90%以上服务农业、农村、农民，有效提升、激活了农业发展内生动力。

（三）日本农协金融合作模式的借鉴意义

完善的金融保障体系。日本农协在长期的实践过程中，建立了涵盖存贷业务、农林证券发行业务、融资租赁业务、存款保险制度、互助援助制度和农业信用保障制度等完善的金融保障体系。在存贷业务方面，日本农协金融有权开展存贷款业务，且允许其存款利率在商业银行存款利率的基础上上浮0.1%—0.2%，贷款利率允许低于商业银行利率；在存款保险制度方面，农户在农协存款，免费获得额度为1000万日元的保险额度，当日本区域基层农协破产时，由保险公司按照农户存款额度赔偿1000万日元内的损失。在互助援助适度方面，在区域基层农协法人危机爆发之前，其余基层农协法人，通过该制度有义务向危机法人提供帮助，助其渡过难关。

独特的政策支持体系。日本农协合作金融的发展是以独特的政策支撑体系为基础的规范性发展，1900年以来，《农业协同组合法》《临时利率调整法》《再编强化法》《农业基本法》《农协中央金库及特定农业水产协同组合法》《农业财务处理基准令》《农林中央金库法》等体系化的国家层面的法律顶层设计，规范了基础农协、信农联、农林中央金库三级管理机构的权利和义务，明确了农协优惠存贷款利率、应对特定自然灾害的行为准则的法律框架，为日本农协的合法化运作提供了法律保障。

第二节　国内数字普惠金融先进案例

一　蚂蚁金服数字普惠金融模式

2004年支付宝（蚂蚁金服前身）正式成立，为在线电商交易提供支付工具；随着技术的成熟，2009年阿里云计算有限责任公司正式成立，为支付宝提供云计算服务；2013 年余额宝正式上线；2014 年金融信息服务平台“招财宝”正式上线，这标志着支付宝用户能够在支付宝上查询、判断、交易各类金融工具，至此，蚂蚁金服为“长尾群体”提供了“一站式”投、融、管平台，便于普惠客群金融交易；2015 年年初，以大数据与云计算技术为底层技术架构的第三方征信系统“芝麻信用”正式上线，为企业融资、政府、个人提供征信服务；2015 年 4 月蚂蚁花呗与蚂蚁借呗正式上线，基于芝麻信用等第三方征信，为普惠客群提供消费信贷服务与信用贷款服务。2015 年年底，余额宝资产规模达到 6207 亿元人民币；2017 年“网商贷”正式上线，为中小微企业主提供短期信贷服务；2019 年蚂蚁区块链科技有限公司正式成立，这标志着蚂蚁金服已经形成以大数据、云计算、人工智能、区块链为底层技术架构，为广大消费者、小微企业客群提供“普惠金融”服务的“数字普惠金融”服务平台。

（一）蚂蚁金服数字普惠金融模式简介

蚂蚁金服于 2014 年确立，现已发展成为世界上最大、最全面的网络金融公司。蚂蚁金融服务有限公司是为中小微企业提供安全便利的金融服务的互联网金融公司。蚂蚁家族包括支付宝、蚂蚁财富、网商银行、芝麻信用、蚂蚁金融云。蚂蚁金服将大规模运用大数据、云计算和风险控制技术，应用于其金融生态系统，通过大的数据资源建立信用调查系统，降低信用风险，同时向低风险的“长尾群体”提供融资。

就数字普惠金融业务类型方面，蚂蚁金服基于支付宝 App 平台，在支付、理财、融资、征信和保险五大业务板块开展数字普惠金融服务。

在支付方面，蚂蚁金服利用互联网技术手段，通过支付宝 App 平台开展无差别的支付服务，这变革了传统的现金交易模式，优化了交易环节，便利了货币携带方式，提升了支付效率，让小微企业、城市居民、“三农”等“长尾群体”享受了便利的数字普惠金融支付服务，使电子化金融支付工具真正走进千家万户，蚂蚁金服的支付服务供给场景分为线下场景与线上场景，在线上场景方面，蚂蚁金服涵盖

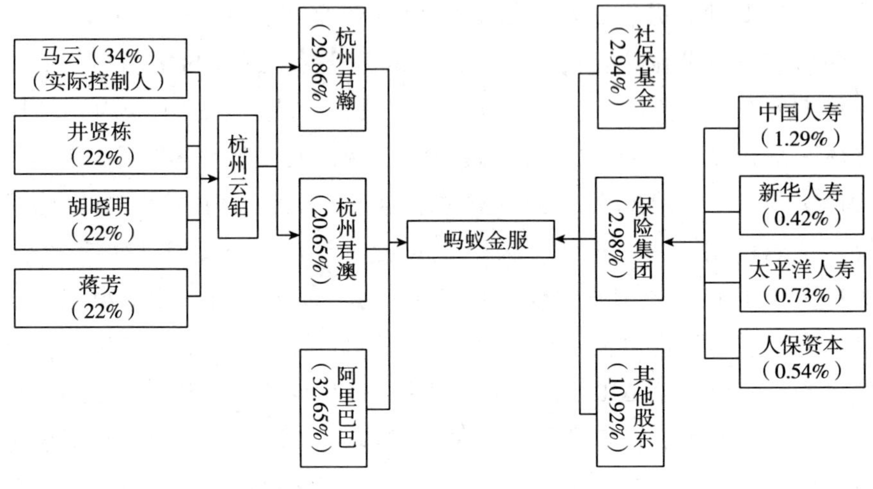

图 6-4　蚂蚁金服股权结构

资料来源：徐志华：《新兴互联网金融对传统农村金融机构的替代性研究》，硕士学位论文广东外语外贸大学，2021 年。

水电缴费、话费充值、网络购物等方面；在线下场景方面，蚂蚁金服积极拓展个体工商户、超市、医院、游乐场等各类线下支付服务场景，加速推进了在线支付在中国社会中的发展进程，使得广大普惠客群享受到了便利的数字普惠金融服务。

在理财方面，蚂蚁金服积极推出余额宝、招财宝、蚂蚁财富等各类金融理财服务产品，并基于支付宝 App 平台，积极与天弘基金、易方达基金等国内上百家基金公司合作，开通一站式基金和理财共享平台，并可以在支付宝 App 平台上进行买入与卖出的相关操作，这改变了原有的以“房产”“贵金属”为核心资产的高门槛投资渠道，使得投资理财产品多元化并大大降低了投资理财准入门槛，扩展了居民投资理财、资产保值增值渠道。例如支付宝 App 平台上易方达优质精选混合基金（QDII）基金，最低投资门槛仅需 10 元人民币，灵活申赎，大大降低了投资理财门槛，并且增强了小微企业、城市居民、“三农”等“长尾群体”的数字普惠金融知识素养。

在融资方面，蚂蚁金服主要利用蚂蚁花呗和蚂蚁借呗为居民个人以及农户等“长尾群体”提供信用贷款服务；利用网商贷向中小微企业等弱势群体提供信贷服务。蚂蚁金服基于已有大数据库，利用云计算、人工智能等金融科技，判断小微企业、城市居民、“三农”等“长尾群体”的信用状况，为客户进行征信评级，并基于普惠客群资产状况和日常行为数据，确定授信对象与授信额度，为小微企业、城市居民、“三农”等“长尾群体”提供便利的融资服务，大大缓解了普惠客群的信贷约束难题。例如蚂蚁借呗，基于芝麻信用分和用户身份特征，确定授信额度，用户可以在授信额之内，24 小时使用借贷与还款服务，同时避免了严格和漫长的信贷审批流程，突破了固定信贷周期限制，实现了信贷资金 1 分钟到账，1 分钟还款，灵活使用时间的目标，大大降低了小微企业、城市居民、“三农”等“长尾群体”的融资壁垒。

在征信方面，蚂蚁金服基于先进的数字技术，通过金融科技收集用户网络购物、支付宝金融账户、缴费信息、线下消费的金额和场景信息，利用云计算，核算小微企业、城市居民、“三农”等“长尾群体”的征信信息，并进行多数据库验证，为普惠客群进行信用评分与信用评级，弥补了中国现行征信体系下，小微企业、城市居民、“三农”等“长尾群体”征信数据真空，进一步完善了社会大征信体系。

在保险方面，结合国内多家大型保险公司，在支付宝 App 平台上开展“保险”超市业务，小微企业、城市居民、“三农”等“长尾群体”可以根据自身需求，对各类保险产品进行比较与匹配，自助选购保险产品，一方面，基于支付宝 App 庞大的用户群体，提升了小微企业、城市居民、“三农”等“长尾群体”的保险知识素养，提升了保险产品的市场认知。另一方面，集合各大保险公司的保险产品，通过公开市场对比，不断淘汰劣质保险产品，规范了保险市场的发展，进一步缩短了商业保险产品与普惠客群的距离。

（二）蚂蚁金服信贷模式优点

一是平台优点。今天，阿里巴巴是国内市场上最大的电子商务交易平台，积累了蚂蚁金服业务开发的客户资源和大数据信息资源。多年来，蚂蚁金服通过大数据模型分析客户相关数据，综合判断风险，形成在线融资的“310”模式。[①] 根据蚂蚁金服官方网站的统计，2015—2020年，在信用大数据的支持下，蚂蚁金服向600万以上的小微企业提供了超过800亿美元的融资，缓和了小微企业的资金筹措难题，促进了它们的生存和发展，增加了就业机会。

二是风险管理和控制的优点。蚂蚁金服风险管理和控制系统是基于平台积累的大数据，达到了风险管理和控制的智能化。使用原始交易数据进行预测分析和建模，可以通过交易风险管理和账户风险预识别以及大数据风险控制系统来识别80%的风险事件。根据官方网站的统计，蚂蚁金服信贷金额损失率在1‰以下。此外，早期预警机制建立了实用有效的风险机制，基本上可以实现信用管理，因此通过大数据风险评估的中小微企业，可以迅速、正常地获得贷款。

三是信用调查系统的优点。蚂蚁金服首先通过蚂蚁金融云支付、金融管理和保险平台接收客户行为信息，并通过云计算、机器学习和大数据等技术评价小微企业的信用状况。大数据分析和云计算处理的组合，将中小微企业的复杂信息数据分类，转换成详细的信用数据，最终生成芝麻信用分数和企业信用报告。

四是数据使用的多场景优势。蚂蚁金服通过电子商务平台上积累的信用数据建立信用评估系统，在阿里巴巴平台上建立更坚固的金融支持平台，推进多方金融机构参与，为中小微企业提供各种金融服务方案。蚂蚁金服在金融行业向中小微企业提供融资服务，大幅降低信用成本和风险，提高金融服务效率，解决了信贷双方信息不对称问题并简化了繁杂的信贷审批流程。

（三）蚂蚁金服信贷模式的经验借鉴

蚂蚁金服信贷模式为典型的互联网金融模式。互联网金融借助互联网技术将计算机、大数据、云计算等金融技术与传统金融模式密切相连，根据相关的过程和规则实现各种金融服务供给，优点众多。

一是风险控制的全过程。金融机构的传统风险管理方法着眼于质性分析，其中大部分以中央银行的信用调查报告书为主要数据源，并

---

① “310”模式：3分钟申请、1秒钟到账、0人工干预。

辅以历史信用记录来反映信贷主体的信用水平。金融机构以专家经验和专家规则作为评估标准，主观判断，导致失去了很多顾客。在大数据金融信用调查领域，大数据实现了科学风险控制。第三方平台数据、互联网数据等多种数据和信息源与预贷款、贷款、后贷款各阶段紧密相连，便于蚂蚁金服使用大数据模型进行风险评估，根据综合评估成绩来判断信贷主体的信用等级，预测贷款人的还款能力、积极性和欺诈风险。大数据信用调查不仅可以使信用评价更准确，还可以实时监测顾客的各种行动数据，能带来更及时的评价结果。与以往的信用调查相比，大数据信用调查大大强化了风险管理。因此，电子商务的大数据融资充分利用大数据信用调查系统来建立风险控制数据机制和激励机制，提高中小微企业的融资水平，拓宽中小微企业的融资渠道。

二是金融效率的升级。现在的经济发展要求企业要高效地抓住市场机遇。小规模的微金融服务拥有许多服务对象，但这些服务对象的竞争更为激烈，导致其生命周期较短、信贷风险较大。同时，传统的金融机构遵循“二八法则”，他们喜欢国有企业或大型、中型企业，而中小微企业规模小、抗风险能力弱、财务状况的透明度低、投资风险高的特征，导致金融机构发行贷款需要很长时间和成本。因此，他们通常会犹豫要不要给中小微企业融资。电子商务大数据融资利用平台上积累的信用数据，可以根据不同的信用评分，准确地将平台上有资金需求的企业分级，根据贷款的需求和信用等级，自动完成贷款的批准和发行。

三是降低交易成本。传统的金融机构通常会耗费大量的资源和时间来确定信贷主体对资金需求的特征，并利用信用信息判断信贷主体的信贷风险，由于风险的变化性，征信结果可能是不可靠的。电子商务的大数据融资依赖于大数据信息的计算，标准化和动态实时化企业经营与信用状况，促进数据资产的循环，降低银企间的信息不对称程度，降低交易成本。

四是增加中小微金融服务的综合程度。电子商务大数据金融是包括金融在内的综合金融模式。综合性金融的核心是让社会各部门都能获得公平、便利、低成本的金融服务。2015年国务院印发的《推进普惠金融发展规划（2016—2020年）》，说明了中小微企业是中国综合性金融的主要服务对象。金融机构利用大数据、云计算等新信息技术，构建电子商务的大数据服务平台，记录并分析中小微企业的资金、产品交易数据等信息。在传统金融供给有效性的同时，电子商务的大数据金融扩大了中小微企业获得金融服务的边界（张璐昱、王永茂，2018）。

二　浙江网商银行普惠金融业务

（一）浙江网商银行简介

浙江网商银行于2015年正式开业，是中国第一家将核心系统架构在金融云上，没有线下网点的民营银行，其核心营利模式与普通商业民营银行一样，存贷款利差是其主要的利润来源，据2020年浙江网商银行年报显示：信贷利差和佣金及手续费收入占99%以上。浙江网商银行核心优势是拥有金融云计算平台、多方大数据合作数据库，区块链信任技术、卫星遥感技术、人工智能技术，并且拥有处理高并发金融交易、改良大数据和弹性扩容能力，能够给小微企业、“三农”和居民个人提供可持续的金融服务。浙江网商银行的企业愿景是“将普惠金融作为自身的使命，希望利用互联网的技术、数据和渠道创新，来帮助解决小微企业、个人创业者融资难融资贵、农村金融服务匮乏等问题，促进实体经济发展”[①]。浙江网商银行的业务主要为包括存贷业务、结算业务在内的普通商业银行业务。[②] 浙江网商银行的战略定位为：坚持以领先科技作为发展引擎，用开放平台的方式，扩大小微企业的覆盖广度和深度，深耕小微企业金融需求场景，赋能小微企业的数字化进程，为其提供丰富和实时可得的金融服务，打造小微

---

① 浙江网商银行企业愿景来源于浙江网商银行官网，https：//gw. alipayobjects. com/os/bmw-prod/1761aae9-53a5-426b-b632-1b61a7d619b1. pdf。

② 普通商业银行业务：吸收公众存款；发放短期、中期和长期贷款；办理国内外结算；办理票据承兑与贴现；发行金融债券；代理发行、代理兑付、承销政府债券；买卖政府债券、金融债券；从事同业拆借；买卖、代理买卖外汇；提供担保；代理收付款项及代理保险业务；证券投资基金销售业务；经国务院银行业监督管理机构及中国人民银行、国务院证券监督管理机构等有关部门批准的其他业务。

企业的数字金融之家。战略目标为：以小微企业成长为内核，深耕内外生态场景，围绕普惠小微、产融小微和农村客户三个核心客群，从支持小微的成功、小微生态的繁荣、小微生态的可持续发展三个维度确立五年战略目标（郭芙容，2021）。

（二）浙江网商银行普惠金融业务分析

作为中国最早的试点私人银行之一，浙江网商银行的业务重点为通过互联网为“三农”、小微企业和个人创业者提供金融服务。2015年6月，浙江网商银行正式开业。截至2017年8月底，浙江网商银行为400万人以上的小型微运营商提供金融服务，累计融资额为330亿元以上，不良信贷率低于1%。同时，浙江网商银行的金融服务供给涵盖数据驱动、计算协作和场景整合。一方面整合交易链、物流链和资金链信息，另一方面通过合作进一步提高金融的生态性。过去，小微企业融资昂贵且困难，不仅是因为它们的贷款需求少、频繁，更重要的是缺乏足值抵押产品和信贷风险较大。这要求传统商业银行信贷客户信用数据审查的方式多元化，但囿于小微客群的利润率太低，暂时难以弥补商业银行改革的技术投入成本，“长尾群体”的融资难融资贵的问题仍无法解决。浙江网商银行基于阿里巴巴B2B、天猫、淘宝网、支付宝和合作平台客户积累的信用数据和行为数据，利用人工智能结合云计算加密模型，通过特定算法分析客户的信用价值数据，为客户的信用评分与评级，缓解信贷双方的信息不对称程度，并结合电商场景、码商场景、供应链场景和农村金融业务场景向小微企业、“三农”和居民个人等普惠群体提供金融服务支持。

电商场景方面，浙江网商银行基于传统商业银行信贷模式难以满足电子商务企业短期融资需求的特点，深入剖析电商全流程运行特点，基于电商大数据，利用人工智能、区块链和云计算，通过识别平台卖家订单状况、业务流水、经营稳定性与业务周期的特点，对电商卖家进行信用评分与信用评级，并根据不同商家的经营特点，推出针对性的金融信贷产品。如一是针对电商订单资金回流周期普遍在14天以上，对电商形成较大资金压力的特点，推出了“订单贷”的金融产品，电商卖家通过订单抵押或质押的形式，向浙江网商银行提供信贷申请，提前快速回笼资金；二是针对电商卖家短期资金不足，对信贷资金具有需求周期短、资金量小、资金需求紧急度高的特点，推出“网商贷”产品，该金融服务产品无须足值抵押或质押物，是利用数据评估电商卖家的行为数据给予授信额度的一种“循环贷”金融产品，电商卖家可以在既定的授信额度之内，24 小时申请信贷支持，随借随还，满足了电商信贷需求周期短、资金量小和资金需求紧急度高的特点。

码商场景方面，浙江网商银行利用二维码收款的场景渗透功能，将小微商家的经营流水信息录入大数据库，通过特定的风控模型、利用云计算和人工智能技术，分析小微商家的经营特点、现金流水周期等信息，并基于独特的风控体系，为小微商家提供金融信贷服务支持，为此，浙江网商银行推出了“多收多贷”金融产品，即二维码收款笔数与金额越高，系统自动授信的额度越高，并随着二维码收款笔数和收款金额的增长，其信贷额度自动相应提升。同时，其利用二维码技术，在便利居民支付的同时，优化了二维码收款商家的营业数据分析能力，二维码收款商家能够通过浙江网商银行提供的金融付款数据，分析经营数据，优化自身的经营策略，提升经营效率。

供应链场景方面，基于浙江网商银行大数据，将金融服务以产品供应链为纽带，为供应链上下游企业提供信贷支持服务。浙江网商银行针对产品供应链的资金沉淀问题，通过简单的公司资料上传审核，订单信息评估和大数据库的数据对比，为供应链上下游中小微企业提供信贷服务支持，相较于传统商业银行，进一步优化了供应链金融业务审批流程，其利用大数据与云计算和人工智能，实现了在线一站式审批授信，大大降低了供应链金融业务成本，提升了金融支持效率，有效增强了浙江网商银行供应链金融业务的市场竞争力。

农村普惠金融场景方面，浙江网商银行基于信息数据处理优势与地方政府开展农村金融业务合作，一是地方政府通过共享涉农部门数据库，引入浙江网商银行的数据识别与处理技术，对“三农”进行信贷评估，对符合浙江网商银行风控条件的农业企业、农户及配套企业提供金融信贷服务。二是基于自身数据收集分析整理优势，利用遥感技术，收集农户作业信息，如浙江网商银行利用遥感技术收集农户土地作物信息，利用金融科技精准预测作物产量，并结合已有大数据库，对比预测农作物市场价值，基于此，为农户提供授信额度，推动农村普惠金融的发展。

（三）浙江网商银行普惠金融服务的经验总结

数据是信用评价系统的基础。依靠科学技术的应用，金融机构逐渐提高了数据收集和处理能力。基于阿里巴巴的数据优势和业务完整性水平，将弱势群体的行为数据转化为信用数据。浙江网商银行利用这些数据，依靠云计算和大数据技术，不断完善自身的风险控制优化模型。通过这些风险管理技术，中小微企业可以进行有信用保证的贷款，没有抵押的商业信用，可以在极低违约概率下，有效地控制网商银行的信贷损失率。现在，网商银行根据大数据援信中小微企业，大大降低了信贷成本，提高了贷款效率。同时，有效地提高了用户使用金融服务的便利性，促进了金融渗透。该模式整合了交易链、物流链和资本链，使得金融的渗透与用户的生活场景密切相连。

挖掘信贷场景是对接中小微企业、“三农”和居民个人等普惠群体金融服务需求的着力点。为了全面解决中小微企业、“三农”和居民个人等普惠客群的融资问题，浙江网商银行需要帮助企业整合交易链、物流链和资本链。以电子商务平台中的小微企业为例，浙江网商银行将服务场景集成到电子商务的各种情景中，并充分结合交易链、物流链和资本链特征，动态监控电商企业从商品准备、市场营销、仓储、物流、销售到现金管理的整个过程，降低了银企间信息不对称程度。这使得金融服务准确性大大提高。与消费周期相结合，浙江网商银行还使用大数据、云计算等技术来满足中小微企业的金融需求“弹性峰值”。在 2016 年的“双十一”前后，浙江网商银行为了支持“双十一”周期的所有相关业务的金融需求，向中小微企业提供定向融资。

定位精准，占领市场业务真空。浙江网商银行的战略定位于坚持以领先科技作为发展引擎，用开放平台的方式，扩大小微企业的覆盖广度和深度，深耕场景，赋能小微企业的数字化进程，为其提供丰富和实时可得的金融服务，打造小微企业的数字金融之家。着力于普通商业银行金融业务难以覆盖的真空地带，为浙江网商银行的发展提供了充足的市场空间。浙江网商银行针对小微企业、“三农”和居民个人等“长尾群体”融资量小但融资频率高的需求特征，承诺提供“短、频、急”的信用服务。浙江网商银行的客户中，年贷款次数超过 20 次的账户比例超过 75%。平均贷款周期只有 7 天，平均贷款余额是 17000 元。经过近两年的发展，浙江网商银行为数字普惠金融的发展建立了新的模式，实现了数字驱动、场景集成和生态学的双赢。

三 中国民生银行数字普惠金融业务

中国民生银行股份有限公司于 1996 年 1 月 12 日在北京成立，是中国第一家主要由民营企业发起设立的全国性股份制商业银行，2000 年、2009 年先后在上交所和香港联交所挂牌上市，现已发展成为一家拥有商业银行、金融租赁、基金管理、境外投行等金融牌照的银行集团，2020 年 7 月，荣获 2019 年中国银行业社会责任百佳评估“最佳精准扶贫贡献奖”，在英国《银行家》杂志 2021 年“全球银行 1000 强”中居第 26 位，在美国《财富》杂志 2021 年“世界 500 强企业”中居第 224 位（李伟，2019）。

（一）中国民生银行数字普惠金融业务概述

中国民生银行（以下简称“民生银行”）归属于传统民营商业银行，其主要利润来源于存贷款利差和中间业务利润。基于此，在开展普惠金融业务的过程中，民生银行的数字普惠金融业务模式发展方向是引入大数据、云计算、人工智能和区块链等技术，提升金融业务效率和降低风险暴露程度，进一步降低普惠金融业务成本，扩大普惠金融业务范围。为此，民生银行主要将发挥技术优势提升普惠金融业务效率，创新机构与产品提升金融服务的覆盖率，创新风险管理助推普惠金融可持续发展作为改进原有普惠金融业务、提升普惠金融效率的创新着力点。

1. 发挥技术优势，提升普惠金融业务效率

中国民生银行以引入现代金融技术，扩大普惠金融服务范围，提升金融服务效率作为改革原有普惠金融产品的主要方向。民生银行着

力向技术要效益，利用互联网、金融科技突破地域与时间限制，利用大数据、云计算强化客户识别与风险管理，有效降低经营成本的同时，延伸服务半径、拓展普惠金融业务的广度和深度。中国民生银行着力向规模要效益，积极打造小微企业“信贷工厂”，实行总行统一审批、分行集中面签的一体化流程，集约整合并重点管理客户开发、授信审批、发放审核、贷后监控等关键节点，全面提升效率，发挥规模效益。中国民生银行着力向效率要效益。针对客户对金融服务的即时性需求，持续升级授信产品体系、优化信贷产品、简化放款流程、提高审批效率、加快放款速度，运用人工智能实现信贷产品即申即审，运用“云评估”使房产评估由线下的 2 天缩短至线上的 2 秒。在服务小微企业方面，截至 2020 年年底民生银行向全国投放精准扶贫贷款 239. 64 亿元，其中个人扶贫贷款 110. 37 亿元，企业扶贫贷款 129. 27 亿元，“三区三州” 135 个深度贫困县扶贫贷款余额 11. 73 亿元。截至 2020 年年底，民生银行普惠型小微企业贷款余额 4527. 62 亿元，全年发放普惠型小微企业贷款额 5538. 99 亿元。截至 2020 年年底，民生银行共设立 29 家村镇银行，营业网点 85 个；贷款有效客户数 51685 户，总资产共计 374. 87 亿元，各项贷款余额 226. 34 亿元。

2. 创新机构与产品，提升金融服务的覆盖率

中国民生银行着力推进物理网点的“入基层”和“广覆盖”，奠定发展普惠金融的“硬基础”；积极运用金融科技实现产品与服务体系的丰富与创新，打造发展普惠金融的“软实力”。

机构建设方面，不断建设覆盖广泛、层次清晰的物理渠道网络，扎根基层，服务社区，为小微企业、“三农”和城乡居民提供针对性便利服务。截至 2016 年底，已布局 1119 家支行营业网点（含营业部）、1694 家社区支行、147 家小微支行，发起设立村镇银行 29 家，营业网点 56 个，分布于 16 个省市，多处于经济环境较差的偏远县区。

产品与服务体系方面，民生银行不断完善线下和线上服务渠道和产品，打造“金融+科技+生活”的互联网金融生态圈，全面满足异

质性客户对金融服务的个性化需求，大幅度提升金融服务的满意度水平。为缓解“融资慢”，打造“小微之家”服务平台，实行客户白名单推送制度，在线云账户开立、贷款自助申请、线上自动审批，充分契合小微企业、“三农”等“长尾群体”“短、频、快、急”的资金需求特征。为缓解“融资难”，推出“民生网乐贷”“民生云快贷”等微型贷款产品，申请门槛低、手续简。为提供便捷服务，打造手机银行、直销银行、移动支付、网络支付、网上银行、微信银行六大网络金融平台体系，为各类客户提供信息、资金、产品等全方位金融服务（李真，2018）。同时，民生银行广泛宣传、普及金融知识，提高普惠金融客户运用现代金融产品的意愿。

3. 创新风险管理，助推普惠金融可持续发展

中国民生银行基于互联网、金融科技构建以大数据为基础的风险定价体系，对接银联、税务、工商等第三方信息平台，对客户精准画像，强化贷前风险识别，将风险管理不断前移，同时加强贷后风险监测和预警，有效提升风控能力。

中国民生银行改变传统面向单个用户的金融服务模式，发展供应链金融，针对供应链各个环节上的中小微企业设计产品和服务，提供综合解决方案，以供应链的信息流降低信息不对称，以供应链上企业的声誉成本控制风险。民生银行积极与私募、风投、子公司合作或新设机构，向科创型企业投贷联动，通过投资收益补偿信贷风险。民生银行不断探索小微客户贷款风险缓释工具，创新推出“应收账款抵押”“转期续贷”等业务，盘活企业存量资产，帮扶困难客户渡过难关，同时有效降低本行不良贷款损失。民生银行在经济下行期创新风险管理体系，有效遏制资产质量恶化趋势，为普惠金融的可持续发展提供了坚实保障。

（二）中国民生银行数字普惠金融技术支撑

近年来，金融科技发展势头迅猛，以大数据、人工智能、云计算、物联网等为代表的新一代信息技术在金融业加速突破应用，全面渗透至诸多金融细分领域，正在改变金融生态格局。党的十九大描绘了决胜全面建成小康社会、开启全面建设社会主义现代化国家新征

程、实现中华民族伟大复兴的宏伟蓝图，对建设网络强国、数字中国、智慧社会做出战略部署，金融科技正进入大有可为的历史机遇期，推动金融科技高质量发展已成为新时代的必然要求。

1. 中国民生银行分行云计算技术支撑

分行云平台将IT资源以服务化方式输出，通过云服务管理平台实现多种服务的统一供给，平台横向服务接入能力满足未来服务能力的演进需求。以服务的理念构建的“分行云平台”，实现对全行40家分行的IT资源快速供给，使分行科技人员有更多精力关注业务发展。

分行云平台实现了四个目标：第一，提升资源供给效率，实现资源供给时间由数天到数分钟的提升；第二，提高标准化水平，落实统一技术规范；第三，提高资源利用率，整体利用率最高可达85%；第四，提高科技风险防控能力，加强租户安全防范能力。分行云平台采用了业界领先的云网一体化技术方案，引入软件定义网络、软件定义存储技术，以服务的形式将计算、存储、网络资源提供给用户，满足差异化需求。通过“上云前”明确相关的管理办法、流程规范，“上云中”实时监控资源状态，“上云后”对资源使用率进行后评估，实现闭环管理，确保分行云平台的健康稳定可持续发展。

构建分行云资源池，加强节约化管理，安全运维与运营，促进分行资源集约化管理。推进分行技术开发与运维规范标准落地，促进分行科技标准化、规范化运行，提高分行运维管理水平。加强分行租户能力建设，使分行形成科技租户化、可视化、可追踪的运营能力。推动分行云平台化、产品化、服务化建设，以服务能力支持分行业务开发，促进业务创新。构建租户模型：分行云平台以云服务的模式给分行提供资源，每一个分行在云平台中都是一个单独的租户，资源是相互隔离的，确保权限以及数据安全。构建服务目录：分行云平台给用户提供相应的服务目录，包括弹性计算服务、镜像服务、块存储服务、虚拟网络服务、虚拟防火墙服务、虚拟负载均衡服务、用户鉴权服务等。

构建云化资源池，云化服务能力通过云化资源池落地实现。分行云平台采用业界领先的OpenStack解决方案，以X86物理服务器为计算、存储资源池，同时采用SDN软件定义网络，构建了云网一体化平台，实现计算、存储、网络资源的有机结合。构建运营平面和运维平面，分行云平台分为运营平面和运维平面。运营平面使租户可以申请相关资源，运维平面确保了云平台底层资源池的平稳运行。使用OpenStack技术搭建云平台，可以把软件定义计算、软件定义存储、软件定义网络这三种技术有机结合起来。KVM计算资源实现了高可用功能，确保计算资源的稳定，同时利用CPU超分技术实现了资源的高效使用。软件定义存储技术把服务器上自带的存储利用起来，大大降低了每TB存储容量的成本。软件定义网络实现了网络策略的自动化。同时，利用云平台自带的镜像管理功能可以实现基础软件的统一化管理，利用租户管理功能实现各个分行资源的隔离，利用计量功能实现对资源使用率的统计。云平台与SDN的结合实现了云网联动，在创建虚拟机的同时，通过云平台对网络控制器进行网络策略、防火墙、负载均衡的自动下发，最终实现资源的快速交付。

2. 大数据技术支撑

机器学习作为一种成熟的高维空间分析技术，已在大数据风控等金融领域取得较好的成果并展现了极大的潜力。民生银行零售贷款早期预警系列模型即是对银行传统量化风控方案的一次革新，其借助机器学习技术，开发出了更为高效、精准的风险预警模型，主要由预警模型筛选出高风险头部客户，并根据分行预警人员工作量、资源确定执行名单，最终交由支行预警人员根据规划方案执行，形成由模型驱动、分类管理、早期预警、主动退出、有效传导组成的风险管控闭环。在模型开发过程中，除了运用逻辑回归、决策树、聚类分析等传统数据挖掘算法，民生银行大数据团队还积极探索机器学习算法的实践应用。该项目的贷后预警系列模型采用了微软亚洲研究院开源的LightGBM作为主算法引擎，紧密结合业务自定义损失函数及评价函数并应用多项自主优化技术（精确制导模型训练轨迹技术、基于监督框架的同分布抽样技术、FeatureShaving特征智能优化技术、黑盒模型解析技术等），模型KS均值介于75—80，远高于同业同类（采用类似FICO的Logistic Regression解决方案）模型。值得一提的是，该项目还支持模型驱动后根据经验模型与业务规则的进一步分类，以便于总分行风险监测人员根据实际情况进行人工调整。在模型验证阶段，经过 3 期跨期真实数据测试，模型的 KS 值均稳定在 83 以上，模型的泛化性能保持在较高的水平，模型性能较优，可以较好地预测未来 12 个月贷款是否会发生 2 天以上的逾期。经分行实地验证，预警数据模型可以更精准、更完整地覆盖风险客户，模型评分在 520 分以下的客户占 7.2%，涵盖全行 81.94%的实际风险暴露客户，同时模型可以提前预警现有业务经验未能识别的风险客户（近 12 个月共 29 笔逾期客户中，截至上一年度 9 月底的长期模型评分在 580 分以下）。

3. 区块链在金融领域的技术支撑

随着区块链技术的深入应用，其共识机制、智能合约、可追溯、不可篡改、分布式节点记账等优势，在金融实际业务场景中得到了体现，产生了很多优秀的案例。区块链在金融领域的业务场景主要有三类：区块链跨机构信息互通、区块链产品溯源、区块链存证保全。

区块链跨机构信息互通场景。区块链跨机构信息互通场景主要解决传统跨机构线上或线下交易过程中的信息失真、多主体交易标准不统一、数据与真实业务流程脱节、交易操作人员工作量大等难题，通过区块链搭建跨机构的信息交互网络，实现金融业务线上化，提升业务效率，简化业务流程，增强风险控制水平。在区块链跨机构信息互通领域，金融业内已有多个成功案例。贸易金融相关场景，比如国内信用证、福费廷、保理、保函等产品；供应链金融相关场景，比如应收、应付账款的融资管理；信息共享相关场景，比如客户黑名单共享等；跨境结算相关场景，比如跨境直连清算、见证业务等。

区块链产品溯源场景。区块链产品溯源场景主要利用时间戳、共识机制等技术，实现数据在区块链账本中不可篡改以及可完整追溯等，有效解决数据单点存储问题，同时为产品溯源体系的建立提供技术支持，打破信息孤岛，防止恶意串货导致的不当商业竞争问题。区块链产品溯源在金融行业已有多个成功案例，主要有基于区块链的人民币冠字号流通、风控过程中利用区块链技术追溯商品物流信息等。

区块链存证保全场景。区块链存证保全场景可为司法鉴定、公证、仲裁、版权保护、科技金融打造存证、增信、鉴真的区块链基础设施。可以利用区块链分布式节点记账、共识机制等特性，实现证据固化和永续性保存。金融领域存证保全应用场景主要有金融同业电子合同、银行对接互联网法院的司法存证。以银行对接互联网法院的司法存证为例，由互联网法院、司法鉴定、公证、银行、仲裁、审计等社会可信度强的企业或政府机构组成联盟链，把交易摘要的 Hash 值通过全网共识并储存到联盟记账节点上，当发生纠纷时，任何联盟成员都可以从区块链账本中随时取证，由于数据在上链过程中得到了全网节点共识，可信度高，数据记账后无法篡改，可以有效解决数据伪造、取证难的问题。

4. 人工智能在金融领域的技术支撑

民生财务机器人。此前，民生银行财务工作诸多场景属于纯人工操作，成本高、工作效率低。例如员工发票验证，需人工提交发票，由后台处理中心人员人工批量受理、录入并验证票据真伪，增值税专用发票每年规模在 30 万张左右，增值税普通发票每年规模在百万级别。专票验证工作涉及的外部录入成本每年预估约百万元，与此同时，行内交易银行、供应链融资、小微金融、运营管理等业务领域也存在诸多与企业相关的票税应用需求，如发票查验、企业进销项画像等。基于 OCR、机器学习图像识别、自然语言处理等技术，开发财务机器人平台，可以简化基础财务、企业票税等应用场景中重复性高、复杂度低的人工操作流程。财务机器人平台构建了 AI 能力服务与智能票税开放系统，面向行内各类应用系统提供企业财务票税相关服务，其中包括财务税管、支付结算、信贷授信等领域的应用系统。该项目使用 AI 替代大量人工操作，达到“降本增效”的目的。智能验票全面推广至今，已累计自动查验专普票合计约 120 万张，实现“实时验票”“实时传导”，完全替代人工验票、人工录入，显著降低发票录入成本，提升员工报账的体验，实现虚假发票智能识别，有效防范了财务风险。

民生金融图谱。民生银行已完成基础金融知识图谱的构建，包括基金、股票、债券、公司、人物、股票指数、概念板块 7 类 620 万个实体、22类63万个关系。通过知识图谱，可以建立企业、行业、金融产品、人物之间的联系，帮助业务人员理清企业间错综复杂的关联关系。通过民生金融图谱查询一个实体时，不仅可以返回该实体自身的信息，还可以迅速挖掘出与该实体相关的金融产品、上下游企业和公告、法律文书、新闻资讯等信息。

民生资讯平台。民生资讯平台使用自然语言处理（NLP）技术，首先，自动挖掘新闻资讯中的热点题材，分析题材相关的资讯；其次，选取其中有代表性的资讯，生成摘要，并监测这些资讯的变化情况，分析不同资讯中的情感信息；最后，结合民生金融图谱，识别与资讯相关的企业、人物和金融产品，并将它们建立联系，迅速挖掘出资讯的影响力链条，辅助快速做出正确的决策。随着资讯爆炸式的发展，从大量文本信息中提取重要的内容已成为迫切需求。民生资讯平台使用自动文本摘要技术提供了一个高效的解决方案，帮助客户、理财经理和分析师在海量的财经资讯中快速获取重要的信息，节省了大量时间成本和人力成本。

民生财富早报。在海量的网络资讯中，客户如何用最短的时间获取需要的资讯，又如何在获取资讯热点后，找到相关的产品，已经不再是人力可以解决的问题。民生银行借助人工智能、大数据等手段，积累互联网用户行为，并与银行用户画像数据相结合，为客户量身定制财富早报。财富早报包含理财经理名片、市场数据、行情分析、财经要闻、重点产品五大板块，帮助客户了解市场、分析市场、解读资讯。客户可通过理财经理名片迅速联系到理财经理，获得一对一服务，也可以通过点击产品购买链接，跳转到民生手机银行App进行购买操作。基于资讯的分享、传播，投资者可对交易市场有基本看法；借助智能工具，投资者可对每日海量研报进行快速解读，形成投资观点；基于投资观点以及回测数据，可以形成投资策略；基于策略，可以形成投资组合；基于投资组合，可以助力客户实现财富增值。

（三）中国民生银行普惠金融业务的经验总结

中国民生银行作为传统民营商业银行下沉普惠金融业务的典型代表，其利用现代金融科技优化原有普惠金融业务模式，在提升普惠金融产品质量效益的同时，将风险控制在可控范围之内，大大增强了普惠金融业务展开的可持续性，创造了传统商业银行新的利润增长点。其经验借鉴主要体现在以下几个方面。

一是定位精准。民生银行作为民营商业银行，在网点布局、客群基础，资金储备和品牌优势等现有条件下，基于现有普惠金融产品，利用金融科技优势，降低普惠金融业务运行成本，扩大普惠金融业务覆盖范围，在充分发挥自己商业银行优势基础上，变革普惠金融业务，提高了普惠金融效率。

二是重视技术创新。民生银行利用大数据、云计算、区块链和人工智能不断创新金融产品结构，优化金融产品服务效率，针对市场痛点，创新性地推出了民生财富早报、民生财务机器人等一系列新的产品，同时利用区块链技术不断赋能金融场景，并结合大数据与云计算提升风险控制能力，充分发挥了金融技术优势，享受了金融科技红利，提升了商业银行普惠金融业务的经营效率。

第七章　格莱珉普惠金融模式实践的内生动力及增收效应

可持续性的普惠金融模式，既是精准扶贫的重要手段，又是实现乡村振兴战略的有效途径。中国精准扶贫后期，贫困人口内生动力不足逐渐成为稳定脱贫的制约因素。政府出台了《中共中央国务院关于打赢脱贫攻坚战的决定》《关于开展扶贫扶志行动的意见》等，为激发贫困人口的内生动力提供政策指导。全球贫困治理的实践经验表明：指向性、针对性的普惠金融模式能有效激发贫困者的内生动力，利于脱贫。研究普惠金融治理贫困的实践模式，必提及2006年诺贝尔和平奖获得者穆罕默德·尤努斯教授创办的“格莱珉穷人银行”，已经被全球100多个国家复制推广，成为全球贫困治理的重要模式之一。

第一节　格莱珉普惠金融模式综述及模型

一　格莱珉普惠金融模式文献综述

贫困人口内生动力不足逐渐成为脱贫攻坚的难点和重点，Sen（2001）提出导致贫困的原因除了收入贫困，发展能力不足也是重要成因。马玉娜（2019）提出增强内生动力是脱贫的关键。左停（2019）发现少数民族地区，内生动力不足成为脱贫的关键问题。万良杰（2019）从心智模式视角研究发现民族地区深度贫困人员缺乏内生动力从而导致贫困。杜洁（2020）认为防止返贫的最根本办法在于激发贫困群体的内生动力。张蓓（2017）研究提出做好贫困群众思想工作以此激发贫困人口的内生动力。曲海燕（2019）认为激发内生动力可通过精神本能的需求路径以及内外动力耦合路径实现。杨永恒（2019）建议从建设农村文化方面来激发内生动力。李冰（2019）认为对于内生动力不足的贫困人口需要提高他们的积极性、转变观念，树立自身摆脱贫困的信心。管睿（2019）采用农户的风险偏好、自控能力、抱负水平来衡量内生动力，研究发现内生动力的增加能够提高贫困农户的家庭收入。不难看出，内生动力是贫困人口摆脱贫困不可或缺的重要因素，是脱贫效果可持续的基本保障。

格莱珉普惠金融模式作为全球推崇的减贫模式，表现出增收、增权、赋能等作用。Kabir（1997）研究发现格莱珉银行的计划有效增加了农民收入，减少了贫困。Bayes（2001）通过孟加拉乡村银行的租赁型小额信贷成功案例，研究发现格莱珉的管理方式可以扩大重要信息输入，提高资源配置的公平性，促进贫困地区的发展。Khandker（2012）研究发现格莱珉银行的小组借贷形成的社会资本好处和监管约束好处之和大于小组共谋的负面影响。牟秋菊（2016）研究认为格莱珉模式建立了瞄准贫困群体的资金供给机制，开创了平衡市场供需的扶贫小额信贷产品，优化了农村信用环境。程士强（2018）认为格莱珉银行模式是一套综合的扶贫手段和乡村社区建设方案。林闽钢（2019）提出格莱珉模式是一种有效的增权模式，能够激发贫困者内生动力。

众多学者论述了贫困人口内生动力不足的原因，有针对性地提出了激发内生动力的建议。但不难发现关于内生动力都是质性研究，缺乏对其度量的量化研究。同时，国际经验表明格莱珉普惠金融有利于增强内生动力，可是数据的实证检验较少。格莱珉普惠金融能否提升我国贫困人口内生动力和实现增收，需要进行数据检验。本书结合其理念与实践现状，在生计框架下探索性构建贫困人口的内生动力指数，运用格莱珉普惠金融在云南大理实践的追踪数据，实证研究其对贫困农户内生动力和家庭收入的影响效应。

二　格莱珉普惠金融模式及其内生动力效应研判

（一）普惠金融的内生动力效应研判

星焱（2016）认为，普惠金融指立足于机会平等和商业可持续性原则，以可负担的成本为有金融服务需求的群体提供适当有效的金融服务，其主要服务主体为弱势群体，包括低收入者、老年人、小微型企业等。就普惠金融行为、普惠金融活动而言，其本身并不会激发贫困人口内生动力。但是普惠金融与土地、产业、人力资本、人的行为等的结合就会产生一定的效应，可能会激发贫困人口内生动力。普惠金融增强内生动力的路径如下：（1）普惠金融能够提升家庭收入。贫困人口过于依赖土地，资金的缺乏导致经营模式单一，有效的金融行为能为贫困人口多元化生产经营提供资金，实现农户增收，有利于农户的物质和精神脱贫。（2）安全健康环境优化。贫困人口的自我安全意识缺乏，对健康的不重视容易因病致贫。金融资本可用于房屋修缮、基础卫生设施改善、提高贫困人口身体健康素质等，健康、安全的生活环境有利于提升脱贫的内生动力。（3）提升人力资本。贫困人口受教育程度低，普惠金融的发展能够为贫困人口提供所需的教育资金，提升贫困人口技能和人力资本。（4）金融增权。社会实践研究发现增权是减贫的路径，能够激发贫困者的多种能力（林闽钢，2019）。贫困人口能够获取金融信贷、金融活动的权利，就是增权的一个体现。普惠金融通过提高市场参与、提升人力资本、改造生活环境、扩大自主创业、拓宽增收等渠道来影响贫困人口的行为，有利于提升贫困人口内生动力。

（二）格莱珉普惠金融运作模式及内生动力效应研判

格莱珉普惠金融运作模式的独特之处在于“五人小组、贷前培训、中心会议、社区议题”等，其中以“五人小组”为核心。（1）五人小组。构建相互信任、共同社会背景和愿望的5人互助小组，“五人小组”是一种基于诚信的社会压力和连带责任而建立起来的组织，小组会员并非为每一笔贷款提供担保，而是担负道义上的责任，一旦某个会员的诚信发生问题，道德约束便快速形成。（2）贷前培训。贷款前为期一周的贷款流程、储蓄、金融知识的培训。通过相应的考试后，该借款小组才能得到格莱珉银行的认可并获得贷款。借款人获取资金用于家庭生产，提高家庭收入。（3）中心会议。会员每周参与中心会议，还款和交流扩大关系网络，脱离贫困，拥有更紧密的社会关系网络。(4) 社区议题。每周的中心会议除了还款以外，人们相聚、互相学习、讨论问题、激发灵感，这不仅仅是借钱和还钱的场所，还是一个推动社会发展的论坛。议题涉及探讨环境、健康、教育、就业、生产等问题时，会员会进行交流，同时，每周中心经理都在会上进行一些主题性的交流。

区别于传统银行模式，格莱珉普惠金融在于它是根据贫困者的社会生活，形成其独有特点：一是专注服务贫困人口，尤其是贫困女性。模式的服务对象是传统银行不能覆盖的贫困群体，贫困人口获得信贷资源进行经营性生产，增加收入进而改善生活。二是无须抵押担保，基于“穷人诚信”假设，实行无担保、无抵押物、无法律文件、无团体担保及无连带责任，实践证明穷人诚信度高（全球格莱珉信贷的违约率未超过2%）。三是信贷额度小+每周还款制。信贷额度一般在1万—3万元，严格执行每周还款制，全年还款为50周。四是5人小组分布式的社会关系网。5人小组是模式运行基础，形成5人小组才可获取贷款。召开中心会议时，组长当众收齐小组成员的还款金额交给信贷人员。组员之间、组与组之间在平时及中心会议时会交流生活、经营生产中遇到的困难，并彼此提供相应的帮助，组员逐渐成为朋友，形成互助型社会关系网。格莱珉普惠金融模式的运作流程如图7-1所示，其特色在于金融培训、每周还款、小组互助、关注组员的生活变化。

格莱珉普惠金融的服务群体和运作模式在激发贫困人口内生动力方面更为明显：一是格莱珉模式《六条公约》（见图7-2）是贫困人口内生动力的一种外在表现。勤奋工作是内生的行为，目的是在获得金融资源后扩大经营生产，实现增收；召开中心会议、使用卫生厕所、参加体检、爱护环境等提升贫困人口对健康、安全的认识，避免因贫困、不健康的行为而致贫；关注孩子教育能提升家庭的人力资本。从公约内容来看，相比经济行为的改变，格莱珉普惠金融模式更加注重社会行为的改变，使得金融在激发贫困人口内生动力方面不仅停留在物质层面，还体现在社会、生活等层面。二是格莱珉贷款金额主要结合组员的技能、经营能力、贷款用途可行性等进行综合评估，

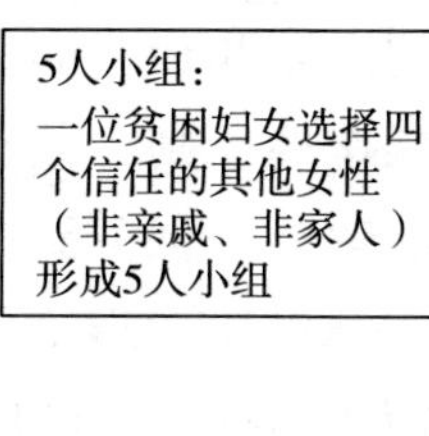
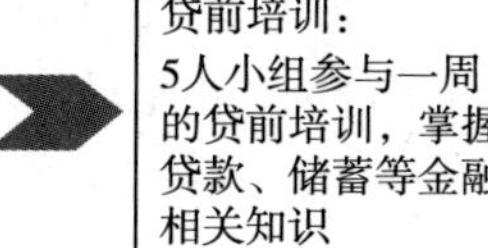

图 7-1　格莱珉普惠金融模式运作特点

勤奋工作、团结纪律

使用卫生厕所，保证家庭内外环境整洁

找一个安全、舒适的地方召开中心会议

参加一次体检，保持良好的健康习惯

让孩子得到好的教育，为他们赚钱支付学费

节约资源，爱护环境

图 7-2　格莱珉六条公约

这样确保了金融资源合理的使用，分散了潜在的风险，尽可能产生正向收益。三是 5 人小组抱团取暖、正向激励、互帮互助以增强会员有所作为的意识，培养自生能力，激发内生动力。四是每周中心会议的还款、经验分享、互助交流赋予了贫困人口尊严，增强了其自信心，扩展了社群，增强了社员交流，创造了社会资本，有利于激发内生动力。

第二节　内生动力评价及实证分析

一　内生动力评价体系构建

本书在梳理现有内生动力的研究成果的基础之上，运用可持续理论的生计框架构建内生动力评价指标。在评价指标的选取和指标的设定方面遵循科学性、系统性、全面性、可比性、可操作性原则，共提取了5个因子、18个指标，指标采取5分制的李克特表，从低分到高分顺向对应被调查者对题项的赞同程度。指标设定遵循可持续理论的生计框架构，该框架涵盖五类资本：物质资本表现为家庭收入变化，风险意识表现为对安全健康意识的认知变化，人力资本表现为关注教育变化，社会资本表现为感知意识提升，金融资本表现为金融习惯变化等方面，这些变化体现了外部一些因素内化为内生动力的具体特征，更为全面、多元地映射出内生动力。具体细化的指标如表7-1所示。

表7-1　内生动力指标体系构造

一级指标	二级指标	三级指标
内生动力	家庭收入	家庭经营方式多样性提升程度
		家庭收入相对上一年提高程度
	安全健康意识	修缮、新建自己的房屋的认识程度
		保持家庭干净、卫生意识程度
		使用卫生厕所程度
		对喝开水、卫生水的重视程度
		相比过去一年，您今年的健康状况程度
		对每年体检的意识程度
	人力资本	关注教育程度
		有意识识字程度
	感知意识	具备纪律、团结、勇气和勤奋的意识程度
		家庭发展还是需要依靠自己努力的意识程度
		相比上一年，规划家庭长远计划程度
		开心程度
		您在家庭中的地位提升程度
		帮助其他人的意识程度
	金融习惯	在自动取款机上取款时的保密意识程度
		储蓄习惯增加程度

二 数据及评价方法

2016年，云南地区积极探索、主动创新引入格莱珉普惠金融模式，帮助大理太邑乡的底层农户（特别是女性）创建自己的事业，培养农户的金融能力，提升农户的内生动力，以求实现金融扶贫和扶志双重目标，项目严格复制孟加拉格莱珉银行的信贷模式。

"城商—格莱珉"扶贫贷款项目是在国家精准扶贫和金融扶贫的大背景下，云南某地区城商银行积极响应国家号召，在普惠金融和金融扶贫、金融创新中进行积极探索和大胆实践，引进的孟加拉格莱珉银行模式。2015年年初习近平总书记在云南调研时强调要坚决打好扶贫开发攻坚战，加快民族地区经济社会发展，不让一个贫困户落下。太邑彝族自治乡是大理市唯一的贫困乡，各级人民政府高度重视太邑乡的扶贫攻坚工作，派驻单位进行定点扶贫。某城商银行作为省属龙头企业，在太邑乡的扶贫攻坚工作中着力发挥业务优势，履行企业社会责任。于2016年5月在云南省大理市太邑乡启动"城商—格莱珉"扶贫贷款项目。项目通过复制全球小额信贷先驱的格莱珉模式，拥抱金融不可接触者。"城商—格莱珉"扶贫贷款项目帮助底层农民创建自己的小事业，实现脱贫，培养了客户的金融能力，获得了第十届"中华慈善奖"等奖项。

本书基于云南地区引进的格莱珉普惠金融模式的实地调研数据，发放问卷100份，收回问卷74份。项目从2016年开始实施，为了对比项目的执行情况，分3年调查，分别为2015年（未引入项目之前的状况，数据是农户的回忆数据）、2017年（项目执行中）、2019年（项目暂停）。

熵值法是一种对不确定性因素进行度量和客观赋权的方法。它基于"差异驱动"原理，突出局部差异，并根据样本的实际数据通过比较指标的信息熵来反映指标的效用价值，最终确定指标对系统的影响程度，形成指标的权重。熵值法对数据进行标准化或归一化处理，与缩放无关、单调性、总量恒定等特点使得该方法更为客观科学（赵茂等，2019）。

衡量内生动力指数涉及 n 项影响因子，m 个评估年份，这样形成

原始数矩阵 $X=(x_{ij})_{m\times n}$。对于某项影响因子 x_j，若与标值 x_{ij} 差距越大，则该指标在综合评价中所起的作用越大，反之则作用越小；如果某项影响因子的指标值全部相等，则该指标在综合评价中不起作用。采用函数 $H(x)=-\sum_{j=1}^{n}g(x_j)\ln g(x_j)$ 度量信息熵，以此作为计算手段计算各个指标的权重，实现内生动力指数的综合测度。本书参考郭显光（1998）、游达明（2003）选用标准变换法，其改进的熵值法的主要步骤如下：

①考虑到各个指标的量纲大小差异、数量级的差别，首先需要消除量纲差别以及造成不一致的影响，进行标准化处理：$X_{ij}^{\#}=\frac{X_{ij}-\sum_{i=1}^{m}X_i/n}{\delta}(i=1,2,\cdots,m;j=1,2,\cdots,n)$（其中：$\delta$ 表示标准差）；

②为了消除负值，进行相应的坐标平移。$X_{ij}^{*}=C+\frac{X_{ij}-\sum_{i=1}^{m}X_i/n}{\delta}$（$i=1,2,\cdots,m;j=1,2,\cdots,n$）（C 表示任意常数，使得 $X_{ij}^{*}\geqslant 0$）；

③计算第 j 项影响因素下第 i 个样本值的占比：$y_{ij}=\frac{x_{ij}^{*}}{\sum_{i=1}^{m}x_{ij}^{*}}(i=1,2,\cdots,m;j=1,2,\cdots,n)$，得到数据的比重矩阵：$Y=\{y_{ij}\}_{m\times n}$；

④计算第 j 项指标的信息熵值的公式为：$e_j=-K\sum_{i=1}^{m}y_{ij}\ln y_{ij}$（$i=1,2,\cdots,m;j=1,2,\cdots,n$）$\left(\text{其中：}K=\frac{1}{\ln m}\text{为玻尔兹曼常数}\right)$；

⑤某项影响因素的信息效应价值取决于该指标的信息熵 e_j 与 1 之间的差值，计算值影响权重的大小，信息效应值 d_j 越大，评价的重要性就越大，权重也就越大：$d_j=1-e_j(j=1,2,\cdots,n)$；

⑥第 j 项影响因素的权重为：$w_j=\frac{d_j}{\sum_{i=1}^{m}d_j}(i=1,2,\cdots,m;j=1,2,\cdots,n)$；

⑦第 i 项样本的综合评价值为：$U_i=\sum_{i=1}^{m}y_{ij}\times w_j(i=1,2,\cdots,m;j=1,2,\cdots,n)$。

根据以上步骤得到相应的评价结果（见表 7-2）。

表 7-2　　熵值法计算出的各指标权重

一级指标	二级指标	三级指标	2015 年	2017 年	2019 年
内生动力	家庭收入	家庭经营方式多样性提升程度	0.0398	0.1203	0.0218
		家庭收入相对上一年提高程度	0.0437	0.0535	0.0468
	安全健康意识	修缮、新建自己的房屋的认识程度	0.0440	0.0291	0.0275
		保持家庭干净、卫生意识程度	0.0231	0.0269	0.0445
		使用卫生厕所程度	0.0418	0.0471	0.0446
		对喝开水、卫生水的重视程度	0.0433	0.0470	0.0405
		相比过去一年，您今年的健康状况程度	0.0412	0.0461	0.0396
		对每年体检的意识程度	0.0807	0.1121	0.0397
	人力资本	关注教育程度	0.0448	0.0517	0.0522
		有意识识字程度	0.0403	0.0450	0.0416
	感知意识	具备纪律、团结、勇气和勤奋的意识程度	0.0417	0.0178	0.3992
		家庭发展还是需要依靠自己努力的意识程度	0.0231	0.0496	0.0123
		相比上一年，规划家庭长远计划程度	0.0962	0.1154	0.0386
		开心程度	0.0406	0.0511	0.0153
		您在家庭中的地位提升程度	0.0930	0.0517	0.0442
		帮助其他人的意识程度	0.1044	0.0494	0.0398
	金融习惯	在自动取款机上取款时的保密意识程度	0.1148	0.0299	0.0266
		储蓄习惯增加程度	0.0433	0.0562	0.0253

三 实证评价及分析

从年度数据来看，2015 年贫困农户的内生动力的综合得分均值为 2.28，2017 年贫困农户的内生动力的综合得分均值为 2.88，2019 年贫困农户的内生动力的综合得分均值为 3.34，表明内生动力综合得分均值在不断增长（见图 7-3）。以此来看，格莱珉普惠金融模式在激发内生动力上发挥了一定的作用。

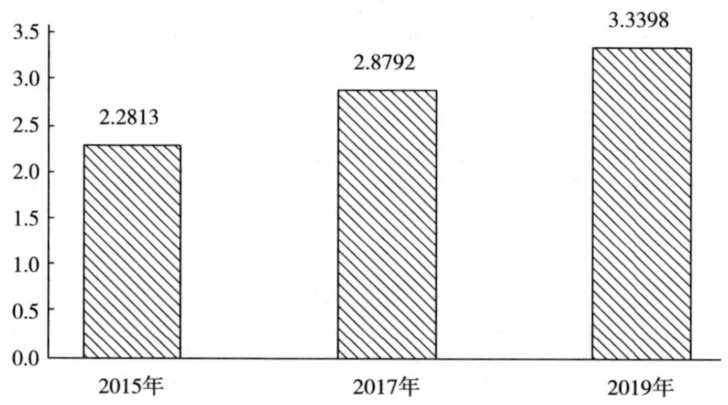

图 7-3　2015 年、2017 年、2019 年贫困人口内生动力的变化趋势

为了考察格莱珉普惠金融模式是否产生成效，将数据按照 2015 年、2017 年、2019 年进行双侧 t 检验。

假设检验 1：H0：$\mu_{2015}=\mu_{2017}$

H1：$\mu_{2015}\neq\mu_{2017}$

其中，μ_{2015} 表示贫困农户在 2015 年未引入格莱珉普惠金融模式之前的内生动力综合得分的均值，μ_{2017} 表示 2017 年贫困农户在引入格莱珉模式的内生动力综合得分的均值。

假设检验 2：H0：$\mu_{2015}=\mu_{2019}$

H1：$\mu_{2015}\neq\mu_{2019}$

其中，μ_{2019} 表示 2019 年贫困农户在格莱珉普惠金融模式暂停后的内生动力综合得分的均值。该假设检验 1 与 2 结果如下：

表 7-3　　　　假设检验 1 的结果

变量	样本量	均值	方差	标准差	95%置信区间	
x	74	2. 2813	0. 0575	0. 4948	2. 1667	2. 3960
y_1	74	2. 8792	0. 0315	0. 2710	2. 8164	2. 9420
diff	74	-0. 5979	0. 0486	0. 4183	-0. 6948	-0. 5010
均值（diff）= 均值（$x-y_1$）　t 值 = -12. 2953						
原假设：均值（diff）= 0　自由度 = 73						
备择假设：均值（diff）<0　备择假设：均值（diff）≠0　备择假设：均值（diff）>0						
P 值（T<t）= 0. 0000　P 值（│T│>│t│）= 0. 0000　P 值（T>t）= 1. 0000						

表 7-4　　　　假设检验 2 的结果

变量	样本量	均值	方差	标准差	95%置信区间	
x	74	2. 2813	0. 0575	0. 4948	2. 1667	2. 3960
y_2	74	3. 3398	0. 0359	0. 3084	3. 2683	3. 4112
diff	74	-1. 0584	0. 0639	0. 5496	-1. 1858	-0. 9311
均值(diff)= 均值($x-y_2$)　t 值 = -16. 5655						
原假设：均值(diff)= 0　自由度 = 73						
备择假设：均值(diff)<0　备择假设：均值(diff)≠0　备择假设：均值(diff)>0						
P 值(T<t)= 0. 000　P 值(│T│>│t│)= 0. 000　P 值(T>t)= 1. 0000						

x 表示 2015 年的综合得分值，y_1 表示 2017 年的综合得分值，y_2 表示 2019 年的综合得分值，通过双侧 t 检验可以看出，在 5%显著性水平上，拒绝原假设，接受备择假设均值（diff）<0，表明 2017 年与 2019 年的内生动力综合得分的均值显著大于 2015 年的内生动力综合得分的均值。由以上分析可知，格莱珉普惠金融模式在激发贫困农户的内生动力上发挥了作用，实施的时间越长，效果越好。

第三节　格莱珉普惠金融模式对家庭收入影响的实证检验

一　内生动力指数对家庭收入的影响

从构造的内生动力指数来看，格莱珉普惠金融模式在一定程度上激发了贫困人群的内生动力。对于贫困农户仅仅关注内生动力是不够的，农户的家庭收入增加是农户脱贫的基础和可持续的核心。那么，内生动力对农户家庭收入影响如何？本部分以内生动力指数作为核心解释变量，农户家庭收入作为被解释变量，依据柯布—道格拉斯生产函数 $Y=AL^{\alpha}K^{\beta}N^{\gamma}$（收入为 Y、技术为 A、劳动力为 L、资本为 K、自然资源为 N），以及明瑟构建的农户收入方程 $\ln(Y)=f(N, L, K, \cdots)$，$f$ 表示线性关系，运用辛翔飞（2008）、周亚虹（2010）、赵茂（2018）等改进的模型，构建农户收入的简化方程如下：

$$\ln(y_{it})=\alpha+\beta\times g_{it}+\gamma\times\ln(k_{it})+\chi\times x_{it}+u_i+\varepsilon_{it} \quad (7-1)$$

其中，y_{it} 为家庭总收入，g_{it} 为内生动力指数，是本部分的核心指标。控制变量 x_{it} 包括劳动力人数、外出务工人数、土地面积、担任村干部与否，k_{it} 为家庭经营支出。在调研过程中发现农户参与信贷、持有银行卡是非常重要的社会参与行为，访谈中发现大理市太邑乡一部分农户在项目介入之前没有身份证，不会写字，不会说普通话，没有银行卡，农户参与金融活动也就无从谈起。为此选定农户持有的银行卡数量作为内生动力指数的替代变量进行稳健性检验，这样能较好地反映贫困农户内生动力的变化。数据处理时，家庭总收入与经营支出以 2015 年为基准按照 CPI 进行调整。模型经过 Hausman-type 检验，选取面板数据分析的固定效应更合理。实证结果如下：

从基准模型来看，内生动力指数正向显著影响农户家庭收入，表明内生动力的提升有利于家庭收入的增长，与管睿（2019）的结论一致。从控制变量来看，经营性支出显著正向影响家庭增收，说明深度贫困地区的经营支出对家庭收入贡献较大，家庭劳动力人数、外出务

表 7-5　　　　　　　　内生动力对农户家庭总收入影响

变量	家庭总收入（基准模型）	家庭总收入（稳健性检验）
内生动力指数	0.4364 *** (0.0000)	—
持有银行卡数量	—	0.3687 *** (0.0000)
家庭劳动力人数	0.0720 (0.6040)	0.0587 (0.6710)
外出务工人数	-0.0364 (0.6530)	0.0300 (0.7060)
担任村干部与否	-0.2647 (0.4160)	-0.2878 (0.3720)
土地面积	-0.0275 (0.4340)	0.0046 (0.8940)
家庭经营支出	0.3383 *** (0.0000)	0.3553 *** (0.000)
常数	5.7420 *** (0.0000)	5.9570 *** (0.0000)
样本数（个）	222	222

注：* $p<0.1$，** $p<0.05$，*** $p<0.01$，括号内为 t 值。

工人数、土地面积、担任村干部与否影响并不显著。从稳健性检验来看，持有银行卡数量显著正向影响家庭总收入，表明金融参与对于贫困农户家庭增收有较大影响，金融视角反映出内生动力对于家庭增收的作用。控制变量中经营支出显著正向影响农户收入，其余变量和基准模型保持一致。不难看出，贫困地区内生动力提升有利于贫困农户家庭收入的增长。

二　格莱珉普惠金融模式对家庭收入的影响

为了进一步研究格莱珉普惠金融对于家庭收入的影响，参照模型（7-1）农户收入的简化方程变形如下：

$$\ln(y_{it})=\alpha+\beta\times\ln(g_{it})+\gamma\times\ln(k_{it})+\chi\times x_{it}+u_i+\varepsilon_{it} \tag{7-2}$$

核心变量 g_{it} 为格莱珉金融的信贷额度，y_{it} 为农户因获取贷款而经营创造收入估测值（农户测算的格莱珉普惠金融贷款创造的收入金额），2015 年项目没有介入，收入估测值和信贷额度记为对数后取值为 0。稳健性检验，用家庭总收入来替换农户因获取贷款创造收入估测值作为被解释变量来研究信贷额度对家庭总收入的影响。控制变量 x_{it} 包括劳动力人数、外出务工人数、土地面积、担任村干部与否，k_{it} 为家庭经营支出。数据处理时，家庭总收入、经营支出、信贷额度以 2015 年为基准按照 CPI 进行调整。经过 Hausman-type 检验，选取面板数据分析的固定效应模型进行实证。结果如下：

表 7-6　　　　格莱珉金融信贷额度对农户收入影响

变量	信贷创造收入估测值（基准模型）	家庭总收入（稳健性检验）
格莱珉金融信贷额度	0.8615***	0.0418***
	(0.0000)	(0.0000)
家庭劳动力人数	0.4610	0.0277
	(0.4850)	(0.8530)
外出务工人数	0.1051	0.0173
	(0.7790)	(0.8390)
担任村干部与否	0.6247	-0.2882
	(0.6800)	(0.4030)
土地面积	-0.3993**	-0.0278
	(0.0160)	(0.4570)
家庭经营支出	1.0357***	0.3912***
	(0.0000)	(0.0000)
常数	-8.9951**	6.2766***
	(0.0110)	(0.0000)
样本数（个）	222	222

注：* $p<0.1$，** $p<0.05$，*** $p<0.01$，括号内为 t 值。

从实证结果来看，基准模型中的格莱珉金融信贷额度显著正向影响农户因贷款而创造收入估测值，稳健性检验发现，信贷额度也显著正向影响家庭总收入，这就表明格莱珉普惠金融模式在家庭增收上发挥了效果。从控制变量来分析经营支出显著正向影响家庭收入与上一模型的结果保持一致，说明经营支出在贫困家庭中的重要性，而家庭劳动力人数、外出务工人数虽然正向影响收入，但是不显著。

第四节　格莱珉普惠金融模式启示

本书依托于“城商—格莱珉”贷款项目在大理市太邑乡实践的家庭调查，详细评估了格莱珉普惠金融模式对于内生动力及家庭增收方面的影响。研究结论如下：（1）结合格莱珉普惠金融模式实践的理念，本书基于可持续理论的生计框架选定家庭收入、安全健康意识、人力资本、感知意识和金融习惯五个方面 18 个指标，运用熵值法构建了数量化的内生动力指数，2015 年、2017 年、2019 年的内生动力指数综合得分均值为 2. 28、2. 88、3. 34，表明内生动力指数在不断增长。通过双侧 t 检验发现格莱珉普惠金融模式在激发贫困农户的内生动力上发挥了作用。（2）结合农户收入方程，研究发现内生动力指数对农户增收发挥正向显著的效应。采用银行卡数量代替内生动力指数的稳健性估计依然显著。控制变量，家庭经营支出正向显著影响农户家庭收入，表明家庭经营性支出是贫困人口农户家庭增收的一个重要影响因素。（3）结合农户收入方程，以格莱珉普惠金融信贷额度作为解释变量，家庭获得信贷而经营创造收入及家庭总收入为被解释变量的实证研究发现，格莱珉普惠金融信贷额度显著正向影响经营收入及家庭总收入，这也表明格莱珉普惠金融模式在内生动力和家庭增收上发挥了一定的作用。（4）一是妇女地位不断提升。“城商—格莱珉”扶贫贷款项目主要为妇女提供小额扶贫贷款，帮助农户家庭脱贫致富，项目 98%的贷款对象为妇女，这使得妇女地位在家庭和乡村得到提升，打破了传统男尊女卑思想。二是引发对教育的关注。太邑乡属于少数民族聚居地区，大部分会员不会使用普通话，甚至不会书写自己姓名。经过项目培训，会员逐渐可以与工作人员进行普通话交流，进行贷款面签，更引发了会员对下一代教育关注。三是项目推动了会员养成良好生活习惯。每周中心会议，项目经理分享生活常识，比如：饮用开水、如何驱蚊、使用卫生厕所，等等，使会员更加注重家庭健康，改进农户不良生活习惯，主动接受教育和追求美好生活。四是增强乡村建设凝聚力。项目以五人小组形式开展，五人小组形成一个小团体，大家团结互助，彼此认同，增强了集体荣誉感。每周中心会议形成了较强的团体纪律，促进了矛盾化解，有利于乡村文明建设。当然，项目在云南大理的实践于2019年已处于暂停阶段，结合调研发现存在的一些问题：（1）项目信贷经营范围狭小。调研发现农户获取信贷后，70%左右家庭用于饲养猪、牛、羊、鸡等家禽，20%左右家庭用于经营生意，10%左右家庭用于种植药材等。传统经营生产规模狭小和农业生产率低、盈利性弱、风险高，保持收支平衡都难，很难实现财富的积累，信贷的收益较低，项目商业可持续是个问题。（2）模式的推广效果不佳。该项目3年的参与贫困人数约为1500人，累计投放资金1432.50万元，项目投放额度小，和全球比较，模式推广复制的速度慢，表明市场推广效果不佳。（3）服务成本高，可持续性问题值得商榷。农业银行国际业务部课题组（2007）研究发现，格莱珉银行效率较高，1个工作人员管理600多个借款者，经营成本低。相比孟加拉项目的执行额度，仅仅1名信贷员就能完成，大理市太邑乡项目信贷员有十余名，人力成本过高，较低利率很难覆盖成本，项目不具有商业可持续性。（4）该项目的扶贫区域的基础建设不完善导致项目推行受阻。项目推行中，部分贫困农户确有信贷需求，但由于处于山区丘陵地带，部分基础建设不完善，空间距离导致项目推行、中心会议召开受阻。

本书结论的启示在于：（1）有效的金融模式在实现增收的同时，也要提升内生动力。随着乡村振兴战略的持续推进，部分政策并未形成长效机制，脱贫成效过多依赖于政策，一旦政策红利消失，返贫风险将增加。原贫困地区脱贫除依靠政府政策及社会力量外，根源还在于农户自身发展意愿和自我发展能力的提升，而自我发展中有效的金融模式将起到一定的助推作用。格莱珉普惠金融模式的成功之处在于注重培训教育贫困妇女和融合非金融服务，激发贫困人口（尤其是女性）脱贫的内生动力。为此，原相对贫困地区需要因地制宜地选取合适的金融模式来实现家庭增收，更要关注提升农户的内生动力。（2）发展普惠金融坚持创新，更要坚持初心。实践证明，社会性企业和合作金融优于商业金融。但商业金融的理念、文化、机制、措施等独具价值，也能做好普惠金融。涉农金融机构应该不断探索金融创新，服务贫困农户，并坚持不忘初心地做到扶弱扶贫。（3）保本微利的可持续发展。格莱珉普惠金融模式在全球的实践证明保本微利才能可持续性地服务贫困人口，也才能使得贫困人口摆脱贫困，为此中国的金融扶贫模式应该坚持商业可持续性原则，确保实现保本微利。（4）原相对贫困地区的发展，基础建设显得尤为重要。同时，构建“政府引导，市场主导”产业合作模式，实现农户多元化的生产经营，以此提升农户的家庭收入，农户家庭收入增加以及内生动力的提升才能确保脱贫的稳定和可持续。

第四部分

中国数字普惠金融发展的问题及对策研究

第四部分梳理了中国数字普惠金融发展的问题和机遇，并从宏观、中观和微观三角度为推动中国数字普惠金融发展提出系统性的政策建议，为推动中国数字普惠金融发展提供实践指导。本部分由“第八章　中国数字普惠金融发展问题与机遇”“第九章　中国数字普惠金融发展问题的宏观对策研究”“第十章　中国数字普惠金融发展问题的中观对策研究”和“第十一章　中国数字普惠金融发展问题的微观对策研究”组成。

第八章　中国数字普惠金融发展问题与机遇

改革开放以来，中国金融体系改革成效显著，系统性金融风险得到有效控制，各类金融业务经营权限逐渐放开，金融市场逐渐活跃。但现阶段，中国金融体系仍是以国有银行为主导，直接融资市场门槛高、监管严、审查周期长等问题突出，这抑制了市场主体参与金融业务的积极性，进一步造成了金融垄断、金融排斥等问题。

第一节　数字普惠金融发展问题分析

数字普惠金融是利用数字化技术开展金融服务的新金融业态，由于金融科技赋能金融服务，加速了信息的产生、流动、归集，进一步降低了数字普惠金融业务开展的边际成本，使得数字普惠金融的覆盖广度、使用深度得以突破传统金融业务模式的限制，这对于实现金融普惠化目标意义重大。但是，近年来数字普惠金融业务的问题也逐步凸显，对现有政策体系、监管模式、征信数据库的构建提出了更高要求，如何发挥市场化力量激励社会各主体积极参与数字普惠金融业务，利用金融科技优势降低数字普惠金融业务成本，实现数字普惠金融的商业模式可持续等问题已成为一个亟待解决的重大课题。

一　宏观面数字普惠金融发展问题

（一）法律政策不完善

完善的法律政策体系，是维护数字普惠金融市场环境，支撑数字普惠金融发展的前提。现阶段，支撑中国数字普惠金融发展的法律政策体系不完善，这导致数字普惠金融市场混乱，严重阻碍了金融市场的正常运行。这主要体现在政策文件级别较低，未形成具体的发展规划建议，导致数字普惠金融市场混乱。现有支撑中国数字普惠金融发展的政策主要包括《推进普惠金融发展规划（2016—2020 年）》《大中型商业银行设立普惠金融事业部实施方案》等政策法规，这些政策性法规指明了数字普惠金融的发展方向，但并未涉及相关配套金融基础设施的建设意见，这导致各类金融机构普惠金融业务风险敞口大，可持续性发展能力不足。

各类金融机构风险敞口大。在金融科技赋能下，普惠金融的新模式数字普惠金融尚处于幼年时期。相关法律和政策仍不完善，尚未形成交易主体的市场准入、权利、义务、退出等相关标准，加之国家政策的强力引导，这导致各类金融主体争相进入数字普惠金融市场。由于数字普惠金融业务本身的技术特殊性，导致有效开展数字普惠金融业务的技术门槛较高，前期资金投入较大，但由于法律政策体系不健全，在数字普惠金融发展的政策红利和数字技术红利驱动下，各类非专业主体进入数字普惠金融市场，这些经营主体的风险管理意识薄弱，技术水平低，难以充分发挥金融科技优势，降低数字普惠金融的信贷风险与成本，当经济环境出现较大波动时，由于金融风险存在传染性，将导致风险大规模爆发。此外，部分犯罪分子利用数字普惠金融的旗号开展诈骗、洗钱等违法犯罪活动，进一步打击了市场需求主体参与普惠金融市场的意愿。

数字普惠金融的可持续性发展能力弱。传统金融机构支持数字普惠金融发展的政策是以降低信贷利率、定向降准为主要手段，金融科技效能未充分发挥。例如，传统银行等金融机构难以适应数字普惠金融发展要求，并未从战略上确定普惠金融的战略地位，仅复制传统金融服务业务模式，即仅通过设置普惠金融事业部的形式，开展数字普惠金融业务，这导致金融科技降低信息获取难度和利用成本的优势难以发挥，造成银行实施数字普惠金融的业务成本高，又囿于数字普惠金融服务主体分散、信贷规模较小、信用凭证不足的特征，造成利润薄弱，导致数字普惠金融业务模式的可持续性不足。

综上可知，数字普惠金融业务政策法律体系完善对于推动数字普惠金融的可持续健康发展至关重要，但构建完善的金融业务政策法律体系仍存在困难。主要体现在：数字普惠金融业务的发展没有经历完整的周期性，法律依据不足，而中国的普惠金融概念和实践处于金融危机后的经济调整和恢复阶段，尚未经历经济冲击阶段，导致立法和政策制定的实践基础不足。

（二）监管模式适应性尚待提升

现阶段，我国以“中国人民银行、证监会和银保监会”为核心，建立了一个独立的金融监管体系。面对数字普惠金融的混业发展特征，当前的分业金融监管模式难以满足数字普惠金融发展的需要。

数字普惠金融平台混业经营特征明显，这对现行分业监管模式形成巨大挑战。数字普惠金融发展前期，金融监管环境相对宽松，为商业模式不断注入活力，推动数字普惠金融发展。但是，随着数字普惠金融业务范围的不断扩大，业务开展门槛的相对降低，金融科技的规模化优势逐渐发挥，数字普惠金融平台的业务范围不断扩张，混业经营特征逐渐显现。目前的金融监管仍是以分业监管为主导，尚未形成统一的混业监管模式，导致数字普惠金融市场监管存在漏洞，这种情况会给数字普惠金融运营带来重大风险，大大限制其健康有序发展。第一，数字普惠金融市场混业发展趋势显著。如蚂蚁金服涵盖了信贷、支付、信用、保险、理财等多个领域，直接持有 8 个以上的重要金融许可证。如果考虑到间接控股，一些互联网商业集团在重要金融领域几乎完成了金融牌照的完全覆盖；同时，一些在线金融平台的担保、保险、金融租赁等交叉延伸的金融商品持续的出现也显示出金融科技赋能下的数字普惠金融市场混业发展趋势。第二，现有监管机构不完善。面对数字普惠金融的新业态，各种监管机构责任不明确，相互间的推诿现象严重，这导致监管机构在监管过程中无法有效推动数字普惠金融市场的发展。第三，数字普惠金融服务业进入门槛低，导致各类金融机构鱼龙混杂，加剧金融风险。例如，在线贷款平台和在线金融平台，仅进行工商登记注册，便能开展相关业务。第四，由于互联网金融技术的快速升级，监管机构自主监管特性放大，拥有更多自主监管权，没有明确的相关规章制度作为金融监管机构的监管参考。因此，这会导致监管真空与过度监管并存的混乱现象，增加金融市场的不稳定性。第五，数字普惠金融监管的国际声音不够。目前，数字普惠金融的监管标准仍然是由发达国家如欧洲的国家和美国来设定。中国是全球数字普惠金融发展的领袖，但不是国际金融准则制定的领导者。

二 中观面数字普惠金融发展问题

（一）信用体系不适应性问题突出

金融市场的正常运营必须严格按照金融市场的基本交易规则。信用是金融市场交易规则的中心要素，健全的社会信用体系是数字普惠金融发展的基础。当前，中国的信用制度以传统的金融机构为中心，普惠金融服务力度不够。主要存在以下三个问题，一是信用信息数据库不完整；二是信用信息共享机制不健全；三是信用信息的来源合理性、有效性和真实性等难以保证。

首先，信用信息数据库不完整。第一，大数据征信调查系统不完善。在中国人民银行的信用信息调查制度中，信用信息调查记录主要涵盖金融服务需求主体与银行交易活动的相关信息，而对于个人和其他经济、社会活动的信用信息记录不足。第二，征信产业的实力较弱，信用信息来源覆盖度不足。官方数据显示，2020 年年末征信产业年产值不足 50 亿元，征信机构在中国不足 200 家。征信机构的信息来源仅包括以下两种类型：一是包括商业银行、农村信用合作社、微金融公司和提供信用业务的其他专业机构在内的主流金融机构；二是其他机构，包括个人住房公积金中心、私募基金、保险基金及其他机构。目前，中国人民银行的信用调查系统虽然已经将部分新兴互联网公司如蚂蚁金服等互联网金融企业纳入征信信息来源采集点，但是与互联网金融企业的数量相比仍显不足，互联网金融企业的信用数据共享问题仍未解决。一般来说，中国的信用信息调查机构呈现规模小、服务质量低和产品少等特点，这导致征信供给服务很难满足社会、经济发展对信用信息调查产品和服务的需求。

其次，信用信息共享机制有待建立。信用信息是公共财产的一种，具有高取得成本和低使用成本的特征。中国的基本信用信息数据库覆盖不充分，缺乏同时具备公有性和可靠性的统一信用等级标准。现有的信用调查系统主要是以中国人民银行的公共信用数据库为主，辅之以新兴互联网金融机构自发设立的信用调查数据库。但中国人民银行的公共信用数据库以传统金融机构为信息采集点，未将新兴互联网金融机构自发设立的信用调查数据库纳入信息采集范围，这导致信用信息数据库割裂，信息孤岛问题严重，难以发挥信用信息规模化使用优势。同时，信用信息调查企业之间缺乏可靠的信用信息交换机制，这也是导致信息孤岛问题的重要原因之一。因此，金融机构只能依靠自己的信用审计技术，独立收集和分析借方的信用，这大大提高了贷款审计的难度和成本。

最后，信用信息的来源合理性、有效性和真实性和已有信用信息数据安全性难以保证。在数字化时代，各种各样的市场主体在社会实践中创造出各种各样的数据，真正可靠的信息和错误可疑的信息共存，如果在信息收集过程中得到虚假的信用信息，这将导致信用信息评估误差显著扩大，这不仅降低了信用调查数据的价值，还可能严重误导产业决策，带来巨大的金融风险。同时，数字普惠金融的信用调查数据存储不当会造成数据安全风险。一方面，存在信用信息泄露的风险。通过信用调查机关储存的个人信息、机构信息被非法利用者公开，导致信用信息数据泄露，这严重侵害了信息主体的权利，增加了社会不安定因素。另一方面，存在恶意的不正当行为风险。在使用信用调查数据时，得到信用调查机关许可的利用者，可以通过不正当的手段非法篡改信用调查数据牟利。

（二）商业可持续性问题

中国数字普惠金融产业从普惠金融到数字普惠金融的发展过程中，如何解决金融机构的商业可持续性问题？如何平衡国家政策导向和商业利益？这是需要重点关注的两个方面。特别是在数字普惠金融产品开发过程中，必须满足金融机构的盈利性要求，全面激活金融机构开展数字普惠金融业务的积极性，从而有助于数字普惠金融业务的可持续开展。

商业银行的“商业性”和数字普惠金融的“普惠性”之间冲突

严重。数字普惠金融的主要目标客群是弱势群体，主要包括中小微企业、农户以及其他特殊群体。就中小微企业而言，中小微企业规模小、管理标准混乱、财务信息不完善、生命周期短和抗风险能力弱等问题突出，这导致中小微企业往往处于产业和产品链的底端。同时，中小微企业的金融服务需求存在资金需求额度小，单笔信贷周期短、贷款频率高等特点，这对传统金融机构的业务模式提出了重大挑战。这种挑战主要体现在：现有业务模式下，传统金融机构信贷边际成本高，这造成金融机构将金融服务覆盖范围扩大至普惠群体需要承担高额交易成本和巨大金融风险，但收入难以保证，很难弥补高交易成本和大风险敞口。例如，中国农村金融发展滞后，金融机构不足，很难满足农村居民的存款和提款等基本金融服务需求。但是，一旦开展农村金融业务，金融机构的收入就无法弥补成本。因此，数字普惠金融的低效投资模式没有得到改善。

目前，中国数字普惠金融领域使用的风险模型是基于有限的历史数据，尤其是基于经济增长周期中的客户行为和经济数据。随着信用风险新一轮缓慢释放，越来越多的互联网企业涌入数字普惠金融业务浪潮，但均面临商业可持续性挑战，行业改造不可避免。探索可持续的商业模式，提升经济衰退周期中的风险管理能力，是数字普惠金融发展的重要新课题。

（三）网络信息和数据安全问题

在网络信息化和数字化的浪潮下，企业收集、非法获取和使用目标客群网络信息数据十分容易。数字普惠金融依赖于诸如大数据、云计算、区块链等金融科技，一方面为消费者提供更加便利的金融服务，另一方面也加大了个人信息泄漏的风险。数字普惠金融需要依靠大数据进行分析，但是，如果大数据的收集、传输和储存的安全性不足，可能加大客户信用信息泄漏风险（何宏庆，2020），加剧社会动荡，即一旦顾客信用信息被盗，这将给金融用户造成不可估量的损失。例如，国外某电子支付公司承认，21 世纪初公司收购的支付管理公司遭遇了网络安全事件，造成 160 万用户信息泄露。同时，一些数字普惠金融平台也常常向其他科技公司外包建设数据库，以增强它们的技术实力。如果外包企业的人员恶意传递信用信息，会给消费者带来很大的风险，进一步加剧社会动荡。

三　微观面数字普惠金融发展问题

（一）消费者金融知识欠缺

数字普惠金融的目标客户缺乏基本金融知识，难以利用金融杠杆扩大生产从而提高自己的生活水平。首先，他们通常仅向熟人借钱进行小规模生产，这导致数字普惠金融的目标客户群难以摆脱贫困。其次，伴随着资产积累，很多数字普惠金融服务目标客户，没有资产规划的意识，对资产管理几乎一无所知，除了银行存款之外，他们不知道其他合适的金融产品，金融鸿沟现象严重，这导致数字普惠金融目标客户群难以分享数字普惠金融的发展红利。具体体现为以下三方面。

第一，数字普惠金融产品的接受度不高。数字普惠金融产品的主要宣传对象是农民、城市低收入层、贫困人群、残疾人、老年人等特殊群体。他们的教育水平低，金融知识储备不足，新技术和新结算手段的接受度很低。根据标准普尔的调查，72%的中国成人无法正确理解风险多样化和复利等基本金融概念。① 加之近年来，以金融科技革新为名的各种欺诈事件层出不穷，数字普惠金融目标客户群被骗后，会产生更强的抵触心理，导致金融的自我排斥现象更加突出，严重抑制了数字普惠金融产品的推广。

第二，现有的传统金融模式难以满足数字普惠金融的发展需要。即使金融自助服务工具等基础设施已经普及，但是由于数字普惠金融的目标客户群的基本金融知识不足，目标客户群无法理解如何使用金融自助服务工具，导致自助服务工具处于闲置状态。部分地方政府与城商银行为促进地方普惠金融业务开展，制定了农村 ATM 机的广泛覆盖计划，该计划实施的经验证据也表明，大多数农民不理解 ATM 机的存取方法，导致金融基础设施闲置。这主要是因为银行宣传海报和贷款流程图让农民很难理解如何使用金融工具。其他新技术的推进

---

① 标普：超 7 成中国成年人是金融文盲。https：//www. guancha. cn/economy/2015_12_04_343555. shtml.

也存在同样的问题。ATM 机的闲置表明，地方金融服务的推进必须与农民的现实相结合，简单复制城市金融服务模式为农民提供金融服务的方式不适用。

第三，数字普惠金融目标客户的安全意识较弱。由于数字技术不断推进，金融服务的覆盖范围不断扩大，而用户的安全意识和风险预防意识薄弱，加大了目标客户群损失可能性（吴善东，2019）。例如，由于好奇心和其他因素的驱动，用户可能从未知的信息源下载软件，使用密码，或者在其他网站上使用相同的用户名和密码，以便于记忆多个密码，这些密码存储在计算机文件中，为犯罪分子提供了犯罪的机会。

（二）数字普惠金融基础设施建设成本过高、产品定价过高

为了弥补传统金融服务不足，数字普惠金融需要适应低收入者和农村居民的单次信贷需求量小、信贷周期短、信贷频率高等特点，这对金融机构的成本控制提出了重大挑战。技术革新可以提高数字普惠金融业务的开展效率，削减服务成本，但数字普惠金融业务开展对数字基础设施要求较高，前期需要投入大量资金和人力资源，短期内，金融机构的数字普惠金融收益难以覆盖基础设施成本，导致金融机构开展数字普惠金融的激励不足。在这个阶段，提供数字普惠金融服务的成本非常高，收入难以弥补成本。所有的新技术革新都将转移到最有效的普惠金融边界之外。

目前，中国数字普惠金融的应用领域主要集中在第三方支付、网上贷款和联合贷款（胡滨等，2020）。但是，弱势群体融资难、融资贵的问题依然存在，数字普惠金融的发展并没有从根本上改变金融资源的分配机制。以联合贷款为例，联合贷款的年利率主要在 5.4%—21.6%，最大的年利率接近 36%。另外，目前市场上的联合贷款多是基于消费信用的消费信贷，而针对中小微企业融资的普惠金融产品却很少，数字普惠金融融资未能有效减少中小微企业的外源融资费用。

（三）金融数据信息严重不对称

首先，金融数据不对称导致商业风险的连续累积，这对发挥数字普惠金融的规模优势造成重大障碍。金融数据的不对称性主要反映在

数据规模、数据质量管理等方面。一方面，金融数据的规模是不对称的。在大数据时代，数据不对称首先出现。现阶段，阿里巴巴的 MaxCompute 云平台存储的数据超过了 EB 级。微信的月活跃账户增加至 11 亿左右。QQ 的月活跃账户超 8 亿，日数据量超过了 200 个基站数据总和。这些互联网头部公司的数据规模远远超过银行征信系统数据。由阿里巴巴和腾讯掌握的大数据为它们金融业务的发展提供了大规模的数据支持。另一方面，金融数据质量不对称。互联网头部公司不仅仅收集结构化金融数据，也收集非结构化金融数据。由结构化数据和非结构化数据构成的多维大数据对于互联网头部公司来说，在准确的服务、准确的营销、准确的产品价格和准确的金融用户风险管理方面有巨大优势。但传统金融机构和政府机关掌握的金融数据主要是结构化的数据，处于弱势地位，难以共享大数据红利。

其次，金融数据处理技术不对称。一般来说，互联网头部公司不仅积累了大规模的结构化与非结构化数据，而且在大数据建模和应用领域处于领先位置，在大数据处理技术不对称性方面处于最有利的位置。具体而言，一是互联网头部公司掌握了大量结构化数据和用户的一些非结构化数据，也有数据处理技术和资本优势，居于头部位置。二是金融监管机构掌握了行业统计数据和一些实时交易数据，还投资了大量的数据技术，在金融数据技术不对称方面，处于中间位置。数字普惠金融消费者可以获得金融数据平台、金融机构、监管机构提供的处理数据以及一些评论和交易数据，因此，它们是数据技术不对称性的尾部。

最后，财务数据管理不对称。在金融数据管理方面，政府监管机构有权掌握大量行业统计数据，以及制定财务数据管理规则。因此，它处于财务数据管理中最有利的位置。Facebook 于 2019 年 6 月公开数字货币 Libra 白皮书后，由于美国财政部对其监督和管制持谨慎态度，导致 Libra 市场化进程严重推迟，这显示了政府在财务数据管理方面的强大地位。互联网头部公司不仅掌握了许多企业实时财务数据，还处在了数据管理和应用模式创新的前沿。因此，互联网头部公司的优势仅排在政府监管机构后。传统金融机构在财务数据管理方面不能与政府机关和互联网头部公司的数据平台企业进行比较，但与金融消费者相比有比较优势。因此，在财务数据管理方面，政府机关、互联网头部公司、传统金融机构、金融消费者的优势逐渐递减。

第二节 中国数字普惠金融发展机遇

近年来，随着金融科技快速发展和信息技术与产业融合发展能力不断增强，中国经济实力快速增长。在数字化的新形式下，商业银行的数字化转型迫在眉睫。中国保险监督管理委员会 2020 年 1 月公布了《关于银行业保险业数字化转型的指导意见》为促进商业银行的数字化转型指明了方向。

一 数字技术跨越式发展

中国拥有完整的产业体系、高度复杂和丰富的数据资源，在数字化转型中具有重要的比较优势。特别是数字技术的快速发展，为破解普惠金融的政策性与商业性矛盾提供了可能的解决方案。一方面，互联网头部企业通过构建如拼多多等购物“场景”，与数百万或上千万的移动终端紧密相连。另一方面，通过分析社交媒体和网上购物平台的大数据，对用户群体的信用信息进行评价。因此，数字普惠金融大大降低了获得客户和风险控制成本，为破解数字普惠金融的商业可持续性难题提供了参考与路径借鉴，这提高了数字普惠金融持续发展的可能性。

（一）数字技术发展红利逐渐释放

包括人工智能和大数据分析在内的先进数字技术基本上改变了经济发展方式。数据是资本、劳动、土地等基本生产要素加速利用的有效驱动力。它促进了生产效率提升，增强了社会整体生产力，为经济高质量发展提供了新的激励。数字技术驱动原有业务流程数字化，增强业务交互能力，破解信息孤岛，实现全时段捕捉与共享数据信息，带来了数据规模的爆炸性增长和雇佣关系的重构等一系列变化。第一，业务流程数据化为有效整合资源和优化多部门生产流程提供新的可能，显著降低创新成本，促进生产能力的爆发式增长。数字技术的广泛运用将大大提高数字技术开发者的市场份额和利润水平，进一步推动数字技术的快速发展。第二，数字化技术作为生产新要素，直接促进经济增长，间接将企业劳动和资本动态重组，进而促进经济增长。第三，中小微企业进入大企业的生产网络后，借助大企业的技术力量，技术水平进一步提高，其技术应用水平逐渐趋同于大企业。综上，数字技术发展不仅改善了单个企业生产效率，更提高了产业链的整体创新和生产效率。

（二）以央企、国企、头部电商为代表的企业纷纷抢占数字高地

以央企、国企、头部电商为代表的企业纷纷抢占数字高地，突出表现为核心业务平台化与平台信息集约化。一是核心业务平台化。越来越多的企业为了提升企业经营效率，实现企业的数字化转型，从设计、生产、销售环节，结合互联网、大数据、人工智能、区块链、云计算等信息技术在互联网上进行平台化升级，以提升工作效率。在企业的数字化转型中，产生了诸多互联网信息平台，如淘宝、拼多多、京东等在线购物平台，以美团、饿了么为代表的在线生活服务平台，以京东生鲜、多多买菜为代表的在线生鲜超市。综上，企业的平台化趋势明显。二是平台信息高度集约化。由于企业的数字化转型，大量企业构建自身的数字化平台，数字化平台每天产生大量的结构化与非结构化数据，企业利用大数据、云计算、区块链、人工智能等数字技术将平台数据快速整合、分析与利用，信息的精细化分析趋势逐渐显现。综合上述两类特征可知，一方面，抢占数字高地有助于数字化转型企业生产效率的快速提升；另一方面，通过平台数据的高效分析，企业有效解决信息失真问题，降低了信息获取、分析、管理的成本，为数字化转型提供发展基础。

（三）数字技术创新层出不穷

首先是区块链技术和传统供应链的组合。利用区块链技术，建立了“技术保证”的可靠机制，整合了供应链系统中的商流、物流、信息流、资本流的数据，实现了“四流”数据的整合。同时区块链技术的可追溯性和防篡改特性，提升了所有上链企业的交易信息和记录的

真实性，为银行的信用评估提供可靠的信息基础，使供应链业务全流程数字化运行，这大大提高了核心企业的上下游产业链的企业融资效率（肖霆，2021）。其次，大数据技术为提高金融机构风险管理能力奠定技术基础。大数据技术可以有效地提升金融机构的风险管理效率和风险管理手段。使用互联网和大数据技术，商业银行可以有效且准确地收集交易数据，并利用贷款申请者的金融交易数据、交易平台数据和外部信用调查数据，实现一体式风险评估，并通过多方数据交叉验证，防止欺诈和信用风险，提高商业银行风险控制的精度和效果。再次，数字技术创新将数据孤岛通过多址安全计算（MPC）连接，有效提升数据的整合使用效能。目前，金融机构间数据的直接共享可能违反保护用户数据隐私的相关法律。数字技术可以加密不同数据库的用户信息，并利用云计算技术对数据进行解密，这保证了原始数据不会在传递过程中泄露，从而实现数据的安全融合。通过这项技术，在保护用户隐私的前提下，将中小微企业的信用调查、销售、金融交易、发票等数据进行整合，消除数据孤岛，优化了金融机构的风险管理模式。最后，人脸识别生物识别技术被广泛使用。所有的脸都有独特的自我身份特征。通过面部识别，我们可以很快在传统的认证模式下简化麻烦的认证流程，识别每个人的身份信息，这有助于提升服务效率，减少借款人的时间成本，实现金融业务的全时段在线处理。随着包括面部识别在内的生物测定技术的持续成熟，其在商业银行的各类业务领域将被广泛使用，可以预见，这有助于提高顾客的便利性、提高运营效率、降低运营成本。

二　政策体系逐步完善

（一）数字经济成为国家战略

“十四五”规划指出，要适应数字时代，发挥数据资源优势，加快数字经济、数字社会、数字政府的构建，促进生产模式、生活方式、治理模式的数字化转型。近年来，中国数字经济产值占比不断扩大，其增长率远高于 GDP 增长率。中国信息通信研究院的研究数据表明，2020 年，中国数字经济产值已达 39.2 万亿元，占国内生产总值的 38.6%。在此之前，数字经济仍保持 9.7%的高增长率。农村地区的“四个现代化”同时加速，三大产业的融合发展速度明显加快，数字化趋势明显。目前，农村网民占中国网民的28.4%，平均年增长率为9.5%，农村互联网渗透率已达到31.6%。互联网、云计算、大数据技术越来越成熟，应用越来越广泛。信息技术和各种产业之间深入结合和交叉集成创新，加速推动了金融科技的运用，改变了现有银行业务模式，移动互联网已成为顾客办理银行业务的主要渠道。金融数字技术的发展和应用深刻地改变了传统金融产品的运行机制与服务模式，金融产品的创新速度、易用性、覆盖性和应用深度不断加深。通过金融产品和数字技术的综合开发，有望缓解信用活动过程中信贷双方信息不对称问题，逐步实现传统金融向数字金融的转换，有效降低金融交易成本，提高金融机构运行效率，提升金融服务的便利性和适用性。

（二）政府驱动下的政策创新与数字基建蓬勃发展

首先，政府的数字基础设施建设进程不断加快。在信息化浪潮中，省市区各级政府都积极推动数据资源的共享和开放，激活政府数据资产，促进政府的数字化转型（肖霆，2021）。据统计，到2020年底，中国已有23个省份设立了大数据管理部门，利用大数据、云计算等现代数字信息技术，对区域内的工商、税务、行政、市场监管、民生问题等数据实施统一管理，有效推动数据资源共建、共享，提升政府管理效能。其次，金融科技进入标准化发展轨道。2019年8月，中国人民银行开始了金融科技开发计划。2020年7月，金融科技改革试点地区已扩大到包括北京、上海、重庆和成都在内的9个地区。同年，中国银行和保险监督管理委员会发布《商业银行互联网贷款暂行办法》，将互联网金融业务进一步规范化。最后，“金融+数字技术+政务”的新型监管模式不断涌现。北京“金融数字专网”信息平台实现了市级层面的银行系统和政府部门之间信息共享。目前，北京依托“金融数字专网”实现了房地产银行抵押登记业务的“一站式”处理，住宅贷款登记的平均处理时间大大缩短。

（三）数字普惠金融政策支持力度不断加大

中共第十八届中央委员会第三次全体会议以来，中国对“农业、农村、农民”、中小微企业的政策扶持力度不断加大，有效扩大了金融支持“三农”和中小微企业的力度与广度。政策导向主要体现在以下两个方面。一是加速推动数字普惠金融业务开展，提升金融服务“三农”和中小微企业等弱势群体的力度，探索高效的数字普惠金融，满足“长尾群体”的金融需求，激发内生发展动力，激活“长尾群体”创新发展活力的模式。二是优化金融机构的网络布局，深化推进金融的系统改革。第一，加大金融基础设施的政策支持力度，实现基本金融服务的全面覆盖，保证数字普惠金融对“长尾群体”的支撑路径通畅，加速形成普惠金融缓解贫困和鼓励中小微企业创新发展新机制。第二，加大中小微企业税收改革力度，以减税降费，优化政务流程、发挥政府转移支付功能，全面发挥政策资金引导作用等方式，推动中小微企业借助金融杠杆，利用税收优惠政策，在释放发展活力的政策范围内最大限度地活用金融产品。

三　多主体推进，普惠金融体系日渐丰富

（一）参与主体的深化和多样化

近年来，普惠金融监管环境相对宽松，为各类民间资本加入金融行业、推动普惠金融发展增添活力。同时，引导传统金融机构开展普惠金融业务的政策支持力度不断加强，各类传统金融机构纷纷设立普惠金融项目部开展普惠金融业务，普惠金融服务的参与者越来越多样化。这主要体现在以下三方面。一是政府普惠金融专项政策支持力度不断加大，开展普惠金融业务资金专项化、差别化管理，这降低了“长尾群体”使用普惠金融服务的成本。同时，各类政策性金融机构的县（区）、乡镇、农村的基础设施覆盖率不断提升。截至 2020 年年末，全国银行网点乡镇覆盖率达 97.13%。二是传统金融机构的改革与数字化转型持续推进。一些商业银行以客户为导向，主动变革内部机制，通过建立社区银行、直销银行、手机银行或电子商务平台，促进数字普惠金融业务增长，降低金融排斥，减少了金融服务的获取成本，使得金融服务更贴近人民大众。以中国农业银行为例，近年来，中国农业银行基于大数据、云计算、人工智能等数字技术，发挥金融科技优势，推出“金穗惠农通”产品，积极推进数字普惠金融发展。

截至 2016 年 11 月末，中国农业银行已发放近 2 亿张惠农卡，农村电子机具覆盖率近 80%，涉农贷款余额近 3 万亿元人民币。同时，中国农业银行基于大数据、云计算对农户信用状况进行处理分析，评估惠农卡持卡农户的信用级别，根据评估结果，授信 3000—30000 元人民币的无抵押信贷额度，信贷期限最长 3 年。农户仅需提交开通申请，手续便捷。三是由于金融体系市场化改革的逐步推进，民间资本进入金融行业的阻碍降低，民营银行、众筹、P2P、保险、信托、担保、保理、征信、风险投资等各类金融机构快速发展，提供各种金融服务，优化了数字普惠金融的产品结构，大大缓解了金融排斥难题。互联网头部企业均发力普惠金融业务。如阿里巴巴、京东等电商巨头凭借庞大网络交易客群，利用大数据、云计算等金融科技对中小微企业（电商）和消费者的大数据进行分析、精准画像，评估客户信用级别，授信信贷额度。

（二）产品和服务不断创新，金融服务覆盖广度不断扩大

首先，传统金融机构创新持续推进。传统金融机构利用现代数字技术，以客户需求为导向，不断革新金融产品，满足市场需求。传统金融机构主要利用移动互联网的技术优势，在支付、结算、转账等领域持续创新。如："智能手机+支付"支付结算和支付工具可以让农村的客户享受转账汇款、支付结算、新农业保险、新农村合作医疗和小额信用贷款等在线金融服务。

其次，互联网企业创新踊跃跟进。互联网企业利用平台、渠道的数据优势和大数据技术支持，不断推进金融服务创新。举例来说，蚂蚁金服基于阿里巴巴商业生态体系大数据，利用云计算、人工智能等金融科技，精准有效地分析客户行为，具有三大优势：一是降低金融服务成本。蚂蚁金服借助数字技术低边际成本的优势，通过提升单笔金融业务效率，降低了金融服务成本。二是利用金融科技的技术优势，重构互联网金融信用体系，减低金融风险。蚂蚁金服基于大数据库，建立"芝麻信用"等大数据征信体系，借助数字技术优势将不良贷款率控制在 1%左右，远低于网络小贷 5%的平均不良贷款率。三是倒逼政府创新监管模式。蚂蚁金服丰富了市场参与者的队伍，促进了

金融市场竞争，推动传统金融机构改革创新，倒逼金融监管方式变革。

（三）直接融资渠道的发展，多层次普惠金融体系的丰富

全国性与区域性的直接融资渠道蓬勃发展，多层次普惠金融体系逐步形成。一是全国性直接融资市场发展，如新三板交易机制有效缓解中小微企业信息不对称问题，推动直接融资市场发展。二是区域性直接融资市场发展。区域性金融资产交易所发挥技术优势，推动中小微企业资产流转。如重庆金融资产交易所、广东金融高新区股权交易中心等利用互联网头部企业的技术优势，优化中小微企业资产流转流程，缓解了中小微企业财务信息不健全、资产确权难等问题，加快了资产流转效率，降低了金融服务成本与风险。

第九章　中国数字普惠金融发展问题的宏观对策研究

数字普惠金融要求金融服务具有更广泛的覆盖性、更突出的数字性和更显著的长尾特征，这要求数字普惠金融比传统金融拥有更强大的信息储存和处理优势，使其能以更低的边际成本获得可持续经济利益。但是，发展数字普惠金融是一项系统性工程，要求多方合力推动，其中宏观对策是顶层设计的前提基础。

第一节　逐渐完善法律规章制度

一　政府主导推进数据要素市场建设

（一）政府部门要加快推进数据要素市场建设，在数据有效保护的前提下，进一步发掘数据资产价值

首先，数据资源的产权确权立法，规范数据市场，抑制市场乱象。明确规定个人数据和企业数据的所有权、使用权、处分权和收入权归属，加强数据财产侵权的保护和执法，确保数据相关者的正当权利和利益。其次，完善数据安全监管，推动数据的有效流转，实现数据的市场价值。政府和学术界应积极探索数据定价机制、确权方式，确保数据市场有效流转，这是激发数据市场活力，构建基础数据有效市场机制的前提。同时，政府需要对互联网企业的数据安全进行监管，防止数据垄断和滥用，严格监督数据泄露和数据盗窃等违法行为，加强警告和处罚。最后，改进数据要素的交易系统。更新数据要素交易模式和交易规则，并不断改进技术支持，规范数据交易（共

享）市场。

（二）监管部门要对金融创新的探索采取包容审慎的态度，形成允许试点、试错纠偏的制度环境

商业银行的数字化转型意义重大。在数字化转型中，不可能一帆风顺，只有经过不断试错，才能找到数字化转型的最优路径。如何破解商业银行数字化转型所要求的宽松监管环境和保持金融体系安全稳定的矛盾是对政府政策有效性的重大挑战。这要求：一是加强金融监管的顶层设计，适时推出有效政策。在商业银行数字化转型的过程中，需要重新评估现有政策体系、监管模式的适用性，确保政府行为的有效性。同时，在数字技术快速发展的时代，政策体系需要根据金融市场实时状况，快速动态调整，维护市场稳定，确保市场有序发展。二是引入柔性监管政策，强化政府金融监管服务市场主体能力。银行数字化转型客观上需要更加宽松的监管环境，这是赋予金融市场数字化转型的前提，但金融风险具有跨区域性、感染性、迅速性，这导致局部的金融风险可能造成金融市场整体动荡，不利于金融市场的稳定发展。为进一步破解金融机构数字化转型和金融市场有效监管之间的矛盾，提升金融机构数字化转型动力，确保金融市场稳定，政府需建立“沙盒监管”机制，即由点及面，通过设置试点地区、试点企业总结监管经验，不断完善监管机制。

二　明晰行业边界，打造数字普惠金融的国际高地

（一）明晰行业边界

数字普惠金融是由新技术驱动的普惠金融新模式。目前，在数字普惠金融发展过程中，违法筹资活动和合法筹资活动之间没有明确的法律界限，筹资行为缺乏严格规范。同时，非法集资活动未能及时监管，金融活动参与主体的正当权利和利益未得到有效保护。因此，中国必须做好顶层设计，制定数字技术快速发展背景下的数字普惠金融整体规划，明确数字普惠金融界限，确定数字普惠金融发展绩效评估指标。同时，国家应遵循科学、安全和包容性的原则，制定和改善相关法令，进一步规范数字普惠金融市场，严惩数字普惠金融领域的违法犯罪行为，为经济健康发展创造良好的法律环境。

（二）加大普惠金融法律配套政策支持

为了维持金融体系稳定，推动数字普惠金融快速发展，政府应致力于改善相关法律、法规和扶持政策，建立健全、稳定、可持续的数字普惠金融市场政策体系。缺乏明确的数字普惠金融业务规范和相关扶持政策是数字普惠金融发展面临的主要问题之一。因此，我们必须积极调整和完善数字普惠金融法律体系，制定推动数字普惠金融发展的支持政策。第一，需要建立以激励为导向，促进商业银行拓展数字普惠金融服务，鼓励商业银行创新金融产品，动员金融机构积极参与数字普惠金融业务，保证商业银行数字普惠金融业务可持续性的措施。第二，政府应遵循“有效激励、宽松环境”的原则，为包括商业银行在内的金融机构提供政策支持，特别是给予适当的风险补偿，引导金融机构通过保险分散风险，提升数字普惠金融业务模式的可持续性。第三，多角度激励金融机构开展数字普惠金融业务，确立支持数字普惠金融服务稳定发展的长效机制。政府应该对包括资金风险补偿、普惠金融差别化准备金率、税收优惠等给予更多的政策和财政支持，同时，完善政府金融大数据平台等公共资源，控制数字普惠金融风险。第四，营造安全有序、充满活力的金融市场环境。在建立公平竞争的市场环境和信用风险可控制的前提下，将小额贷款公司、村镇银行和地方银行纳入中央银行的统一结算系统，提升政府监管的有效性。同时，给予金融机构在贷款利率方面更多自主权。第五，加强信用、产业、金融、税制、投资政策的协调与合作，提高金融资源配置效率。综合利用差别化税收制度、再贴现、风险保险、再贷款等政策工具提升数字普惠金融市场发展效率。

（三）打造数字普惠金融的国际高地

在当今日益激烈的全球金融竞争环境中，金融技术已成为重要的改革力量，这对数字普惠金融的创新发展和模式推广带来了新的可能。中国作为数字普惠金融发展与金融科技的领头羊，应该加强数字普惠金融市场运行机制与支持政策研究，并将中国数字普惠金融的可持续发展经验反馈给其他国家。一是鼓励数字普惠金融公司拓展业务范围，改善数字普惠金融发展环境，打造以金融技术进步为引领的全球数字普惠金融发展高地。二是积极探索有效推动数字普惠金融商业模式可持续发展政策支持体系，确保数字普惠金融业务由政府“输血”向金融机构“造血”方向发展。同时中国政府应做好总结、宣传工作，为其他国家和地区的金融监管机构提供借鉴，提升中国全球数字普惠金融产业地位。

三　完善数字普惠金融服务的制度体系建设

金融的本质是契约，金融产业的基础设施也包括法律和会计、信用等在内的制度体系，是数字普惠金融持续发展的基本保证。为了构建数字普惠金融可持续发展体系，应密切关注数学普惠金融市场的新情况、新问题，不断完善相关法律、法规和扶持政策，建立健全稳定的商业可持续的数字普惠金融市场体系。

（一）构建多层次的数字普惠金融产品体系

数字普惠金融是指为了促进普惠金融发展，发挥数字技术优势，以云计算、区块链、人工智能、大数据为代表的新型数字技术为契机，为无法获得金融服务的“长尾群体”提供有效的金融服务，缓解金融排斥问题，降低金融服务成本。在过去几年里，余额宝、借呗、花呗、京东白条、美团支付等数字金融平台，作为开展数字普惠金融业务的重要载体，体现了数字普惠金融的特性和发展方向。因此，应构建多层次、多主体的数字普惠金融体系，创新和扩大数字普惠金融产品和服务体系，健全和完善数字普惠金融行业法律体系，更好地满足金融服务于“长尾群体”的目标。政府应鼓励、支持和引导各类金融科技企业的技术革新，积极加强大数据与云计算技术结合，重塑风险评估体系，提升数字普惠金融机构的风险控制能力，降低违约率，确保数字普惠金融市场稳定。同时，发挥人工智能和区块链的技术优势，利用智能合约、分布式记账技术优化金融业务流程，淘汰高边际成本的人工审核流程，降低数字普惠金融业务成本，推动金融产品和服务创新，打造灵活多样的存款和融资、理财、结算、保险、支付、保理等多样化的数字普惠金融产品体系，更好地为农村低收入群体和小微企业提供金融服务，提升数字普惠金融发展的内生动力。

（二）完善数字普惠金融法律配套政策支持

积极完善数字普惠金融法律配套政策支持。一是确立以激励为导向的政策体系，引导商业银行提高数字普惠金融服务的数量与质量，有效保证商业银行的市场份额。完善数字普惠金融法律配套政策，支持和鼓励商业银行创新金融产品，调动金融机构参与数字普惠金融的积极性。二是政府应按照“多予、少取、放活”的原则，加大对普惠金融机构的政策扶持力度，特别是对风险予以合理补偿，通过担保和保险分散风险，实现资金回流。三是坚持在财政、税收和存款准备金政策上给予普惠金融机构一定优惠，建立扶持普惠金融发展的长效机制。四是政府应给予普惠金融机构更多的政策与资金支持，包括共同出资设立风险补偿金，对贷款给予税后优惠等。五是加强信贷、产业、财税、投资政策的协调配合，综合运用再贷款、再贴现、差别准备金等货币政策工具和财政贴息、税收优惠、差别税率、先税后补等财税政策工具，提高金融资源配置效率。

（三）建立激励机制，鼓励金融机构开展普惠金融业务

在过去几年里，数字普惠金融业务的快速发展、数字普惠金融业务试点任务的逐步完成，为中国发展数字普惠金融积累了大量宝贵的经验。现阶段数字普惠金融业务的政府激励机制主要体现在对中小微企业和农村居民等主体的支持上，手段方面主要是通过定向降准、优惠利率、专项信贷供给等，辅之以行政告诫、任务指派等方式推动数字普惠金融业务开展。行政属性强，数字普惠金融业务的内生发展动力尚未有效激发，数字普惠金融业务的可持续发展能力弱。一旦政策支持力度减弱，数字普惠金融产业迅速发展的形势必将急转直下，如何有效激发数字普惠金融业务开展的内生动力，实现数字普惠金融业务可持续发展，是政策制定者难以避免的问题。为此，在改进支持普惠金融发展的政策体系的过程中，中国政府必须充分发挥市场机制优势，通过转移支付、税收、市场准入规则、产业政策等手段的有机组合，形成长期和制度化的数字普惠金融政策支持系统，鼓励、支持和引导数字普惠金融产业可持续、健康发展。一是采取风险补偿、金融补贴、减税等积极的激励措施，同时帮助数字普惠金融机构降低运营

成本，为金融机构的发展提供便利的条件和制度环境。二是优化数字普惠金融市场准入规则，为民营资本进入数字普惠金融业务领域打开渠道，激发市场活力。三是进一步提高数字普惠金融的财政和税收政策支持力度，通过对地方数字普惠金融服务和普惠金融机构进行特定的金融折扣和税收优惠，使更多的资金流入数字普惠金融业务领域，扩大数字普惠金融市场规模。四是进一步改善数字普惠金融的风险补偿环境。探索建立数字普惠金融风险补偿基金，通过引入社会资本参与数字普惠金融风险补偿基金来提高数字普惠金融风险补偿能力。这要求以政府为主导，注入部分财政资金与数字普惠金融机构和基金机构合力搭建数字普惠金融的风险补偿基金，并按照一定的风险比例承担风险，支持数字普惠金融产业发展。

第二节　优化监管模式

一　要变革监管思路，更新技术手段，强化混业监管

由于互联网金融和数字技术的快速发展，混业经营、参与主体资质参差不齐等数字普惠金融市场的特征，原有金融监管模式难以适应数字普惠金融发展需要，这迫切要求中国改变传统的监管模式。如何利用大数据、云计算、区块链、人工智能、互联网等数字技术来提高宏观政策规制力度和金融监管效率，如何提升监管机构对数字普惠金融产业发展变化的洞察力，已成为监管主体亟待解决的问题。

（一）提升数字普惠金融的监管科技运用水平

数字普惠金融是基于数字技术优势开展普惠金融业务的重要物质载体，这赋予了数字普惠金融更多的技术属性。在技术属性加持下，金融风险暴露的形式、特征、表现与传统金融有所不同，自动数据化交易、风险识别难度大、金融产品创新速度快、风险感染的跨区域、跨行业等特征明显。同时，利用大数据、云计算等数字技术为客户画像，精准识别、判断、处理客户信用信息，预警潜在风险，降低风险损失，客观上要求更大的数据规模，这导致数字普惠金融机构混业经

营趋势显著，这对现有监管模式的适用性提出挑战。对此，监管机构应积极提升数字普惠金融的监管科技运用水平，有效满足数字普惠金融发展的新形势下对监管提出的更高要求。这要求监管机构形成以技术监管为主要方式的金融监管模式，主动提升自身技术水平，优化监管模式，加强对大数据风险的监控。一是发挥金融科技优势，将人工智能，大数据、云计算等数字技术结合风险控制模型，模拟外部冲击，探索并建立在数字化背景下数字普惠金融机构的有效监管指标体系，强化监管机构业务能力，有效规制数字普惠金融机构风险。二是把握技术中性原则，发挥技术服务数字普惠金融市场主体的优势。评估数字动态监管革新成本与收益，根据市场化原则，动态调整数字技术革新投入，避免盲目更新，导致投入效率低下问题，引起金融监管混乱。

（二）提升政府数字化监管能力，优化数字经济发展环境

中国处于数字技术开发的初期阶段，数字普惠金融发展的实践经验难以满足数字化监管革新要求，政府数字化监管能力有待提升。为了加快提升政府数字化监管能力，优化数字经济环境，本书借鉴发达国家的经验并结合中国的数字普惠金融发展的实践经验，从以下几个方面，为提升政府数字化监管能力，优化数字经济环境提出建议。一是完善数字技术和数字普惠金融发展的相关法律，为提升政府数字化监管能力构建适合的监管环境。中国与发达国家相比，在规范数字技术标准方面暂时滞后，这要求政府充分借鉴如美国等发达国家的数字技术法律规范，并结合中国数字普惠金融发展特征，因地制宜、因时制宜，不断完善数字技术和数字普惠金融发展的相关法律。二是侧重监管体制机制的数字化改革。推进中央政府建立推动数字普惠金融发展领导小组，制订监管体制机制改革的总体政策计划，调整相关领域的责任主体。三是整合政府数据资源，加强数据资源的开放共享。改善数据资源共享机制，建立国家级的数字服务平台，充分发挥数字资源的规模优势，实现数据资源的跨部门、跨地区、跨行业流动。四是加强人才培养，提升数字化发展潜力。提升大学和科研机构的投资比例，培养本地化的数字人才。同时，通过信息技术的宣传和训练，提

高数字技术和政府职员的数字技术应用能力，推动政府数字监管的专业化发展。

(三) 强化混业监管，减少数字普惠金融风险损失

作为中国经济发展的支柱产业之一，金融业在中国实体经济的发展中发挥了重要作用。金融业的健康发展和科学监督是不可分割的。目前，由于监管不到位，数字普惠金融已成为互联网金融风险暴雷重灾区。为了减少数字普惠金融发展中的风险，发挥政府监管在数字普惠金融发展过程中的重要作用，需要实现数字普惠金融监督标准化，明确主体责任，提升政府的混业监管能力。

首先，制定与传统金融监管不同的数字普惠金融监管新框架。数字普惠金融和传统金融非常不同，如果被过度监管，它会阻碍金融创新，降低金融服务效率，对经济发展产生负面影响。因此，我们要把握监管与创新之间的适当平衡，制定合理的金融监管政策，并根据具体情况实施“监管沙盒”，以适应数字普惠金融发展的具体情况，全面激发数字金融产品开发活力，有效降低金融风险。其次，重点是加强对数字普惠金融产品和技术的监督。目前，一些国家的中央银行正在开发法定数字货币。数字货币可减少交易成本，缩短交易时间，满足更多金融主体的需要。由于区块链具有分散化、信息透明的特征，所以不必害怕交易信息的恶意篡改，进而能够有效建立缔结交易的信赖关系。因此，我们必须加强对数字普惠金融链的金融技术的审计和验证，以推动数字普惠金融有序发展。最后，强化混业监管。中国现行的金融监管是以“一行两会”为核心的分业监管。由于数字普惠金融风险的交叉和渗透的特性，分业监管难以有效帮助相关监管部门识别和管理风险，影响监督效果。因此，要加强各监管部门的协调，进行有效沟通，加强混业监管，提高风险管理能力。

二 提升普惠金融监管能力

(一) 健全普惠金融监管体制

有效的监管体系是维持金融市场秩序，推动数字普惠金融发展的基本要求。目前数字普惠金融监管体系不健全，导致数字普惠金融市场参与主体资质参差不齐，诈骗、信息盗卖风险增大，数字普惠金融

市场不稳定等问题突出，现有数字普惠金融监管体系难以满足数字普惠金融发展的实际需要。因此，需要进一步更新数字普惠金融监管理念，实施对重点主体的业务严格监管与对次要主体适度监管的差异化监管模式，推进数字普惠金融风险识别、测度和预防，加快建立包括政府部门、行业协会、金融机构内部控制在内的多层次普惠金融监督系统。第一，建立和改进数字普惠金融管理系统，形成以中国人民银行为中心，多主体参与的数字普惠金融风险监测社会网络系统，构建数字普惠金融机构内部审计，第三方审计和政府审计相结合的审计制度，并建立有效的政策调整机制和信息共享机制。第二，改革普惠金融监管机制，推动监督权与管理权分离，满足对于混业监管的需要，同时，设立区域性金融行业管理协会，加强数字普惠金融的行业自律监督。第三，改进监督方式方法，以科学监督替代行政监督。第四，利用互联网等技术手段建立远程监测平台和数字普惠金融运营风险分析和预警系统，加强系统金融风险监测和分析，建立信息资源共享机制，及时交换信贷主体信息，加强对贷款人的信用状况和资本运作情况的监测。

（二）构建数字普惠金融的长效监管机制

首先从数字普惠金融市场混乱和监管缺位、越位的角度来看，目前的监管重点是建立长效监管机制。应尽快将各类数字普惠金融服务纳入监管框架，明确各类监管主体责任，缓解监管缺位现象。其次，赋予监管主体机构一定自主监管权限，为数字普惠金融产业创新提供有利的监管环境。由于中国幅员辽阔，各地区经济、社会、文化发展的差异较大，监管方式需要按照地方条件对各地金融机构实行差别化监督，有效激发监管活力。最后，监管部门应总结、分析各地区数字普惠金融产业发展的实践经验，帮助了解数字普惠金融创新的过程、风险和优势，优化科学合理的监管体系。

（三）适度监管与差别监管相结合

数字普惠金融作为利用数字技术快速发展的新金融业态，仍处于成长阶段，这要求在总体风险可控的前提下，放宽监管环境为数字普惠金融创新和试错提供包容性的市场环境。因此需要推动差别监管与适度监管相结合的金融监管政策，既要将金融风险控制在一定范围内，又要为数字普惠金融发展提供有包容性的市场环境，推动数字普惠金融发展。由于存在各类数字普惠金融机构，其产品运作特征、风险暴露程度、业务覆盖范围、技术特性等差异较大，所以很难建立统一的监管规则和风险测度模型。针对差异化的数字普惠金融业务类型，需要根据风险规避程度、商业复杂性、利益相关者类型、行业关联性等因素，对监管范围进行细化，并按照一定的划分标准，将数字普惠金融业务类型准确划分，分别导入差别化监督模式。对潜在风险高、覆盖范围广、社会影响大的数字普惠金融业务持审慎监管态度，对社会综合效益大、金融风险可控的数字普惠金融业务施行适度监管策略，并总结监管经验，提升监管能力。

三　完善数字普惠金融体系

健全的数字普惠金融体系是保证数字普惠金融市场活力，体现监管有效性的重要内容。当前，中国数字普惠金融体系仍然存在很多问题。不健全的数字普惠金融体系限制了地区数字普惠金融的发展。因此，应该加快和完善信用体系建设，拓展融资渠道，建立多层次的普惠金融体系，加强对数字普惠金融跟踪研究，从宏观层面构建和完善普惠金融系统。

（一）加快完善信用体系建设

足值抵押资产和银行的存款准备是银行授信的前提条件。现阶段，数字普惠金融服务的“长尾群体”如中小微企业、个体工商户、农户等主体的金融知识不足，缺乏运用现代金融工具实现其目标的意识，这导致其信用和风险意识淡薄，未有效进行信用管理，进而导致数字普惠金融业务缺乏完备的社会征信系统，由此使得数字普惠金融产品供需双方的信用信息不对称。为此，应积极加快信用体系建设。一是依据本地征信体系的特点，尽快提升大数据分析能力，加快推进数字普惠金融的大数据征信系统建设，将互联网公司、征信企业、村镇银行、小额贷款公司等机构的数据纳入征信系统。二是重点做好对低收入群体、中小微企业等的基础信息的收集、加工和评价工作，进一步建立和完善信用机制，破解信息不对称难题，推动数字普惠金融业务的顺利开展。三是提升数字普惠金融目标客户的金融素养，建设诚实守信的金融市场运行环境。

（二）拓展融资渠道，建立多层次的普惠金融体系

数字普惠金融服务的“长尾群体”存在抵押资产不足、财务信息管理制度不完善的问题，这进一步强化了银企间信息不对称程度，导致其难以通过股票和债券等方式直接融资，也难以通过银行贷款间接融资途径满足自身的融资需求。因此，需要建立多层次的数字普惠金融体系，丰富“长尾群体”的融资渠道。中小微企业私募债、借呗、美团借钱、新三板、区域性金融资产交易所等多种融资渠道成为“长尾群体”可能的融资渠道。政府需要制定政策，支持引导各类金融机构有序参与数字普惠金融业务，在信贷、支付、理财、转账、结算等诸多领域，推动建立专业化的数字普惠金融机构，满足“长尾群体”金融服务需求。

（三）加强对数字普惠金融跟踪研究

随着金融技术的不断发展和进步，数字普惠金融概念、广度、形态和深度必须紧跟时代步伐，并继续向更高的水平扩展。因此，对于数字普惠金融发展，需重点鼓励科研机构与研究性大学开展数字普惠金融的相关研究，特别是针对新的市场情况，通过持续商业实践调查，利用现有科研力量反复论证，探讨新问题，形成新对策，不断完善数字普惠金融的支撑体系，加深对数字普惠金融的理论理解，并持续更新支持政策，优化对数字普惠金融的支持政策。

第十章　中国数字普惠金融发展问题的中观对策研究

第一节　强化信用管理

普惠金融需求得不到满足的原因之一是“长尾群体”没有规范的财务报表，财务信息既不完整又不透明。同时，由于缺乏完备的社会征信系统，难以搜寻“长尾群体”的信用记录（胡斌，2015）。而有关债务人的财务状况、信用记录等信息恰恰是银行所迫切需要的。因此强化信用管理是一项重要的系统工程。

一　建立全国开放、统一的信用数据库

中国政府职能部门和金融机构建立了信用数据库。其中，中国人民银行在银行信用体系基础上建立的全国企业信用信息基础数据库被认为是目前最完整的信用数据库。国家工商行政管理总局也建立了全国企业信用信息公示制度，公示市场主体的登记、备案和监管信息。但是，政府职能部门建立的信用数据库与金融机构信用数据库在统计口径和信息量上存在较大差异。一些金融机构无法查询中国人民银行征信系统数据库中企业和个人的信用记录，这在一定程度上影响了贷款发放的安全性。因此，有必要从信用管理、大数据等角度，利用数字技术来维护和实现信用价值。

优化信用管理，维护信用价值。信用的价值创造离不开信用的维护和有效管理。信用管理是指金融机构对信用交易进行科学管理，以控制信用风险的特殊技术。信用管理的功能主要包括五个方面：信用

调查管理（信用档案管理）、信用管理、账户控制管理、商业账户收款管理、利用信用调查数据库开发市场或推广信用支付工具。在现代社会，个人信用信息管理主要是指对个人信用相关的基本信息进行管理，如个人居住、学习和工作经历、财产收入状况、工作绩效等进行动态、全面、系统的记录、收集和整理，由国家机关在社会管理和执法过程中按照相关法律法规，形成全国统一的个人信用信息数据库。国家机关在履行职责过程中，有权按照规定的权限和程序在自己的职权范围内使用信用信息。个人也可以自行查询和使用信用信息，或根据需要授权特定单位和客户查询信用信息。企业作为独立的法人实体，也是信用管理的重要参与者。企业需要依法提供办公地点、经营状况、财务状况等基本信息，对资金流量、纳税等与企业有关的信息进行综合计量、记录、整理，形成统一的企业信用数据库，在国家规定的权利和责任范围内，按照规定和权限合理利用信用信息。随着信用活动的发生和发展，信用信息不断积累和完善，形成了对信用价值的直观反映和判断依据。个人和企业信用信息作为信用审批的重要参考，广泛应用于信用审查。对于金融企业来说，良好的信用管理可以减少坏账发生的可能性，提高后续信用的可持续性。

挖掘金融技术价值，实现信用价值。借助大数据和云计算的数据挖掘、量化存储和快速处理的优势，现代信用管理体系进一步完善，信用管理绩效不断提升。可以说，大数据是实现信用价值的一座新金矿。在大数据的背景下，所有数据都可以成为信用数据和金融数据，可以转化为重要的价值评估依据。首先，大数据收集了所有可用和可存储的信息，大大扩展了传统手工数据信息收集的边界。每天网络和云系统中产生着万亿量级的数据，这些数据包含个人或企业的基本身份信息、工作条件、消费记录、兴趣爱好信息、口碑状况、犯罪记录、社交圈状况等（郝剑华，2018）。然而，这些数据也显示了互联网信息的实时性、碎片化和混乱性特点。这些特点大大增加了传统手工信用信息数据采集的难度，不利于海量数据的处理与利用。大数据和云计算为数据的选择和清理提供了有效的解决方案。利用大数据技术，实现了网络信息的自动采集、提取和自动清理，大大提高了征信效率和征信质量。其次，云计算加快了信用识别的效率，极大地提高了信用服务的质量，如利用互联网和大数据技术，借款人的信贷审批流程大大加快。大数据可以准确定位网络相关信息，使征信审核更加准确。最后，大数据为中国征信体系建设提供支撑，确保信用价值的实现。无论是企业征信体系建设还是个人征信体系建设，其实质都是数据采集。如何获取全面、及时、有效的数据，直接决定了征信建设在未来经济活动中的作用和意义。信用大数据的采集和处理为解决数据孤岛、完善征信体系建设提供了很好的解决方案。

二　加强社会信用文化建设

在现代社会，“信用”被赋予了多重含义。简言之，信用就是诚实、守信、守规矩。从道德的角度看，信用是指社会经济活动当事人之间在诚实守信基础上的行为表现；从法律角度看，信用是由合同内容决定的责任和义务；从经济学的角度看，信用是指授信人在完全信任受托人的基础上，以契约关系向受托人提供贷款，以实现其在商品交换或其他经济活动中的承诺，并确保其本金能够回报和增值的价值运动。因此，信用构成了人际交往、交易实现和借贷关系的基本要素。信用的价值创造与经济中的交易密切相关。信用作为交易的前提，是正常交易的重要参考，交易是价值增值的源泉和动力。一旦信用缺失，交易将被搁置，价值创造的道路将被阻断。同时，交易行为的完整性也会提升信用。只有不断积累信用，才能不断扩大交易范围和规模，个人价值或企业价值才能进一步提升。因此，信用创造的价值早已超越了简单的道德本身。信用的基本价值在于降低交易成本，平滑交易波动，追求价值增值。

生活中有许多形式的信用。社会上每个人都直接或间接地参与信用活动，形成自己的信用积累，即每个人都有信用。根据被信任对象的性质，信用可以分为组织信用和个人信用。组织信用包括政府、企业等社会组织的信用，而个人信用是个人行为的体现，是组织信用的基础。通过将信用提升到数据层面，我们可以得到信用数据库，包括基本信息、交易数据、财务数据等。在现代生活中，无论是人际沟通还是交易活动，都能生成信用，并容易被大数据捕获，并随着个人和企业的生存而继续存在。任何信用数据都可以作为价值创造的基础。通过信用价值创造与交易的互动，形成价值规模的增长，即信用创造价值。

因此，政府部门、金融监管机构和金融机构可以通过媒体宣传、校园教育、金融机构网点讲座等方式普及信用知识，宣传信用交易规则和诚信原则，帮助企业和个人培养信用意识。同时，制定违约惩戒机制和诚信激励措施，督促信用主体自觉坚持正确的经营理念和商业价值取向，优化金融信用生态环境。

三　完善信用管理体系

拓展信用数据信息源，完善大数据库。大数据技术极大地扩展了信用数据来源。从数据内容构成来看，传统信用数据（银行信用数据）的比例已经下降到40%，甚至更低，包括互联网上的行为数据和关系数据在内的非传统信用数据已经成为主要来源。在数据覆盖对象上，大数据可以覆盖传统征信系统没有覆盖的人群，即没有征信记录的人群。在数据及时性方面，大数据提供的是用户的实时信息，而不仅仅是历史信息。

优化信用计算，提升信用评估准确性。基于大数据的信贷融资不依赖于传统的财务报告和信用评估思维，而是通过企业自身的“大数据”对生产、流通、销售过程中产生的所有信息进行分析，打造一个大规模、高效、全风险控制、低成本的信贷评估模型，并利用计算机而非分析师计算企业的信用额度。

重塑信用管理。利用云计算技术可以很容易地处理大数据。随着大数据时代的到来，更多的是选择全面、完整的数据，将样本数据扩展到整体数据。大数据模型为我们提供了多个视角，可以更准确地调查细节，分析微观层面的情况，从而确保信贷管理的客观性。从第三方征信的角度来看，第三方征信机构提供的数据也应该在保证信息客观性和真实性的前提下被第三方使用。第三方征信机构的优势和核心之一是数据挖掘技术，它可以直接从第三方电子交易平台上挖掘数据，无须企业参与，从而确保数据的真实和有效。

提高信用管理的经济效益。用大数据解决传统的信用问题，可以从根本上解决对人力的依赖，使信用管理更加高效、经济。从数据收集的角度来看，大数据节省了劳动力成本。大数据代替人工数据采集，扩大了数据采集量，不仅降低了人工采集的压力，而且扩展了参考数据的来源。从数据处理流程来看，一方面，大数据避免了主观判断，保证了信息的真实性，快速高效。另一方面，它也有效地减轻了对劳动力数量的要求。从数据输入到评价结果输出的全过程由计算机算法完成，避免了主观判断的影响；在数据审核中，采用多数据交叉测试进行综合评价，可以有效地测试数据的真实性；即使同时处理多个评估对象，也能保证快速、准确、高效，避免人工和复杂劳动可能造成的错误。全面评估用户信用等级，对各行业、各职业给予独立的信用标签，解决审核员经验审计方法可能造成的错误。从数据处理结果来看，大数据保证了信用的实时性。大数据信用可以满足评估结果与信用信息的同步，当被评估对象的信用信息发生变化时，可以快速、及时地计算其信用，从而保证信用的实时性。

第二节　增强数字普惠金融模式的可持续性

一　充分挖掘数据价值，解决普惠金融高成本难题

金融机构利用云计算技术能有效降低运营成本和操作成本。一是发挥互联网金融的优势，打破时间和空间的限制，缓解传统金融机构信息孤岛现象，实现金融机构数据互联互通，建立可共享的大型数据库，降低行业金融服务成本。金融科技的最大优点是数据挖掘和使用。经过多年的建设，中国面向消费者的互联网系统基本完成。但是，产业互联网的建设需要更多的信息编码过程、更多的关联和更多的数据。应该把面向消费者的互联网推进到产业互联网上，从独立产业向大产业要素推进转型。中国必须建立一个数字生态系统，连接互联网、工业互联网、创新互联网和公共服务，更好地发挥数字技术融合转换和扩大数据容量的作用，完成中国经济发展的数字转型。

二　构建和形成“三位一体”的普惠金融组织体系

（一）商业性普惠金融

市场经济国家的经验证据证明，商业性金融机构是开展数字普惠金融业务的重要主体。商业性金融机构以利润最大化为目标，通过优化金融资源配置效率，重视个人利益诉求，成为金融市场资源配置的基础性力量。因此，商业性金融发展的现实道路是在实现现有商业性金融机构向特定地区（乡镇）与特定服务主体（农村居民、城市低收入者、中小微企业）拓展普惠金融服务的功能和业务的同时，逐步扩大商业性金融领域对民间资本的开放程度，引入民间资本参与数字普惠金融市场竞争，激发数字普惠金融市场活力，促进数字普惠金融机构的产品创新、业务流程创新和技术应用创新，以更好地服务“长尾群体”（低收入阶层、农户、中小企微业）。第一，在风险控制、授信额度定量的前提下，进一步下放中国农业银行、中国建设银行等金融机构的区县、乡镇支行的自主经营权限，为地区支行的数字普惠金融业务开展提供宽松的管理环境，进一步激发支行开展数字普惠金融业务创新积极性。第二，探索数字普惠金融业务的科学绩效评定机制，充分激发地区支行开展数字普惠金融业务的积极性，提高决策效率和市场竞争力。第三，积极引进民营资本，促进民间资本渗透到商业性普惠金融系统中。

（二）合作性普惠金融

合作性普惠金融强调“长尾群体”的“自主性、互信、合作、自律性、互助”的基本原则，注重“长尾群体”的长期利益。合作性普惠金融以协调性的系统概念，从农业、农村、农民、民间金融、商业金融、农村金融、区域金融等多方面建设普惠金融系统，为“长尾群体”提供数字普惠金融服务。从国内外经验来看，合作性普惠金融机构是最重要的金融供给主体之一，也是最接近“长尾群体”的金融组织。目前，合作性普惠金融为了满足普惠金融网点布局和信贷投资方面的资金需求，主要以地方信用合作社为主，辅之各类小型贷款公司的形式开展业务。因此，为了积极推进农村信用合作社改革，应积极引入民间资本，完善合作方法，探索长期合作模式，激活中小规模民营普惠金融机构业务开展积极性。第一，遵循“把握节奏，巩固基础，细致管理和严控风险”的原则。在地方政府和信用合作社的共同努力下，真正发挥合作性普惠金融作用；第二，积极探索合作模式，开发以农村银行、社区银行和农村互助合作社为主体的新型普惠金融机构；第三，加快步伐，切实推动小贷公司试点，积极探索小贷公司向农村银行转型的有效途径。

（三）政策性普惠金融

政策性普惠金融主要是指以政府政策为导向，引导金融机构参与数字普惠金融业务的方式，这种方式主要通过两条路径发挥政策性普惠金融效用。一是通过独特的制度性安排，鼓励、支持和引导商业金融机构的服务边界主动向“长尾群体”扩展。数字普惠金融领域属于新型市场，其业务收益、风险、成本等均存在较大不确定性，尚未经历充足的市场检验，这严重抑制了商业性金融机构开展普惠金融业务的积极性。政策性普惠金融是以数字普惠金融业务市场化推动为目标，借助一系列的制度安排，通过宽松监管环境、差别化税率、差别化准备金率、优惠再贷款利率等支持政策，提升商业性金融机构开展数字普惠金融业务积极性，激励商业性金融机构进入数字普惠金融业务领域。二是在商业金融机构不能进入、不愿进入的数字普惠金融发展的薄弱环节，充分发挥政策性金融机构的积极作用。积极探索，总结数字普惠金融的业务优势、薄弱领域和特征，通过中国农业发展银行等政策性支持银行弥补数字普惠金融业务运行的薄弱环节。

三　激活非正规金融机构的补充效用

以互联网金融机构和其他自助融资方式如地下钱庄、熟人借贷、典当、成员互贷会等形式所构成的补充性金融系统是普惠金融服务目标群体的主要融资方式。现有研究表明，由于农民和中小微企业信用信息不完善、足值抵押物缺乏、抗风险能力较弱等特点，正式金融机构融资的壁垒较高，难以满足该类群体的金融服务需求，因此，非正式金融市场的重要性远远超过正式金融市场。目前，非正式金融机构的发展面临以下问题：第一，信用规模较小。非正式金融机构的资金大部分是自有资金、外源资金量小，这决定了非正式金融机构只能发行小规模贷款，难以满足普惠金融群体发展所需要的信贷服务需求。

第二，非正式金融服务机构的业务覆盖范围很小。由于个人信息系统不完善，信息渠道单一和信息处理能力较弱，非正式金融机构一般难以识别借款人的真实信用状况，这限制了非正式金融机构的金融业务范围。因此，非正式金融市场被分割成小规模市场，金融资源难以形成整合性的高效利用。第三，合法的法律身份和信贷风险问题突出。非正式金融机构大多数未经法律认可，其组织、运营、监督、管理具有非标准化特征。由于非正式金融机构缺乏正式的交易规范和风险管理手段，一旦风险暴露，非正式的金融机构往往会使该地区的金融风险急剧恶化。

非正式金融机构在补充普惠金融市场、推进数字普惠金融业务发展方面，发挥着重要作用，但也存在一系列问题。如何充分发挥非正式金融机构的积极作用，防止负效用在构建普惠金融系统过程中的扩大，可行办法之一就是以市场为核心进行改革，有效地降低私营资本进入普惠金融业务领域的门槛。引导和发挥非正式金融机构在推进普惠金融业务过程中的重要作用。第一，通过进一步加强金融改革，改进非正式金融机构的监管模式，摸索建立“分类监管”系统，根据风险程度对各种类型的地方非正式金融进行分类，使具有相对稳定的资本规模、固定的办公场所和声誉较好的非正式金融机构合法化；同时，逐渐为地方非正式金融机构建立信用信息共享平台，共享客户信息，从而减少非正式金融机构的融资风险，保持金融市场秩序，充分发挥其与正式金融机构的互补优势。第二，加快金融创新，在数字普惠金融领域引入民营资本。为了继续支持非正式金融机构的发展，明确普惠金融支持政策，设立普惠金融产业协会，促进不同机构之间的交流与合作，使普惠金融运营标准化。同时，积极探索各类普惠金融产品运营模式，整合现有金融资源，创造弥补现有金融系统功能缺陷的条件。第三，降低金融机构设立的门槛，放宽各种金融机构的民间资本准入门槛，鼓励民间资本参加正规金融。例如，要积极推进社区银行和地方金融合作组织，设立地方协同银行，鼓励个人资本加入银行，将大量的自由资本吸纳到银行系统中。同时，鼓励设立民营银行来满足低收入者的金融服务和生产需求。而且，利用政策优势，鼓励、支持、引导非正式金融机构发展成为如村镇银行等正规金融机构，从事原有普惠信贷业务。

四 确立构建可持续性商业原则的核心地位

（一）普惠金融不等于政策补贴和扶贫原则

在实现金融服务普惠化过程中，我们不仅要为所有社会阶层和集团提供适当的金融服务，还要遵循商业可持续性原则。但是，在普惠金融开展的实践中，为了弥补中小微企业融资困难，以牺牲商业银行利润为前提，满足普惠金融群体金融服务需求的普惠金融业务推进模式难以形成开展普惠金融业务的正向循环，导致数字普惠金融业务开展的可持续性不足。为此，需进一步明晰普惠金融与金融扶贫的界限，在尊重金融机构盈利可持续性基础上，进一步探索数字普惠金融发展可持续性与金融扶贫的平衡模式，做到既增强普惠金融业务开展的可持续性，又保障数字普惠金融服务的可得性。

（二）商业市场化原则

普惠金融遵循的商业市场化原则是其可持续发展的前提。政府高度重视普惠金融发展，现已出台了许多鼓励、引导政策。但是，普惠金融发展的现实状况与发展预期差异较大。这主要是因为金融机构，尤其是商业银行，开展普惠金融服务内生动力不足。目前，商业银行普惠金融的发展主要是基于政治立场和监管评估的必要性，没有将普惠金融视为自身改革和发展的战略选择。商业银行多在政府“安排”下为承担激发普惠群体内生发展动力的社会责任开展普惠金融业务，这导致商业银行等金融机构发展与市场化的商业原则相悖，造成金融机构开展普惠金融业务的内生动力不足。为此，需要通过建立顶层制度和政策体制，在遵循商业市场化原则的基础上，充分发挥市场机制的作用，使商业银行等金融机构能够积极地进入普惠金融市场。

（三）成本收益原则

商业银行能否通过提供普惠金融服务获利是普惠金融可持续发展的重要因素。商业银行的信用成本由资本成本、人力成本、风险成本等构成。对普惠金融产品定价要遵循成本收益原则，在综合考虑商业银行综合成本的基础上，进行普惠金融产品定价，确保商业银行的融资价格必须能覆盖这些成本并获利，否则，它们可能减少在这个市场上的投资，甚至可能退出市场。

（四）服务可得性原则

数字普惠金融的服务可得性是发展普惠金融业务的重要目标之一。数字普惠金融的目标客群信贷信息不完全、抗风险能力较弱的特点，导致普惠客群的金融排斥现象严重，这主要体现在两个方面：一是，扩大普惠信贷的客群范围，增强普惠金融服务的可得性。这要求金融机构对现有信贷业务流程进行优化、创新，重新调整风险控制标准，探索合理、高效的信贷新流程、新风控指标体系，将普惠客群范围逐步扩大，提升普惠金融服务的可得性。二是，提升普惠信贷业务效率，加快普惠信贷业务办理速度，更好满足普惠客群的金融服务需求。普惠客群的行为特征决定了普惠客群的信贷需求具有“短、频、小”的特点，信贷的及时性对普惠客群意义重大。现有信贷流程的审批手续复杂、信贷时间长，难以适应数字普惠金融新业态的发展，这要求金融机构利用金融科技手段，在保证信贷风险可控的前提下，优化信贷流程，提升业务效率，更好地满足普惠客群的信贷需求。

第三节　推进数字普惠金融基础设施建设

一　完善数字普惠金融硬件基础设施

（一）完善全面的数字普惠金融基础设施

充分发挥金融科技优势，改善金融基础设施。数字普惠金融的核心是为所有社会阶层和集团提供有效、全面的金融服务，所以数字普惠金融服务的覆盖深度和广度要比传统金融服务有所改善，这将对金融基础设施提出更高的要求。

首先，加快金融科技的技术革新与推广应用。技术革新在普遍性和可持续性的方向上推进了普惠金融的进一步发展。普惠金融基础设施的构建主要是技术的发展和革新。云计算、大数据、智能终端、互联网领域的技术创新，能有效降低普惠金融运营成本，扩大普惠金融覆盖广度与深度，为普惠金融业务的开展提供了一种前所未有的促进全面金融服务模式革新的新工具，给中国的普惠金融发展带来前所未有的机遇。

其次，重视农村地区金融机构的数字普惠金融功能。地方政府需进一步重视农村地区金融机构服务功能的不足。中国人民银行、中国银行保险监督管理委员会应大力推进国有商业银行承担社会责任，将服务“三农”提升到战略高度，同时，不断调整和优化地方经济结构，逐步扩大地方金融服务可达性。

最后，加快金融业信息管理系统建设，加快建立中华人民共和国地方数据中心，加快推进农村金融服务试点范围，扩大农村金融服务试点规模和数量，提升农村地区的普惠金融服务水平。同时，重视金融科技研究，最大限度地利用互联网金融的特性，例如高透明度、低交易成本、便利性和高效率，鼓励和促进现代信息技术应用，如移动互联网、大数据、区块链和云计算，降低金融机构的服务成本，提升金融机构的服务优势。

（二）加速信息技术升级换代

数字普惠金融基础设施包括移动通信网络和支付手段等。一方面，政府应积极创建为低收入者提供的高品质、低价的移动网络服务，提升低收入者的网络覆盖率，扩大移动金融应用的普及，营造良好的数字普惠金融环境；另一方面，需要加强移动结算的创新和开发，创新支付服务，加强银行账户合作，减少支付成本，提高支付效率和成功率，增强支付安全性（吴善东，2019）。

金融领域技术革新的应用常常来自金融系统本身。金融生态系统供求匹配为金融领域的广泛技术革新创造了前提条件。例如，电子商务企业积累了大量的顾客数据和风险管理工具，在利用互联网上积累的数据开展金融业务以满足顾客信用需求的同时，激活了顾客利用在线金融产品，盘活沉淀资金的能力。技术革新带来了支付手段和风险管理工具的革新，扩大了金融服务的范围，提高了金融服务的效率，推动了金融行业的系统性发展。在过去几年里，随着大数据技术的快速发展和普及应用，数据规模快速增长，为各类风控模型优化奠定了数据基础。此外，移动互联网技术影响了消费者和中小微企业金融服务工具的使用习惯，普惠客户群充分利用网络和移动设备进行交易，快捷便利地获得贷款。在普惠金融领域，技术革新和普惠金融的发展，体现了金融发展与技术进步更加紧密的联系。

二　多维度构建客户基础性数据库

数字普惠金融的良性发展要求足够的客户数据资源，去解决信息不对称的问题。利用大数据技术与云计算技术基于客户行为数据，进行数据画像，形成数据风控，为客户提供金融服务，特别是信用服务。为了解决数据可用性、可靠性、正确性和适时性的问题，建立数据共享的机制，应在以下三个方面加强合作。首先，加强与政府部门的合作。由于地方政府掌握的数据占总数据的80%以上，需要加强与地方政府的全面合作，特别需要加强与人才、社会保障、金融、健康等政府部门的接触和沟通，加强系统对接，实现银行结算系统与这些部门系统之间无缝连接，及时掌握大量原始数据，如客户的社会保障、医疗保险、金融补贴等。其次，加强与电子商务企业和第三方企业的合作。电子商务企业基于电子商务平台的客户交易行为，积累了很多顾客资源和交易信息，并利用电子商务数据向顾客提供精准金融服务。例如，加强金融机构与天猫、拼多多和京东等电子商务企业合作，共享数据，共同向顾客提供信用的普惠金融服务。最后，加强与产业链、供应链、流通链企业的合作。这些链连接上游和下游企业，掌握了客户交易信息与上游和下游之间的商品和资本交易数据。通过掌握外部数据，挖掘并集成顾客的内部客户数据，将内部数据和外部数据结合起来，形成目标客户群的全景视图，为金融服务提供足够的数据基础。

第四节　重视数据管理，激活技术优势

一　平台构建与数据共享

（一）构建行业平台

基于战略合作理论，企业建立网络组织联盟，以扩大资源利用边

界，提高效率和降低成本，这在金融产业发展过程中发挥着重要作用。第一，标准化、规范化信用数据共享产业发展。目前，普惠金融市场有一些情况需要规范，其中解决融资和信用欺诈问题为当务之急。2015 年 9 月 15 日，网络金融风险信息共享系统成功上线，多个金融机构可以共享行业信用信息，实现双赢。一方面，通过简单的输入和查询，系统可以获取借款人的相关信息，并了解金融机构客户的贷款历史数据；另一方面，它可以避免一抵多贷问题。经验证据表明，多重负债是中小微企业拖欠信用贷款的重要原因之一，为了避免不必要的损失，可以通过查询历史记录来分析信用欺诈的可能性。近年来，中国的 P2P 网络金融行业急速发展，P2P 机构数量一度超过了 2000 家。在此基础上，要进一步完善普惠金融体系，丰富参与机构的数量和类型，为全面发展数字普惠金融创造良好的产业环境，促进健康发展。第二，推动普惠金融基础设施共享，全面降低金融服务成本与风险。现阶段，各种新的信息技术应用为普惠金融服务全面发展提供了重要基础。基于此，对于金融机构来说，基础设施的完善特别重要。为了促进整个产业的发展，更多的金融机构可以在行业中形成战略合作，可以在一定程度上共享基础设施。

（二）利用大数据共享破解信用难题

大数据作为新兴的技术手段，逐渐成为信用信息调查的基础。一方面，大数据从用户的行为习惯和喜好等多维综合数据出发，把握信用相关信息和信用关系，最终得到普惠客群信用评估值，这使得信用信息准确度更高，信息获取边际成本更低，可以更好地测度普惠客群的信用状况。另一方面，分析用户和市场中的大数据是信用产品设计和服务革新的有力工具。大数据是信用调查开发的基础，是对传统信用调查的突破和有益的补充。传统的信用调查方法是根据社会调查等线下调查的方式进行。显然，这种方法需要大量的人力、物力、财力，并且难以避免人类主观因素影响。因此，从收入和成本的平衡来看，银行只对高品质的主要客户进行信用调查，放弃收集一般中小微企业的信用信息，不能提供中小微企业与高净值客户相同的金融服务。大数据利用大量的信用信息、先进的数据处理技术和新的数据分析思维模式，打破了传统信用调查模式的限制，这有助于完善整个社会的信用调查制度，降低信用调查成本。

（三）建立健全多维度数据共享机制

整合政府部门、通信运营商、电子商务和用户位置信息等数据源，为城市低收入者、农村居民提供信用信息数据支持，促进社会信息的多层次共享机制的建立。同时，改进相关法令，推动对应的市场主体建立公共信息标准和信息交换、共享机制，以可靠性和安全性为前提促进信息交换和共享，充分发挥大数据技术的作用，提高数字普惠金融服务的效率。

二　风险管理创新：技术变革

（一）大数据获取海量数据

大数据指明了风险控制数据挖掘方向。基于互联网技术、大数据、云计算、区块链等技术收集、整理、分析、筛选普惠客群信用信息数据，为金融机构的风险评估提供足够的数据源。大数据源主要包括以下五个类别：一是电子商务网站的大数据。使用大数据进行风险控制的电子商务，蚂蚁金服可以被视为行业的先驱。在初期，蚂蚁金服建立了相对完整的大数据挖掘系统。蚂蚁金服大数据系统的数据资料一方面来自阿里巴巴、淘宝网等积累的大量交易数据，另一方面是由销售商的银行流水以及结婚证书、驾驶证书、学位证书等提供。总结所有信息后，利用云计算、人工智能技术进行信用评级。二是信用卡网站的大数据。信用卡网站的大数据也对普惠金融的风险管理非常宝贵。信用卡的申请是否被批准，信用卡类型、额度、还款状况等信用数据可以作为信用等级的基准数据使用。三是社交网站的大数据。腾讯信用是基于社交软件和移动社交平台大数据的在线贷款平台。该平台基于 App 软件的数据信息收集，利用用户的社会网络关系数据，进行信用风险的评估和管理。四是支付网站的大数据。第三方结算平台利用用户的消费数据进行信用分析。支付方向、每月支付量和购买的品牌可以作为信用等级的重要参考数据。五是生活服务网站的大数据。大数据支付平台提供如水、电、气、有线电视、电话、网络费等生活服务数据，反映了客观和真实的基本个人信息，是信用评级中重要的数据类型。

（二）大数据与风控数据加工

大数据为风险管理提供了良好的数据原料，保证风险管理和风险评估的准确性。一是作为风险决策的主要环节，风险管理数据的处理在风险管理中起着重要的作用。面对大数据资源，大数据技术可以保证用于风险控制的历史数据具有一定的宽度和深度。数据宽度表示风险控制数据源的多样化，数据的深度表示风险控制数据是否具有数字逻辑反映实际商业过程的能力。二是大数据准确定位风险管理数据的边界，即自动定位风险控制的对象和产业，深入描述其主要特征和风险管理点。例如，大学生的消费者贷款必须明确大学生的特点，农业机械和农具贷款必须考虑产业的位置和需求方向等。获得明确的边界后，可以智能地收集各种数据，通过模型计算和机器学习来处理。

（三）大数据推进风险决策模式优化

大数据的应用给金融企业带来了风险决策模式的革新。分析工具复杂度的增加，以及结构化数据和非结构化数据规模的扩张，促进了决策形式朝着数据方向的转换。一方面，通过多通道数据收集，可以更全面、准确、实时地掌握借方的信息，有效地降低由于信息的不对称性而引起的信用风险。另一方面，使用大数据技术可以发现不同变量之间的内部关系，形成更准确的决策模式。同时，大数据的使用会提高风险决策的效率和质量。大数据的合理运用大大缩短了金融服务的响应时间，扩大了信贷实时决策的范围。

三　提高数字技术水平，加强数字普惠金融风险控制

（一）完善数据保护机制

完整的数据和信息保护是数字普惠金融发展的基本保证。近年来，数字普惠金融在中国迅速发展，其发展水平已达到世界最前沿，对中国普惠金融发展产生革命性影响。然而，相应的风险控制问题越来越突出，如数据安全、隐私保护、信息泄漏等（胡滨、程雪军，2020）。英国新的数据保护法、欧盟的一般数据保护规则、美国的加利福尼亚消费者隐私法，均强调强化金融法制以加强数据和隐私保护。但是，现在中国还没有制定金融层面的数据和隐私保护相关法

律，客户的数据信息和隐私面临着巨大的泄露风险，为此需要根据数字普惠金融发展逻辑、行业特征、运行规律，有针对性地制定、完善数据保护机制，在确保数字普惠金融发展活力的基础上，充分保护信息主体的信息安全、隐私权利。

（二）发挥技术创新优势，提升风险识别及控制能力

数字技术可以促进金融革新，提高金融产品开发的透明度，减少金融风险，提高金融产品开发的质量。数字普惠金融风险的有效防止和控制需要强大的技术支持。一是关注技术革新，提高风险识别能力。数字技术的使用不仅在一定程度上减少了交易双方之间的信息不对称性问题，而且相对减少了普惠客户群逆向选择和道德风险。然而，由于数字普惠金融风险进一步扩大，影响比传统金融风险更大的范围，一些领域的风险可能进一步增大。因此，准确识别数字普惠金融风险尤其重要。首先，我们应该正确识别数字普惠金融服务对象特征。在数字普惠金融的应用中，依靠个人识别技术和网络技术，利用面部识别、指纹识别、录像等便利的手段，能够准确且有效地识别顾客信息，提高金融服务对象的识别精度，减少金融风险，促进数字普惠金融的健康发展。二是正确识别金融商品的风险。随着技术的革新，与数字技术相关的各种金融商品不断出现。数字普惠金融商品虽能激活金融市场，但也有潜在的风险。因此，在数字普惠金融发展过程中，金融产品应注意风险识别，及时发现其隐患，合理引导其发展。三是必须正确识别金融市场的风险。数字普惠金融环境主要针对包括宏观环境和微观环境在内的广泛领域。金融市场环境质量对数字普惠金融有重要影响。高品质的市场环境提供了良好的金融生态，可有效减少数字普惠金融风险。同时，在数字普惠金融的发展中，应注意环境监测，加强金融环境的风险认识，及时看清潜在金融风险，确保对金融风险的有效应对。四是提高数据管理能力。数字普惠金融更注重金融的普惠。其目的是“满足符合自己资产水平的融资欲望和能力的金融需求”，在评估企业和个人还款能力时，金融机构的传统实践是先调查借入方的资产信息、担保情况和过去的贷款记录，再决定是否提供融资支持。这可以提升对高品质客户的服务效率和降低贷款

风险。但是，这种风险防止和管理方法不能达到普惠金融的目的。大数据风险控制是基于互联网记录和存储的客户大数据，以特定的方式为用户提供信用评级的数据支撑，使用大数据技术处理和分析大规模数据，最后评估个人信用风险状态。由此，建立了自动风险控制系统。该风险控制系统有效弥补了传统风险管理模式的缺陷，提高了风险控制的覆盖面，大大降低了单个用户的信用调查成本，提高了金融服务的质量和水平，为数字普惠金融的健康发展提供了强有力的支持。

（三）提升技术水平，破解网络信息、数据的可信难题

网络信息和数据的高可信度是数字普惠金融业务正常运作的前提。如果网络信息和数据是错误的，或者是不完整的，将导致数字经济、数字社会和数字政府没有真正的决策基础，导致决策失误，对整个社会可能造成不可估量的损失。具体来说，这种对信息源可信度的要求体现在数据获取、评价、分类、运用的每一环节。在数据信息的采集与归集的过程中，利用大数据技术与人工智能技术对驳杂信息进行提纯，将少量的“误导”信息予以充分的筛除，保持信息源的“纯洁性”；在数据储存流动的过程中，利用区块链技术强化数据防篡改的特性，保证数据在使用和流通过程中的真实性。

第十一章　中国数字普惠金融发展问题的微观对策研究

第一节　提升数字普惠金融服务主体成熟度

一　加强普惠金融教育

开展金融教育，提高消费者的金融素养，是一国金融业健康持续发展的重要基础。公民的金融知识素质和信用文化在很大程度上决定了金融业发展的深度和广度。普惠金融的发展目标是让所有社会阶层和群体公平地享受金融服务。缺乏金融知识的人很难参与金融市场活动和进行合理的金融规划。其债务问题的发生概率很高，可能给个人和社会造成严重损失。

普惠金融主要服务于农民、老年人和低收入人群等弱势群体。他们具有相似的群体特征，如受教育程度低、观念相对保守、难以接受新事物等，以及有限的数字金融经验、缺乏数字操作技能和较低的风险承受能力，这使得他们积极接触和使用数字普惠金融服务的动机不足或频率较低（董玉峰、赵晓明，2018），在数字条件下，他们将离主流金融服务越来越远。因此，在推进数字普惠金融发展的过程中，既要突出数字技术的地理渗透性和可及性，又要采取负责任的态度和行为，充分考虑农村数字基础设施的现状，偏远地区和贫困地区以及当地居民的文化素质，特别是老年人的技术接受度和财务认知，避免对数字技术的盲目崇拜。

因此，普惠金融的发展要求消费者掌握金融知识，理解并能够使用各种普惠金融产品。金融教育可以增加金融消费者有效管理资金的知识和技能，让金融消费者利用学到的知识和工具做出更好的财务相关决策，改善个人经济状况。

第一，国家应开展全面性和普遍性并重的普惠金融教育。中国需要将普惠金融教育纳入国家发展战略，制定国家普惠金融教育发展规划，从全面性和普遍性的角度推进普惠金融教育。普惠意味着金融教育不仅要包括使用专业金融服务的知识和技能，还要包括个人和家庭的金融管理知识和金融技能，培养消费者的金融观念，规范消费者的金融行为。普惠意味着金融教育应该覆盖所有公民，包括金融服务的消费者、提供者和监管者。此外，我们应特别注意对农民、儿童和老年人的财务知识教育。农民是普惠金融的焦点，但他们普遍财务管理观念淡薄，不精通互联网技术操作。他们需要了解金融机构和服务，通过金融教育选择合适的金融产品。中国没有为儿童提供制度化的普惠金融教育。要尽快将普惠金融教育纳入中小学课程，教育孩子树立正确的金钱观，养成良好的金融习惯。普惠金融教育还需要为老年人提供金融指导，培养他们的风险意识，避免因缺乏金融知识而盲目跟随投资趋势造成财产损失。

第二，金融机构应主动开展普惠金融教育。金融教育的主体不仅应包括学校和金融监管机构，还应包括各类金融机构。基层金融机构中有大量的信贷业务人员，他们熟悉其金融产品的特点，可以方便地在金融机构网点周边开展普惠金融教育和金融产品宣传，缓解金融欠发达地区的信息不对称和贷款难现象，有助于提高金融机构的服务能力，扩大金融机构的业务范围。因此，政府部门协助、社会广泛支持、金融机构基层信贷人员一线实施的运作模式是行之有效的。但需要指出的是，金融机构开展的金融教育应以传授金融知识和技能为重点，提升“长尾群体”的对金融产品的风险认知，不能盲目宣传或营销其金融产品。

二　加强金融消费者权益保护

普惠金融的目标之一是保护金融消费者的权利，如公民的金融参与权和公平交易权。普惠金融的发展要求消费者掌握金融知识，有效利用金融产品。当他们在金融服务过程中受到侵害时，他们可以得到及时的保护。2015 年 11 月 13 日，国务院办公厅印发《关于加强金融消费者权益保护的指导意见》（国办发〔2015〕81 号）。《意见》指出，加强金融消费者权益保护是防范和化解金融风险的重要内容，对于提高金融消费者信心，维护金融安全稳定，促进社会公平、正义与社会和谐有重要意义。一是金融机构要自觉保护金融消费者的权益。保护金融消费者不仅是金融机构的义务，也是对金融从业人员职业道德的要求。保护金融消费者权益是金融机构树立良好形象、提高知名度、实现稳健经营的基础。金融机构要树立"以人为本、客户至上"的企业价值观，把金融机构的发展目标与金融消费者价值的实现统一起来，在发展金融机构业务的同时维护金融消费者的权益，建立公平、公正、开放的金融市场秩序和环境。具体来说，在金融交易过程中，金融机构应谨慎经营，采取严格的风险防范措施，保护金融消费者的资金安全（刘冬洋，2019）；积极向消费者介绍金融产品和服务的风险、责任、利益等信息，保护金融消费者的知情权；建立金融机构内部投诉处理机制，完善投诉处理程序，提高金融消费者投诉处理效率，保障金融消费者依法索赔的权利。

二是要充分发挥行业自律组织的监督作用，实行立体监督模式。立体监督模式包括行政部门监管、行业自律组织监督和社会监督。其中，行业协会等自律组织对金融活动的监督模式是实现金融业有序、规范、高效的重要环节。金融业自律组织在履行监督职责的过程中，需要完善发现问题的机制。金融消费纠纷一般是消费者向相关部门提出的投诉或诉讼，监管机构很少主动发现问题。自律组织应充分发挥灵活性和独立性的优势，及时发现金融消费活动日常监管中存在的和潜在的问题，在监管金融机构运作、获取信息、预测市场风险等方面变被动为主动。金融行业自律组织也需要主动建立跨行业金融消费纠纷监督平台，解决跨行业金融消费纠纷。

三是金融监管机构应加强对金融消费者的教育，提高金融消费者的安全意识，确立监管机构在保护金融消费者权益中的法律地位。以个人信息保护为例，我国和世界上一些其他国家有关个人数据保护的法律法规不完善，整个社会个人隐私保护意识淡薄，个人隐私交易和信息泄漏事件时有发生。无论是在国家法律层面还是在社会环境层面，与发达国家相比，中国对个人隐私权的保护都不够重视。建议进一步完善个人信息保护法律法规，加强个人隐私保护。

四是注意保护互联网金融消费者的合法权益。互联网金融业的快速发展吸引了众多运营商和消费者的参与。消费者利用互联网金融的便捷性参与金融交易并从中受益。然而，由于互联网金融存在诸多风险，给消费者权益保护带来了巨大挑战，尤其是立法滞后、监管能力不足，使中国互联网金融消费者处于更加弱势的地位（张春莉，2019）。保护互联网金融消费者权益，需要从政府、经营者和消费者三个方面入手。就政府而言，有必要澄清各监管机构的责任。监管部门应加强监管技术的应用，加强监管和执法；对于经营者而言，金融机构应充分披露信息，保护消费者的知情权和公平交易权，实现行业自律，引导金融技术健康发展；对消费者而言，消费者应认识数字金融交易的风险，提高金融专业化水平和风险防范能力。

三　提高各方对数字普惠金融的认识及接受度

监管机构、行业团体、商业主体应加强新技术、新产品的宣传和教育，逐步改变农户、老年人、其他特殊团体的金融认知，促使他们真正理解并接受日常生活中新的金融产品和工具，并基于数字技术提高对金融服务新形式的认识。例如，金融机构为了扩大普惠金融的受益者范围，可以通过在线、离线宣传频道和操作培训的组合来吸引顾客。因此，政府应普及与数字金融教育相关的法律知识，将数字金融的“普惠”特征的“福利”范围扩大到“长尾群体”，将数字化的金融知识转向基层，每年都在社区、学校、乡村输送金融知识。同时，我们还必须加强数字普惠金融服务提供商的业务培训，提高其服务意识，探索和实现双赢的合作模式，调动各方的热情，促进数字普惠金融可持续发展。

第二节　发挥银行数字普惠金融供给主体优势

近年来，金融技术的快速发展不仅给传统金融机构带来了数字化转型的机会，还为普惠金融的普惠性和商业可持续性之间的矛盾缓解提供了有力的支持。在《金融科技发展规划（2019—2021 年）》中，中国人民银行建议“发挥金融技术的有效作用”“实现普惠金融和金融科学技术的彻底整合和协调开发”。并且，在《关于深入开展中小微企业金融服务能力提升工程的通知》中，中国人民银行指出将增加对普惠金融技术的投资，鼓励开发在线产品，优化商业过程，提高中小微企业金融服务的便利性。国有银行和大型商业银行的数字转型为中小银行的数字化转型提供了重要经验。更重要的是，信息资源和强客户黏性是地方商业银行的特殊优势，有助于帮助其实现数字化转型和发展。

一　把握政策红利，厘清发展方向

（一）合理运用国家的普惠金融优惠政策

当前，中国政府正在积极推动普惠金融的发展，城商银行不仅要抓住当前的时代机会，更要利用好相应的政府优惠政策。一是充分利用普惠金融监管政策。中国政府 2015 年出台《推进普惠金融发展规划（2016—2020 年）》，同时，相关监管部门也陆续出台相应的指导意见和部门规章，如 2016 年银监会发布《中国银行业信息科技“十三五”发展规划监管指导意见（征求意见稿）》，提出要大力发展“互联网+普惠金融”以服务实体经济。并对金融机构实施差异化监管，补足银行业金融机构普惠金融服务短板，又比如中国银监会办公厅发布的《关于 2016 年推进普惠金融发展工作的指导意见》指出各级监管部门要严守不发生系统性、区域性风险的底线。因此，数字普惠金融供给主体需时刻关注最新的金融政策，利用银监会的差异化考核制度，更好地服务实体经济，做好普惠金融。二是合理运用优惠财政政策。为响应国家推进普惠金融，财政部和各地方政府部门也相继出台了一系列政策指导以及相应的财政优惠政策。城商银行等数字普惠金融产品和服务的供给主体可以充分利用财政优惠政策，如 2016 年财政部印发《普惠金融发展专项资金管理办法》，更好发展和推动普惠金融。此外，运用地方政府为推动和发展本地区的普惠金融所制定的地方政策及指导意见，并充分利用区域政策，比如有效利用对“三农”信贷的贴息、补贴、奖励等政策。三是扎实运用优惠金融政策。中国人民银行通过“货币政策+宏观审慎政策”双支柱政策体系，促进普惠金融发展。为此，可以利用央行对普惠金融的结构化货币政策，比如有效运用再贷款、再贴现、差别化存款准备金率等货币政策工具，有效开展和推进普惠金融，也可以利用央行将互联网金融纳入宏观审慎政策 MPA 考核之际，加快发展金融科技在普惠金融服务中的应用，使金融服务惠及更多领域，不仅提升城商银行自身金融服务效率，同时推进普惠金融的发展。

（二）确保金融为民、服务实体、科技向善、数据平权的发展方向

在推进金融机构数字转型的过程中，要确立全心全意为人民服务的宗旨，提高金融服务供给的品质，提升金融服务供给的技术手段，进一步增加金融创新，提供真正的普惠金融服务，更准确地服务中小微企业、城市低收入者和三农等经济、社会发展的重要领域和薄弱环节，更好促进农村地区和农民的贫困缓解，提升经济发展质量和效率。在此过程中，既要把握科学技术的革新原理，在促进数字化、商业化和加强数字治理的同时，我们既要遵守正确的金融服务创新理念，不从事假创新和过度创新，又要坚守初心与使命，确保创新的金融活动有用于人民，有利于社会。

（三）立足差异化竞争优势，以科技更新为突破口，制定数字化转型战略

“十四五”时期，金融科技逐渐趋于成熟，为商业银行的数字化转型提供了充足动力。为此，银行要遵循问题导向、结果导向，促进金融技术和金融产品的彻底整合，形成普惠金融的特色领域优势。同时，加速建立数字新银行，以提高商业银行市场竞争力。为了加强科

学技术在开发中的主要作用，创造新的金融业务增长极，构筑新的数字基础设施，改善业务治理模式。商业银行需要更好地利用人工智能和其他技术提高主营业务的数字化、智能化、便捷化，确保产品运行的安全性、稳定性、效率性、敏捷性、灵活性，重构商业数字化和数字商业化，加快提升数字操作和数字治理的能力。

（四）激活数字化技术赋能商业模式

创新是一个系统的项目。商业银行的数字化转型不仅是普惠金融产品和部门的数字化，而且是整个银行和整个集团的数字化。我们应该从根本上理解数字化转型是一个系统性的项目。商业银行的数字转型必须从“产品导向”转变为“顾客导向”，以服务国家战略，支持实体经济作为出发点和立足点，在满足普惠客群金融服务需求的同时，利用金融科技来改善普惠金融服务的适应性，优化商业模式，提升市场竞争力。竞争力提升的核心是通过数字化思考方式和手段实现业务经营、产品服务、商业过程、场景构筑，同时在各种商业领域中进行全过程审核，进而更好地推动规则再建、功能重塑，推进生态建设。这不仅仅是技术上的变化，也可以说是认知革命。这是一个用数字思维武装心灵的过程，它改变了数字哲学和商业哲学、日常习惯和工作方法，需要商业银行主动转变，积极适应。

二　激活技术效能，重塑业务模式

（一）利用科技赋能，再造业务流程

利用金融科技赋能全流程信贷模式，再造业务流程，实现贷前、贷中、贷后全流程的风控管理能力优化，达到降低信贷风险、提升信贷效率、增强商业银行竞争力的目标。一是贷前评估目标客户信用状况。利用金融科技的信息处理低边际成本优势，不断加强内部数据收集整理和接入外部数据库，利用云计算技术对工商、税务、购物等大数据的自动获取，建立专门的技术分析工具，利用人工智能技术，建立客户筛选、智能分类、信用评级与预警系统，不断优化贷款审查和批准的计分模型。二是建立人工智能自动贷中审批和人工负责制，即利用已有的信贷客户贷前大数据分析报告，根据商业银行的风险偏好，设定核心信贷风控指标，建立各类主体的信贷风控模型，并利用已有大数据与云计算技术对不断更新的大数据库进行算法优化，最终形成一套人工智能审核系统，贷中审批首先经过人工智能审核系统将信贷对象划分为优、良、中、差等多类信贷等级，其中对于人工智能审核系统评价为优的客户进行直接线上化放贷；对于良级客户排查信贷等级降级原因，由专业部门进行审批、核查，如满足银行风控要求则给予授信额度；对于中级客户，则利用金融科技，应用新的风险评估模型，从中级客户中筛选出次优质客户，经过银行线下审批后，确定授信额度与授信期限，中级剩余客户和评分等级为差的客户则施行严格的拒绝授信。三是强化贷后风险预警机制。利用大数据技术对信贷客户的日常动态数据进行分析，对账户状况、资金流、信用调查、担保等进行动态监测，及时捕捉客户的异常行为，实现客户风险水平的自动分类，进一步扩大企业触发预警风险信号后的贷款管理模式的适用范围，达到差别化的贷款管理目标，在发生早期预警风险信号后，可以进行人工干预，提高贷后客户管理检查效率。

（二）强化技术运用，提升服务效率

商业银行结合各类行业场景，不断提升商业银行在各类行业场景中的适应性，借助金融科技提升商业银行在行业场景中的服务能力。例如，将区块链技术应用于贸易融资场景中的供应链系统，利用区块链的可追溯性和防篡改性来解决上下游贸易的真实性验证问题，从根本上改变供应链金融业务的处理模式，使供应链金融业务成为大批量、可复制、可持续的标准化产品。商业银行依托供应链场景下的交易模式，通过提供在线申请，在线授信，将获得供应链场景下大量中小微企业客户。

在传统的商业模式下，商业银行提供的金融产品是标准化的产品，不能根据客户需求提供匹配的金融服务。与工业生产相比，农业生产更加分散和不同。商业银行很难找到农业生产经营的普遍规律来研究农业发展的资金需求，进而提供相应的金融服务。因此，传统农村金融的供求矛盾更加突出。灵活的区块链架构可以帮助商业银行以低成本准确定位农民的潜在需求，定制符合农业生产和农民生活特点的个性化金融产品。此外，借助区块链的可编程性，商业银行还可以

根据不同的应用场景、客户需求、客户结构和资本运营流程，创建相对独立的场景价值链，发现或重塑客户关系，延伸服务链，增加服务频率，不仅可以满足客户对金融服务的需求，还可以进一步提升客户黏性和价值贡献，实现供需双赢，促进农村普惠金融可持续发展。例如，在农业供应链金融中，供应链中的核心企业、上下游企业、商业银行和政府信息服务提供商可以通过构建联盟链连接到平台上。商业银行可以根据不同场景和客户需求提供融资方案，为农村中小微企业和农户提供更多机会。

（三）发挥技术优势，扩大普惠金融覆盖率

区块链技术的使用有效突破了地理障碍，为农产品交易、资金筹措、农村居民融资等活动提供金融服务。为了让被传统金融服务排斥的“长尾群体”获得金融服务，手机银行和其他金融服务得到了大力推进，同时，支付宝和微信等三方结算渠道正在急速发展。但由于农村商业银行数量较少、金融服务基础设施薄弱，智能手机、电脑等金融服务终端的价格较高，农村地区的网络建设滞后，农户的教育水平普遍偏低，导致新的支付方式如网上支付和数字钱包等数字工具的接受度提升缓慢，这造成农村居民特别是低收入阶层不能享受低成本便利的金融结算服务。为此，政府应主导，基于区块链技术建立一个集中式网络支付系统，各级银行都可以直接对普惠客群进行资金援助，无须复杂的结算程序，这样能简化金融服务过程，大大缩短交易资金的回报时间，加快资金周转，增加交易频率，提高资本安全性，扩大交易规模。同时，这有助于提高商业银行的积极性，改善农村银行的金融基础设施，有效增加农村资金的供给，扩大农村生产要素与产品的交易规模，拓宽农村中小微企业和农户的融资。

（四）把握技术特征，创新金融服务

创新金融服务是商业银行发展数字普惠金融的活力源泉。一是金融服务内容创新。当前，普惠金融的服务模式更多倾向于客户信贷，而其他相关金融服务较少，比如小额存款、理财、汇兑等。从普惠金融的服务广度和深度来看，普惠金融绝不仅仅是信贷，更是多方面、多类型的金融服务。中国区域差异大，城商银行更需因地制宜创新服务内容，提升数字普惠金融水平。二是金融服务产品创新。当今金融产品的同质化已较为严重，如何从激烈的竞争中突出优势，需要根据市场、客户需求结合自身的优势进行产品的创新和研发。从信贷产品来看，以“三农”贷款为例，基于信息不对称以及风险等考虑，金融市场上此类贷款以联合贷款为主且品种较少。为此商业银行需要利用金融科技优势，制定“一县一特色”的贷款政策。例如，在风险可控的基础之上，商业银行可适度下放银行产品研发权，鼓励基层行研发适合本地特色的金融产品，提高金融市场适应性和反应速度。在产品创新方面，城商行的“金果贷”“金蔬贷”就是因地制宜开发的优秀产品，相应地区可以参照进行产品创新。三是金融服务方式创新。金融行业的转型，从等客户上门逐渐转换为主动向客户提供金融服务。特别是，对于小微型企业、农户等更是需要主动出击，创新服务方式，比如参考市场上“银行+惠农政策+农户”“银行+地方政府+小微企业”“银行+信用村+农户”“银行+特色产业+小微企业”“银行+龙头企业+合作社”等方式开展商业银行的创新服务。

（五）内嵌技术内核，促进场景赋能发展

商业银行未来的金融业务将结合各类场景实现金融服务场景化。它们应该以服务场景为核心来构建商业模式，提高它们的金融服务功能。首先，提高场景获得能力。一方面，要与互联网平台和地方政府平台建立关系密切的场景资源，加强与税收、生活缴费、公积金等机构的合作，实现传统金融和非金融形式的有机整合。另一方面，商业银行充分利用银行内外数据，活用大数据、人工智能等技术，构建平台和生态体系，构筑开放平台，建立基于自我构建和外部引进的数字场景连接机制。其次，提高场景的响应能力，推动银行建立生态圈方案的金融服务系统，着眼于满足普惠客群“短、小、频、急”的金融服务需求，通过构建金融生态来维护客户，提高客户的黏性，并通过网络和在线思维，满足客户的各种需求，提高服务的精细程度，随时为中小微企业的生产和运营提供金融服务支持，促进商业过程的全场景在线和自动化，并及时应对客户在各种情况下的金融服务需求。最后，要提高场景赋能支持能力。商业银行将通过更灵活的市场导向系

统来促进科技部门的转型，同时在计划、评估和奖励方面，为扩大场景金融服务提供强有力的保证，实现金融服务的整体突破。

三　发挥技术优势，强化风险管理

（一）重塑风控模式，降低银行风险成本

为了提高普惠金融开发的质量和效率，商业银行必须提高与普惠金融发展相一致的风险防范和控制能力。一方面，在大数据模式下标准化风险识别和信用授权模式将取代传统的商业信用模式，以降低普惠金融的实质风险。在预融资和贷款阶段，商业银行基于多方安全计算技术以及银行结算、个人信用调查、各种黑名单等财务数据，更广泛地融入企业经营数据、生活缴费数据以及政府公积金数据库等外部数据，利用机器学习和人工智能技术构建大数据风险控制模型，准确地识别中小微客户与农户的信贷风险。在贷后阶段，大数据自动跟踪和监控授信对象情况并加强对融资企业市场信息的收集，系统分析风险信号，自动给予早期警告，减少银行工作人员的主观判断，减少信贷风险不报告问题，使信贷风险最小化。

另一方面，区块链技术可以减少信用交易成本。传统商业银行主要通过网站调查收集顾客信息。根据成本的考虑，顾客的信用评价应用于主要顾客身上，对“长尾群体”鞭长莫及。大数据信用调查大大减少了信息收集的成本，但大量数据的价值筛选也给商业银行带来了巨大的成本。通过数据产生和数据资源共享，区块链可以解决数据信托和数据孤岛问题，并从根本上解决信息维护成本高、数据延迟等。

（二）提升金融科技风控能力，形成风险管理闭环

商业银行在充分了解中小微企业的商业风险特性的基础上，使用数字技术，建立适合中小微企业特点的风险管理体系。首先，提高有效识别风险的能力。商业银行使用大数据、人工智能等技术，以全景的方式展示顾客的风险特性，提升识别顾客风险的精度，确保贷前、贷中、贷后的全流程高效管理。其次，提高科学决策、科学定价、智能审批能力。大数据风险控制模型具有信息优势，在预测风险时更准确。因此，深化大数据技术应用，建立动态的风险管理模式，实现贷款申请、信用授权、信贷批准的全流程自动处理和科学决策。最后，

提高智能监控和风险预警能力。持续监测和警告客户的风险状态，根据风险监测结果及时调整业务过程或商业系统，建立风险管理闭环机制，使用启动早期警告和控制过程的技术手段。

（三）加强数据管理，提升数据整合和应用能力

高品质的数据是商业银行数字化转型的基础。商业银行虽有很多金融交易数据，但商业银行必须确保数据收集、处理、储存和应用的准确性、可靠性、有效性、适时性和数据的连续性。同时，建立统一的数据标准，标准化数据管理，使用大数据技术有效地整合数据。另外，商业银行应强化不同数据形式的外部第三方数据管理，以统一外部数据和内部数据的质量和标准，实现内部数据和外部数据的统一应用。第一，加强数据洞察挖掘能力。商业银行可以积累很多顾客信息，并与外部公共部门连接以整合银行内部和外部的数据源，提高数据分析、风险识别、价值发现等能力。第二，优化数据的适用性。整合银行内部和外部数据，将数字资源转换成数据资产，促进商业数字化。同时，基于数据挖掘活动，确定有效信息，形成准确的顾客画像。构建数据模型，强化相互作用，建立内部和外部数据共享、全景数据视图，构建数据治理系统，提升客户风险识别、成本控制能力，强化数字金融产品创新，优化商业过程，促进数据商业化。第三，加强数据管理，营造良好数据环境。商业银行必须注意数据质量、标准化、科学性和精度，建立完善的数据治理框架，在遵守现行法律的基础上，获取和分析数据。

四 加强银行数据共享合作

许多数据具有重要的分布特性。只需合并不同数据就可以通过统一视图和数据画像来测量客户的信用评分和风险状态。商业银行应依托大政府、大平台和大市场，加强共享和广泛合作，共同构建多方主体共享数据的生态系统。

（一）加强与政府对接和数据共享，打开银政企合作共赢的良好局面

政府有很多信息和数据，涵盖诸多领域。据不完全统计，80%的数据属于政府资源。这些数据在金融行业有着非常广泛的应用需求。

同时，作为政府与企业之间的沟通、交流和业务办理的桥梁，各类政府平台也吸引了众多企业客户。商业银行积极联系政府，与政府建立直接的数据合作关系，一方面，有利于创造互补的利益，激活双向封闭的数据资源，另一方面，有利于充实和提高政府平台的功能，商业银行通过“功能参与”的形式，可以在政府平台上集成中小微企业的金融服务产品。银行可以通过政府平台的公共服务功能，充分发挥信息中介能力，不断优化商业环境，为商业银行的目标客户提供金融服务。

（二）加强与核心企业以及第三方平台的合作，优化供应链金融服务

商业银行将在由央企、全国性民营企业和地方企业代表的第三方供应链平台上加强系统对接，积极开展企业的商流、物流、信息流的记录、核查与使用。利用金融科技标准化各类主体数据资源，确保以核心企业为主导的产业供应链上下游数据信息的真实性与可靠性，强化数字信息的规模效应，利用云计算技术、人工智能技术，建立涵盖核心企业和上下游企业的综合风险评估智能风险分析系统，实现基于供应链的普惠金融产品链的延伸，在金融风险可控的前提下，发挥金融科技赋能普惠金融产品优势，扩大普惠金融产品的服务主体范围，实现基于供应链普惠金融服务的社会效应与商业效应双提升。

（三）强化金融机构与优质数据源平台合作，开启普惠金融新模式

商业银行加强与各类平台的合作。推动商业银行与国家知识产权业务平台、支付宝平台、淘宝、京东、小米等各种高品质平台进行广泛合作。利用各类数据平台的专业价值、技术优势和创造场景的能力，充分发挥数据平台的优势，创新金融服务的线上场景。同时，商业银行可以使用知识产权、采购、销售、运输、仓库管理等数据来扩大各类数据平台的数据规模，提升数据质量，提高商业银行信用模型精度，降低信贷风险。

参考文献

巴曙松：《普惠金融的技术变革》，《21 世纪经济报道》2016 年 6 月 8 日第 4 版。

白当伟等：《普惠金融与金融稳定：传导机理及实证研究》，《上海金融》2018 年第 8 期。

班纳吉：《贫穷的本质》，中信出版社 2013 年版。

贝多广：《普惠金融：理念、实践与发展前景》，《金融博览》2016 年第 7 期。

蔡洋萍：《湘鄂豫中部三省农村普惠金融发展评价分析》，《农业技术经济》2015 年第 2 期。

曹炳汝、孙巧：《产业集聚与城镇空间格局的耦合关系及时空演化——以长三角区域为例》，《地理研究》2019 年第 12 期。

曹芳东等：《江苏省高速公路流与景区旅游流的空间关联及其耦合路径》，《经济地理》2021 年第 1 期。

柴瑞娟、隋禾：《中国民营银行的经营风险与法律规制——以美国社区银行为镜鉴》，《理论学刊》2016 年第 5 期。

陈斌开、林毅夫：《发展战略、城市化与中国城乡收入差距》，《中国社会科学》2013 年第 4 期。

陈丹、姚明明：《数字普惠金融对农村居民收入影响的实证分析》，《上海金融》2019 第 6 期。

陈慧卿等：《数字普惠金融的增收减贫效应——基于省际面板数据的实证分析》，《经济地理》2021 年第 3 期。

陈劲等：《反贫困创新：源起、概念与框架》，《吉林大学社会科学学报》2018 年第 5 期。

陈景华等：《中国经济高质量发展水平、区域差异及分布动态演进》，《数量经济技术经济研究》2020 年第 12 期。

陈卫东等：《我国城商行股权结构特征及优化机制研究》，《金融监管研究》2021 年第 4 期。

陈晓芳等：《数字金融能否提高居民创业的成功率?》，《福建论坛》（人文社会科学版）2021 年第 8 期。

陈啸：《普惠金融、关系型借贷与农村中小微企业融资》，《经济问题》2017 年第 4 期。

陈啸、陈鑫：《普惠金融数字化对缩小城乡收入差距的空间溢出效应》，《商业研究》2018 年第 8 期。

陈银娥等：《中国普惠金融发展的分布动态与空间趋同研究》，《金融经济学研究》2015 第 6 期。

陈莹钰：《普惠金融下中国农业银行服务“三农”路径探析》，硕士学位论文，烟台大学，2016 年，第 31 页。

陈元志：《包容性创新的商业模式：肯尼亚 M-PESA 的案例研究》，《中国科技论坛》2015 年第 1 期。

成学真、龚沁宜：《数字普惠金融如何影响实体经济的发展——基于系统 GMM 模型和中介效应检验的分析》，《湖南大学学报》（社会科学版）2020 年第 3 期。

程恩江、刘西川：《小额信贷缓解农户正规信贷配给了吗？——来自三个非政府小额信贷项目区的经验证据》，《金融研究》2010 年第 12 期。

程士强：《制度移植何以失败？——以陆村小额信贷组织移植“格莱珉”模式为例》，《社会学研究》2018 年第 4 期。

邓金钱、何爱平：《政府主导、地方政府竞争与城乡收入差距——基于面板分位数模型的经验证据》，《中国人口科学》2017 年第 6 期。

邓金钱、何爱平：《政府主导、市场化进程与城乡收入差距》，《农业技术经济》2018 年第 6 期。

邓向荣等：《美国社区银行效率变化及启示——基于 1992 年~

2014 年数据的实证分析》,《现代管理科学》2016 年第 2 期。

丁杰:《互联网金融与普惠金融的理论及现实悖论》,《财经科学》2015 年第 6 期。

董玉峰、赵晓明:《负责任的数字普惠金融:缘起、内涵与构建》,《南方金融》2018 年第 1 期。

杜洁等:《内生性脱贫视角下的农村妇女与合作组织——以山西 PH 与河南 HN 两个农民合作社为例》,《妇女研究论丛》2020 年第 1 期。

杜金岷等:《数字普惠金融促进了产业结构优化吗?》,《经济社会体制比较》2020 年第 6 期。

杜强、潘怡:《普惠金融对我国地区经济发展的影响研究——基于省际面板数据的实证分析》,《经济问题探索》2016 年第 3 期。

杜晓山:《小额信贷的发展与普惠性金融体系框架》,《中国农村经济》2006 年第 8 期。

杜晓山:《以普惠金融体系理念促进农村金融改革发展——对中西部农村地区金融改革的思考》,《农业发展与金融》2007 年第 1 期。

杜晓山:《中国农村小额信贷的实践尝试》,《现代经济探讨》2004 年第 2 期。

杜鑫:《市场化对中国城乡收入差距的影响:基于省级面板数据的经验分析》,《北京工商大学学报》(社会科学版)2018 年第 1 期。

杜兴洋等:《信息通信技术对普惠金融发展的影响——基于 2007—2016 年省级面板数据的实证分析》,《江汉论坛》2018 年第 12 期。

范兆斌、张柳青:《中国普惠金融发展对贸易边际及结构的影响》,《数量经济技术经济研究》2017 年第 9 期。

符林、侯英:《以社区银行为主体构建我国普惠金融体系研究》,《金融与经济》2014 年第 4 期。

傅长安等:《肯尼亚 M-PESA 手机银行发展经验及其对我国普惠金融发展的启示》,《武汉金融》2015 年第 10 期。

葛和平、朱卉雯:《中国数字普惠金融的省域差异及影响因素研究》,《新金融》2018 年第 2 期。

葛和平等:《中国数字普惠金融的省域差异及影响因素研究》,《新金融》2018 年第 2 期。

龚沁宜等:《数字普惠金融、农村贫困与经济增长》,《甘肃社会科学》2018 年第 6 期。

管睿等:《可持续生计框架下内生动力对农户家庭收入的影响》,《西北农林科技大学学报》(社会科学版)2019 年第 6 期。

郭峰等:《测度中国数字普惠金融发展:指数编制与空间特征》,《经济学》(季刊)2020 年第 4 期。

郭芙蓉:《哈佛框架下浙江网商银行财务诊断的案例研究》,硕士学位论文,南昌大学,2021 年。

郭建斌:《国外小额信贷可持续发展的内在机理及经验借鉴》,《农村金融研究》2011 年第 2 期。

郭丽虹、朱柯达:《金融科技、银行风险与经营业绩——基于普惠金融的视角》,《国际金融研究》2021 年第 7 期。

郭田勇、丁潇:《普惠金融的国际比较研究——基于银行服务的视角》,《国际金融研究》2015 年第 2 期。

郭显光:《改进的熵值法及其在经济效益评价中的应用》,《系统工程理论与实践》1998 年第 12 期。

郭兴平:《基于电子化金融服务创新的普惠型农村金融体系重构研究》,《财贸经济》2010 年第 3 期。

郭妍等:《农村数字普惠金融的经济效应与影响因素研究——基于县域调查数据的实证分析》,《山东大学学报》(哲学社会科学版)2020 年第 6 期。

郭永奇、侯林岐:《中国粮食主产区粮食农业绿色全要素生产率测度及影响因素研究》,《科技管理研究》2020 年第 19 期。

韩俊华、刘月:《互联网金融存在的风险及对策研究》,《安阳工学院学报》2017 年第 5 期。

韩晓宇:《普惠金融的减贫效应——基于中国省级面板数据的实证分析》,《金融评论》2017 第 2 期。

郝剑华：《电商征信中个人信息保护问题研究》，硕士学位论文，上海师范大学，2018 年。

何德旭、苗文龙：《金融排斥、金融包容与中国普惠金融制度的构建》，《财贸经济》2015 年第 3 期。

何德旭等：《金融排斥性与我国农村金融市场供求失衡》，《湖北经济学院学报》2007 年第 5 期。

何广文、李莉莉：《大型商业银行的小额信贷之路——兼论与新型农村金融机构间的合作机制》，《农村金融研究》2011 年第 5 期。

何宏庆：《数字普惠金融风险：现实表征与化解进路》，《兰州学刊》2020 年第 1 期。

贺茂斌、杨晓维：《数字普惠金融、碳排放与全要素生产率》，《金融论坛》2021 年第 2 期。

何学松、孔荣：《普惠金融减缓农村贫困的机理分析与实证检验》，《西北农林科技大学学报》（社会科学版）2017 年第 3 期。

胡斌：《缩小城乡收入差距中的金融政策研究》，博士学位论文，江西财经大学，2015 年。

胡滨、程雪军：《金融科技、数字普惠金融与国家金融竞争力》，《武汉大学学报》（哲学社会科学版）2020 年第 3 期。

胡滨：《数字普惠金融的价值》，《中国金融》2016 年第 22 期。

胡国晖、雷颖慧：《基于商业银行作用及运作模式的普惠金融体系构建》，《商业研究》2012 年第 1 期。

胡荣才、冯昶章等：《城乡居民收入差距的影响因素——基于省级面板数据的实证研究》，《中国软科学》2011 年第 2 期。

黄漫宇、曾凡惠：《数字普惠金融对创业活跃度的空间溢出效应分析》，《软科学》2021 年第 2 期。

黄倩等：《数字普惠金融的减贫效应及其传导机制》，《改革》2019 年第 11 期。

黄倩等：《数字普惠金融对农户创业选择影响研究》，《福建论坛》（人文社会科学版）2021 年第 8 期。

黄秋萍等：《中国普惠金融发展水平及其贫困减缓效应》，《金融经济学研究》2017 年第 6 期。

黄永兴、陆凤芝：《普惠金融能缩小城乡收入差距吗？——基于非线性与线性面板模型的检验》，《商业研究》2017 年第 6 期。

姜松、周鑫悦：《数字普惠金融对经济高质量发展的影响研究》，《金融论坛》2021 年第 8 期。

蒋长流、江成涛：《数字普惠金融能否促进地区经济高质量发展？——基于 258 个城市的经验证据》，《湖南科技大学学报》（社会科学版）2020 年第 3 期。

焦瑾璞：《构建普惠金融体系的重要性》，《中国金融》2010 年第 10 期。

焦瑾璞：《普惠金融的国际经验》，《中国金融》2014 年第 10 期。

焦瑾璞：《移动支付推动普惠金融发展的应用分析》，《首席财务官》2015 年第 Z 期。

焦瑾璞、陈瑾：《建设中国普惠金融体系：提供全民享受现代金融服务的机会和途径》，中国金融出版社 2009 年版。

孔祖根、叶银龙：《数字普惠金融的丽水实践》，《中国金融》2016 年第 22 期。

雷蒙德·W. 戈德史密斯：《金融结构与金融发展》，中国社会科学出版社 1994 版，第 153 页。

李冰：《农村贫困治理：可行能力、内生动力与伦理支持》，《齐鲁学刊》2019 年第 3 期。

李丹、潘子利：《互联网金融对普惠金融推动作用探究——基于成本角度下》，《现代商贸工业》2015 年第 20 期。

李建军、李俊成：《普惠金融与创业：“授人以鱼”还是“授人以渔”?》，《金融研究》2020 年第 1 期。

李建军等：《普惠金融与中国经济发展：多维度内涵与实证分析》，《经济研究》2020 年第 4 期。

李建军、王德：《搜寻成本、网络效应与普惠金融的渠道价值——互联网借贷平台与商业银行的小微融资选择比较》，《国际金融研究》2015 年第 12 期。

李建伟：《普惠金融发展与城乡收入分配失衡调整——基于空间计量模型的实证研究》，《国际金融研究》2017 年第 10 期。

李建伟：《普惠金融发展与城乡收入分配问题研究》，博士学位论文，首都经济贸易大学，2017 年。

李建伟等：《具有普惠金融内涵的金融发展与城乡收入分配的失衡调整——基于 VEC 模型的实证研究》，《云南财经大学学报》2015 年第 1 期。

李京蓉等：《互联网金融使用对农户多维减贫的影响研究》，《统计与信息论坛》2021 年第 5 期。

李立威、景峰：《互联网扩散与经济增长的关系研究——基于我国 31 个省份面板数据的实证检验》，《北京工商大学学报》（社会科学版）2013 年第 3 期。

李林汉、田卫民：《数字金融发展、产业结构转型与地区经济增长——基于空间杜宾模型的实证分析》，《金融理论与实践》2021 年第 2 期。

李苗苗等：《金融发展、技术创新与经济增长的关系研究——基于中国的省市面板数据》，《中国管理科学》2015 年第 2 期。

李明贤、何友：《农村普惠金融目标下金融科技的工具价值及实现困境》，《华南师范大学学报》（社会科学版）2019 年第 1 期。

李明贤等：《县域数字普惠金融发展的空间格局演化与影响因素分析——以湖南省为例》，《经济地理》2021 年第 8 期。

李牧辰等：《数字普惠金融对城乡收入差距的异质性影响研究》，《南京农业大学学报》（社会科学版）2020 年第 3 期。

李巧莎等：《农村普惠金融框架分析》，《银行家》2015 年第 7 期。

李涛等：《普惠金融与经济增长》，《社会科学文摘》2016 年第 6 期。

李伟：《中国金融科技发展报告（2019）》，社会科学文献出版社 2019 年版。

李文：《中小金融机构金融服务对家庭金融包容程度的影响研

究》，硕士学位论文，湘潭大学，2016 年。

李真：《小微金融服务的探索与思考——基于民生银行兰州分行实践》，《甘肃金融》2018 第 7 期。

李志军、张名誉：《普惠性金融发展与收入差距的非线性关系研究》，《统计与决策》2015 年第 22 期。

连耀山：《互联网环境下普惠金融发展研究——以中国邮政储蓄银行金融实践为例》，《中国农业资源与区划》2015 年第 3 期。

梁榜、李晓琳：《数字普惠金融、贫困减缓与收入分配——来自中国微观数据的经验分析》，《上海金融》2021 年第 5 期。

梁榜、张建华：《数字普惠金融发展能激励创新吗？——来自中国城市和中小微企业的证据》，《当代经济科学》2019 年第 5 期。

梁骞、朱博文：《普惠金融的国外研究现状与启示——基于小额信贷的视角》，《中央财经大学学报》2014 年第 6 期。

梁双陆、刘培培：《数字普惠金融、教育约束与城乡收入收敛效应》，《产经评论》2018 年第 2 期。

林德发、张献：《基于区块链的商业银行数字普惠金融发展困境与对策》，《新金融》2020 年第 8 期。

林宏山：《互联网金融助推普惠金融发展探讨》，《上海金融》2014 年第 12 期。

林闽钢：《激活贫困者内生动力：理论视角和政策选择》，《社会保障评论》2019 年第 1 期。

刘冬洋：《商业银行普惠金融服务能力建设研究》，硕士学位论文，云南财经大学，2019 年。

刘海二：《全球手机银行的现状、模式、监管与金融包容》，《上海金融》2013 年第 9 期。

刘锦怡、刘纯阳：《数字普惠金融的农村减贫效应：效果与机制》，《财经论丛》2020 年第 1 期。

刘魏等：《数字普惠金融发展缓解了相对贫困吗?》，《经济管理》2021 年第 7 期。

刘文峰：《“互联网+”普惠金融建设之路径初探》，《黑龙江金融》2015 年第 9 期。

刘亦文等：《中国普惠金融发展水平测度与经济增长效应》，《中国软科学》2018 年第 3 期。

刘玉光等：《金融发展与中国城乡收入差距形成——基于分省面板数据的实证检验》，《南开经济研究》2013 年第 5 期。

刘战伟：《新型城镇化提升了中国农业绿色全要素生产率吗？——基于空间溢出效应及门槛特征》，《科技管理研究》2021 年第 12 期。

柳金平：《无网点银行扩大农村金融覆盖面的成功经验》，《世界农业》2012 年第 9 期。

龙丹丹：《普惠金融问题下小额信贷机制发展问题研究》，《现代商业》2011 年第 30 期。

龙云飞、王丹：《普惠金融发展评价及影响因素分析——以四川省为例》，《技术经济与管理研究》2017 年第 10 期。

娄飞鹏：《金融互联网发展普惠金融的路径选择》，《金融与经济》2014 年第 4 期。

卢盼盼、张长全：《中国普惠金融的减贫效应》，《宏观经济研究》2017 年第 8 期。

陆磊、王颖：《以社区型金融机构为载体构建中国普惠制金融框架：从微观到宏观》，《农村金融研究》2010 年第 5 期。

马黄龙、屈小娥：《数字普惠金融对经济高质量发展的影响——基于农村人力资本和数字鸿沟视角的分析》，《经济问题探索》2021 年第 10 期。

马慧强等：《基本公共服务—城镇化—区域经济耦合协调发展时空演化》，《经济地理》2020 年第 5 期。

马九杰、沈杰：《中国农村金融排斥态势与金融普惠策略分析》，《农村金融研究》2010 年第 5 期。

马绍刚、冯丝卉：《普惠金融国际实践的主要模式比较》，《上海金融》2018 年第 1 期。

马绍刚等：《普惠金融与实体经济：DSGE 模型与实证检验》，《上海金融》2021 年第 1 期。

马蔚华：《多措并举发展普惠金融》，《中国城乡金融报》2014 年 3 月 19 日第 4 版。

马玉娜：《增强内生动力是现阶段脱贫攻坚的关键》，《红旗文稿》2019 年第 4 期。

马彧菲、杜朝运：《普惠金融指数的构建及国际考察》，《国际经贸探索》2016 年第 1 期。

明炼：《县域普惠金融发展困境》，《中国金融》2015 年第 16 期。

牟秋菊：《农村金融扶贫供给侧结构性改革初探——基于尤努斯的小额信贷扶贫实践反思》，《新金融》2016 年第 11 期。

穆怀中、吴鹏：《城镇化、产业结构优化与城乡收入差距》，《经济学家》2016 年第 5 期。

农业银行国际业务部课题组：《格莱珉：制度安排与运作模式》，《农村金融研究》2007 年第 10 期。

欧理平：《普惠金融对商业银行盈利可持续性的影响研究》，《学术论坛》2016 年第 4 期。

欧阳资生等：《数字普惠金融发展对中国区域性金融风险的影响研究》，《西安财经大学学报》2021 年第 5 期

潘晓健：《邮储银行普惠金融发展路径研究》，博士学位论文，吉林大学，2018 年。

潘毅：《城市商业银行战略转型问题研究》，《金融发展研究》2013 年第 6 期。

裴平：《互联网金融的发展、风险和监管》，《唯实》2014 年第 11 期。

彭澎、徐志刚：《数字普惠金融能降低农户的脆弱性吗?》，《经济评论》2021 年第 1 期。

彭俞超：《金融功能观视角下的金融结构与经济增长——来自 1989~2011 年的国际经验》，《金融研究》2015 年第 1 期。

钱海章等：《中国数字金融发展与经济增长的理论与实证》，《数量经济技术经济研究》2020 年第 6 期。

钱小安：《金融民营化与金融基础设施建设——兼论发展民营金

融的定位与对策》，《金融研究》2003 年第 2 期。

曲海燕：《激发贫困人口内生动力的现实困境与实现路径》，《农林经济管理学报》2019 年第 2 期。

任碧云、李柳颖：《数字普惠金融是否促进农村包容性增长——基于京津冀 2114 位农村居民调查数据的研究》，《现代财经》（天津财经大学学报）2019 年第 4 期。

任碧云、张彤进：《移动支付能够有效促进农村普惠金融发展吗？——基于肯尼亚 M-PESA 的探讨》，《农村经济》2015 年第 5 期。

任太增、殷志高：《数字普惠金融与中国经济的包容性增长：理论分析和经验证据》，《管理学刊》2022 年第 1 期。

任晓怡：《数字普惠金融发展能否缓解企业融资约束》，《现代经济探讨》2020 年第 10 期。

尚娟、廖珍珍：《新型城镇化对绿色全要素生产率的影响》，《统计与决策》2021 年第 5 期。

师俊国等：《普惠金融对投资效率的非线性效应分析》，《南方经济》2016 年第 2 期。

宋汉光等：《金融发展不均衡、普惠金融体系与经济增长》，《金融发展评论》2014 年第 5 期。

宋明月等：《基于普惠金融发展的家庭网络消费行为研究》，《经济理论与经济管理》2022 年第 2 期。

宋晓玲：《数字普惠金融缩小城乡收入差距的实证检验》，《财经科学》2017 年第 6 期。

宋晓玲、侯金辰：《互联网使用状况能否提升普惠金融发展水平？——来自 25 个发达国家和 40 个发展中国家的经验证据》，《管理世界》2017 年第 1 期。

苏冬蔚等：《商业银行社会网络与微型金融可持续发展》，《经济研究》2017 年第 2 期。

孙倩、徐璋勇：《数字普惠金融、县域禀赋与产业结构升级》，《统计与决策》2021 年第 18 期。

孙学涛等：《数字普惠金融对农业机械化的影响——来自中国

1869 个县域的证据》,《中国农村经济》2022 年第 2 期。

孙玉环等:《中国数字普惠金融发展的现状、问题及前景》,《数量经济技术经济研究》2021 年第 2 期。

唐礼智等:《我国金融发展与城乡收入差距关系的实证研究》,《农业经济问题》2008 年第 11 期。

唐松等:《数字金融与企业技术创新——结构特征、机制识别与金融监管下的效应差异》,《管理世界》2020 年第 5 期。

唐啸、胡鞍钢:《绿色发展与“十三五”规划》,《学习与探索》2016 年第 11 期。

滕磊:《数字普惠金融缓解中小微企业融资约束的机制与路径》,《调研世界》2020 年第 9 期。

滕泽伟:《中国服务业绿色全要素生产率的空间分异及驱动因素研究》,《数量经济技术经济研究》2020 年第 11 期。

田杰、陶建平:《农村普惠性金融发展对中国农户收入的影响——来自 1877 个县(市)面板数据的实证分析》,《财经论丛》2012 年第 2 期。

万佳彧等:《数字金融、融资约束与企业创新》,《经济评论》2020 年第 1 期。

万良杰:《“心智模式”视角下激发民族地区深度贫困人员内生动力研究》,《云南民族大学学报》(哲学社会科学版)2019 年第 3 期。

汪亚楠等:《数字普惠金融对社会保障的影响研究》,《数量经济技术经济研究》2020 年第 7 期。

王兵:《中国区域环境效率与环境全要素生产率增长》,《经济研究》2010 年第 5 期。

王海军等:《“普惠”金融背景的互联网金融——理论解构与政策分析》,《上海金融学院学报》2014 年第 4 期。

王金龙、乔成云:《互联网金融,传统金融与普惠金融的互动发展》,《新视野》2014 年第 5 期。

王婧、胡国晖:《中国普惠金融的发展评价及影响因素分析》,《金融论坛》2013 年第 6 期。

王宁等：《普惠金融发展与贫困减缓的内在逻辑》，《河北大学学报》（哲学社会科学版）2014 年第 2 期。

王睿等：《普惠性金融体系下中国农村小额信贷机构的研究分析》，《重庆大学学报》（社会科学版）2008 年第 5 期。

王曙光、王东宾：《双重二元金融结构，农户信贷需求与农村金融改革——基于 11 省 14 县市的田野调查》，《财贸经济》2011 年第 5 期。。

王晓：《国际组织对数字普惠金融监管的探索综述》，《上海金融》2016 年第 10 期。

王修华、邱兆祥：《农村金融发展对城乡收入差距的影响机理与实证研究》，《经济学动态》2011 年第 2 期。

王修华、谭开通：《农户信贷排斥形成的内在机理及其经验检验——基于中国微观调查数据》，《中国软科学》2012 年第 6 期。

王颖、陆磊：《普惠制金融体系与金融稳定》，《金融发展研究》2012 年第 1 期。

王颖、曾康霖：《论普惠：普惠金融的经济伦理本质与史学简析》，《金融研究》2016 年第 2 期。

王永静、李慧：《数字普惠金融、新型城镇化与城乡收入差距》，《统计与决策》2021 年第 6 期。

王喆：《传统金融供给与数字金融发展：补充还是替代？——基于地区制度差异视角》，《经济管理》2021 年第 5 期。

王振宇：《非洲数字普惠金融分析》，《新金融》2019 年第 3 期。

魏丽莉、李佩佩：《普惠金融的反贫困效应研究——基于西部地区的面板数据分析》，《工业技术经济》2017 年第 10 期。

吴国华：《进一步完善中国农村普惠金融体系》，《经济社会体制比较》2013 年第 4 期。

吴善东：《数字普惠金融的风险问题、监管挑战及发展建议》，《技术经济与管理研究》2019 年第 1 期。

吴桐桐、王仁曾：《数字普惠金融发展与投资者“炒新”》，《财贸研究》2020 年第 11 期。

吴晓灵：《建立现代农村金融制度的若干问题》，《中国金融》2010 年第 10 期。

吴雨等：《数字金融发展与家庭金融资产组合有效性》，《管理世界》2021 年第 7 期。

向洁等：《数字普惠金融发展的区域差异及动态演进》，《技术经济与管理研究》2021 年 2 月。

肖霆：《数字化转型助推普惠金融可持续发展的探索与思考》，《新金融》2021 年第 8 期。

谢国根等：《区域经济、城镇化与社会治理耦合协调水平分析》，《统计与决策》2020 年第 1 期。

谢平、刘海二：《手机银行助推农村普惠金融的实现路径》，《西南金融》2016 年第 8 期。

谢平、邹传伟：《互联网金融模式研究》，《金融研究》2012 年第 12 期。

谢升峰、许宏波：《我国城乡统筹、普惠金融水平及其相关性测度》，《统计与决策》2016 年第 17 期。

谢升峰等：《数字普惠金融缓解农村相对贫困的长尾效应测度》，《统计与决策》2021 年第 5 期。

谢绚丽等：《数字金融能促进创业吗？——来自中国的证据》，《经济学（季刊）》2018 年第 4 期。

谢雪燕、朱晓阳：《数字金融与中小微企业技术创新——来自新三板企业的证据》，《国际金融研究》2021 年第 1 期。

辛翔飞等：《中西部地区农户收入及其差异的影响因素分析》，《中国农村经济》2008 年第 2 期。

星焱：《普惠金融：一个基本理论框架》，《国际金融研究》2016 年第 9 期。

邢乐成等：《多维视角下的中国普惠金融：概念梳理与理论框架》，《清华大学学报》（哲学社会科学版）2019 年第 1 期。

邢乐成：《中国普惠金融：概念界定与路径选择》，《山东社会科学》2018 年第 12 期。

徐光顺、蒋远胜：《信息通讯技术与普惠金融的交互作用》，《华南农业大学学报》（社会科学版）2017 年第 2 期。

徐敏、张小林：《普惠制金融对城乡居民收入差距的影响》，《金融论坛》2014 年第 9 期。

徐敏、张小林：《普惠制金融发展与产业结构调整》，《商业研究》2015 年第 4 期。

徐思远、洪占卿：《信贷歧视下的金融发展与效率拖累》，《金融研究》2016 年第 5 期。

徐亚东等：《城乡收入差距、城镇化与中国居民消费》，《统计与决策》2021 年第 3 期。

徐璋勇、朱睿：《金融发展对绿色全要素生产率的影响分析——来自中国西部地区的实证研究》，《山西大学学报》（哲学社会科学版）2020 年第 1 期。

徐子尧等：《数字普惠金融提升了区域创新能力吗》，《财经科学》2020 年第 11 期。

严成樑：《社会资本、创新与长期经济增长》，《经济研究》2012 年第 11 期。

严成樑等：《金融发展、创新与二氧化碳排放》，《金融研究》2016 年第 1 期。

杨刚、张亨溢：《数字普惠金融、区域创新与经济增长》，《统计与决策》2022 年第 2 期。

杨君等：《数字普惠金融促进了小微企业技术创新吗？——基于中国小微企业调查（CMES）数据的实证研究》，《中南财经政法大学学报》2021 年第 4 期。

杨君等：《数字普惠金融促进了小微企业技术创新吗？——基于中国小微企业调查（CMES）数据的实证研究》，《中南财经政法大学学报》2021 年第 4 期。

杨林、薛琪琪：《财政分权、社会保障资源配置与城乡收入差距——基于岭回归分析与调节效应方程》，《贵州社会科学》2018 年第 2 期。

杨伟明等：《数字金融是否促进了消费升级？——基于面板数据的证据》，《国际金融研究》2021 年第 4 期。

杨永恒：《激发内生动力，建设和谐美好农村文化》，《行政管理改革》2019 年第 5 期。

姚耀军、董钢锋：《中小银行发展与中小微企业融资约束——新结构经济学最优金融结构理论视角下的经验研究》，《财经研究》2014 年第 1 期。

易行健、周利：《数字普惠金融发展是否显著影响了居民消费——来自中国家庭的微观证据》，《金融研究》2018 年第 11 期。

尹志超等：《金融普惠和京津冀家庭收入差距——来自 CHFS 数据的证据》，《北京工商大学学报》（社会科学版）2017 年第 3 期。

游达明、许斐：《熵值法在区域旅游业经济效益评价中的应用》，《中南大学学报》（社会科学版）2003 年第 5 期。

喻平、豆俊霞：《数字普惠金融、企业异质性与中小微企业创新》，《当代经济管理》2020 年第 12 期。

原晓惠：《普惠金融实践的国际比较及其借鉴——基于银行服务视角》，《新金融》2020 年第 7 期。

曾福生、郑洲舟：《多维视角下农村数字普惠金融的减贫效应分析》，《农村经济》2021 年第 4 期。

曾康霖、罗晶：《论普惠制金融》，《西南金融》2014 年第 2 期。

张蓓：《以扶志、扶智推进精准扶贫的内生动力与实践路径》，《改革》2017 年第 12 期。

张春莉：《农村普惠金融之法制路径：基于国际小额信贷的启示》，《江苏社会科学》2019 年第 6 期。

张栋浩、尹志超：《金融普惠、风险应对与农村家庭贫困脆弱性》，《中国农村经济》2018 年第 4 期。

张广海、冯英梅：《旅游产业结构水平与城市发展水平耦合协调发展度的时空特征分析——以山东省为例》，《经济管理》2013 年第 5 期。

张海峰：《商业银行在普惠金融体系中的角色和作用》，《农村金融研究》2010 年第 5 期。

张号栋等：《金融普惠和京津冀城镇居民失业——基于中国家庭金融调查数据的实证研究》，《经济与管理研究》2017 年第 2 期。

张贺、白钦先：《数字普惠金融减小了城乡收入差距吗？——基于中国省级数据的面板门槛回归分析》，《经济问题探索》2018 年第 10 期。

张恒等：《数字普惠金融与绿色全要素生产率——基于系统 GMM 的实证检验》，《新金融》2022 年第 3 期。

张恒等：《数字普惠金融与区域经济发展的时空耦合协调研究——基于 2011—2019 年省级面板数据实证》，《新金融》2021 年第 6 期。

张珩等：《农村普惠金融发展水平及影响因素分析——基于陕西省 107 家农村信用社全机构数据的经验考察》，《中国农村经济》2017 年第 1 期。

张宏亮：《普惠金融发展的经济效应研究——以陕西省为例》，《西部金融》2015 年第 5 期。

张军、章元：《对中国资本存量 K 的再估计》，《经济研究》2003 年第 7 期。

张林：《数字普惠金融、县域产业升级与农民收入增长》，《财经问题研究》2021 年第 6 期。

张龙耀、邢朝辉：《中国农村数字普惠金融发展的分布动态、地区差异与收敛性研究》，《数量经济技术经济研究》2021 年第 3 期。

张璐昱、王永茂：《电商大数据金融下小微企业融资模式研究——基于蚂蚁金服与京东金融的比较》，《西南金融》2018 年第 7 期。

张庆君、黄玲：《数字普惠金融、产业结构与经济高质量发展》，《江汉论坛》2021 年第 10 期。

张婷婷、孟颖：《普惠金融实现乡村振兴的可持续发展模式研究》，《农业经济》2022 年第 3 期。

张晓琳：《普惠金融视角下农户信贷供需障碍及改进研究》，博士学位论文，山东农业大学，2018 年。

张晓燕：《互联网金融背景下普惠金融发展对城乡收入差距的影响》，《财会月刊》2016 年第 17 期。

张勋：《数字经济、普惠金融与包容性增长》，《经济研究》2019 年第 8 期。

张勋等：《数字金融发展与居民消费增长：理论与中国实践》，《管理世界》2020 年第 11 期。

张耀军、柴多多：《人口城镇化与城乡收入差距耦合关系研究》，《人口研究》2018 年第 6 期。

张宇、赵敏：《农村普惠金融发展水平与影响因素研究——基于西部六省的实证分析》，《华东经济管理》2017 年第 3 期。

张岳、周应恒：《数字普惠金融、传统金融竞争与农村产业融合》，《农业技术经济》2021 年第 9 期。

张正平、杨丹丹：《市场竞争、新型农村金融机构扩张与普惠金融发展——基于省级面板数据的检验与比较》，《中国农村经济》2017 年第 1 期。

张子豪、谭燕芝：《数字普惠金融与中国城乡收入差距——基于空间计量模型的实证分析》，《金融理论与实践》2018 年第 6 期。

赵建：《普惠金融的现实困境与突破思路——基于技术可能性曲线与机制设计理论》，《山东社会科学》2018 年第 12 期。

赵茂等：《集体林权制度改革对农户收入影响的实证研究》，《经济与管理研究》2018 年第 2 期。

赵茂等：《城商行发展农村普惠金融的实践和思考》，《重庆三峡学院学报》2019 年第 3 期。

赵茂等：《中国金融市场化指数的度量研究》，《统计与决策》2019 年第 10 期。

赵晓鸽等：《数字普惠金融发展、金融错配缓解与企业创新》，《科研管理》2021 年第 4 期。

郑中华、特日文：《中国三元金融结构与普惠金融体系建设》，《宏观经济研究》2014 年第 7 期。

周超、黄乐：《数字普惠金融对区域经济高质量发展的影响研究》，《价格理论与实践》2021 年第 9 期。

周立：《中国金融发展的地区差距状况分析（1978—1999）》，《华南金融研究》2002 年第 2 期。

周孟亮、李明贤：《民营银行金融创新研究——基于普惠金融发展的视角》，《社会科学》2016 年第 5 期。

周孟亮、李明贤：《普惠金融视野下大型商业银行介入小额信贷的模式与机制》，《改革》2011 年第 4 期。

周孟亮、李明贤：《小额信贷扶贫与财务可持续性：作用机制与协调发展研究》，《上海经济研究》2009 年第 9 期。

周顺兴、林乐芬：《银行业竞争，村镇银行发展与小微企业信贷可得性——基于江苏省县域面板数据的分析》，《金融论坛》2015 年第 11 期。

周顺兴、林乐芬：《银行业竞争提升了金融服务普惠性吗？——来自江苏省村镇银行的证据》，《产业经济研究》2015 年第 6 期。

周天芸、陈铭翔：《数字渗透、金融普惠与家庭财富增长》，《财经研究》2021 年第 7 期。

周亚虹等：《从农村职业教育看人力资本对农村家庭的贡献——基于苏北农村家庭微观数据的实证分析》，《经济研究》2010 年第 8 期。

朱建华等：《贵州省循环经济与绿色金融耦合协调发展研究》，《经济地理》2019 年第 12 期。

朱民武等：《普惠金融发展的路径思考——基于金融伦理与互联网金融视角》，《现代经济探讨》2015 年第 1 期。

朱一鸣、张树忠：《中国县域金融排斥问题研究——真的是供给不足引起的吗？》，《贵州财经大学学报》2017 年第 4 期。

宗民：《“一带一路”沿线国家的普惠金融发展：模式与经验》，《西南金融》2019 年第 10 期。

左停：《如何更好激发深度贫困地区发展动能》，《人民论坛·学术前沿》2019 年第 12 期。

Ackerberg D A, Caves K, Frazer G, "Identification Properties of Recent Production Function Estimators", *Econometrica*, Vol. 83, No. 6, 2015.

Aghion P, Fally T, Scarpetta S, "Credit constraints as a barrier to the entry and post-entry growth of firms: lessons from firm-level cross country panel data", *Harvard University manuscript*, 2006.

Ahlin C, Jiang N., "Can micro-credit bring development?", *Journal of Development Economics*, Vol. 86, No. 1, 2005.

Allen F, Carletti E, Cull R, et al, "Resolving the African financial development gap: Cross-country comparisons and a within-country study of Kenya", *Working Papers*, 2012.

Anand S, Chhikara K S, "A theoretical and quantitative analysis of financial inclusion and economic growth", *Management and Labour Studies*, Vol. 38, No. 1-2, 2013.

Appleyard L, "Community Development Finance Institutions(CDFIs): Geographies of financial inclusion in the US and UK", *Geoforum*, Vol. 42, No. 2, 2011.

Atkinson A, Messy F A, "Promoting financial inclusion through financial education", *OECD Working Papers on Finance, Insurance and Private Pensions*, Vol. 34, No. 1, 2013.

Banerjee A V and Newman A F, "Occupational choice and the process of development", *Journal of Political Economy*, Vol. 101, No. 2, 1993.

Bauchet J, Marshall C, Starita L, et al. "Latest findings from randomized evaluations of microfinance", 2011.

Bayes A, "Infrastructure and rural development: insights from a Grameen Bank village phone initiative in Bangladesh", *Agricultural Economics*, Vol. 25, No. 2-3, 2001.

Beck T, Demirguc-Kunt A, Laeven L et al., "Finance, Firm Size, and Growth", *Journal of Money, Credit and Banking*, Vol. 40, No. 7, 2008.

Beck T, Demirguc-Kunt A, "Peria M S M. Reaching out: Access to and use of banking services across countries", *Social Science Electronic Publishing*, Vol. 85, No. 1, 2007.

Beck T, Demirgüç-Kunt A, Levine R, "Financial institutions and markets across countries and over time-data and analysis" *World Bank Policy Research Working Paper Series*, Vol. 42, No. 5, 2009

Beck T, Demirgüç-Kunt A, "Maksimovic V. Financing patterns around the world: Are small firms different?", *Journal of Financial Economics*, Vol. 89, No. 3, 2008.

Beck T, Pamuk H, Ramrattan R, "Payment instruments, finance and development" *Journal of Development Economics*, Vol. 133, No. C, 2018.

Benhua X, "Research on Inclusive Financial under the Perspective of Inclusive Growth", *Journal of Shanghai Finance University*, Vol. 6, No. 1, 2011.

Bester H, Chamberlain D, De Koker L, et al: *Implementing FATF standards in developing countries and financial inclusion: Findings and guidelines*. FIRST Initiative (World Bank), 2008.

Bihari S C, Pradhan S, "CSR and Performance: The story of banks in India", *Journal of Transnational Management*, Vol. 16, No. 1, 2011.

Burgess R, "Pande R, Do rural banks matter? Evidence from the Indian social banking experiment", *American Economic Review*, Vol. 95, No. 3, 2005.

Caskey J P, Durán C R, Solo T M, *The urban unbanked in Mexico and the United States*: World Bank Publications, 2006.

CGAP, *Access for all: building inclusive financial systems*, Washington D. C, CGAP, 2006.

Chakravarty S R, "Pal R. Financial inclusion in India: An axiomatic approach", *Journal of Policy modeling*, Vol. 35, No. 5, 2013.

Chattopadhyay, S K, "Financial Inclusion in India: A Case-study of West Bengal", *Reserve Bank of India Working Paper*, 2011.

Christian Ahlin, Neville Jiang, "Can micro-credit bring development?", *Journal of Development Economics*, Vol. 86, No. 1, 2005.

Claessens S, Laeven L, "What drives bank competition? Some international evidence", *Journal of Money, credit, and Banking*, Vol. 36, No. 3, 2004.

Cull R, Peria M S M, *Foreign bank participation in developing countries*, The Evidence and Impact of Financial Globalization. 2012, p213.

Czernich N, Falck O, Kretschmer T, et al. "Broadband infrastructure and economic growth", *The Economic Journal*, Vol. 121, No. 522, 2011.

Demirgüç-Kunt A, Honohan P, Beck T, *Finance for all?*, Policies and Pitfalls in Expanding Access, World Bank, 2008.

Demirgüç-Kunt A, Klapper L, "Measuring financial inclusion: The global findex database", *Policy Research Working Paper*, 2012.

Demirgüç-Kunt A, Levine R, "Finance and inequality: Theory and evidence", *Annu. Rev. Financ. Econ.*, Vol. 1, No. 1, 2009.

Demirgüçkunt A, Levine R, "Finance and Economic Opportunity", *Policy Research Working Paper*, 2010.

Dollar D, Kraay A, "Growth is Good for the Poor", *Journal of Economic Growth*, Vol. 7, No. 3, 2002.

Dowla A, Barua D, "Press K, The Maturing of Grameen Bank", *Economic and Political Weekly*, 2007.

Dupas P, Robinson J, "Savings Constraints and Microenterprise Development: Evidence from a Field Experiment in Kenya", *NBER Working Paper*, 2009.

Easterly W, "Reliving the 1950s: the Big Push, Poverty Traps, and Takeoffs in Economic Development", *Journal of Economic Growth*, Vol. 11, No. 4, 2006.

Fernando N A, "Proliferation of Microfinance Institutions", *Finance for the Poor*, 2001.

Gandhi M M, "profitable models for banks in financial inclusion in India", *International Journal of Applied Financial Management Perspectives*,

Vol. 2, No. 3, 2013.

Hannig A, Jansen S, "Financial inclusion and financial stability: Current policy issues", *ADBI Working Paper*, No. 259, 2010.

Hicks J R, "The foundations of welfare economics", T*he Economic Journal*, Vol. 49, No. 196, 1939.

Honohan P, "Cross-country variation in household access to financial services", *Journal of Banking & Finance*, Vol. 32, No. 11, 2008.

Hottenrott, Hanna, Peters et al., "Innovative Capability And Financing Constraints For Innovation: More Money, More Innovation?", *Review of Economics and Statistics*, Vol. 94, No. 4, 2012.

Huang B., "A Study on the Effect of Digital Inclusive Finance on the Financial Restraint of Small and Medium-sized Enterprises", *E3S Web of Conferences*, Vol. 235, 2021.

Ivatury G, Pickens M, "Mobile phone banking and low-income customers: Evidence from South Africa", *Consultative Group to Assist the Poor*, 2006.

Hassan M K, Renteria-Guerrero L, "The experience of the Grameen Bank of Bangladesh in community development", *International Journal of Social Economics*, Vol. 24, No. 12, 1997.

Kama U, Adigun M, "Financial inclusion in Nigeria: Issues and challenges", *Occasional Paper*, *Central Bank of Nigeria*, 2013.

Kapoor A, "Financial inclusion and the future of the Indian economy", *Futures*, Vol. 56, No. 2, 2014.

Kapoor K, Dwivedi Y K, Williams M D, "Role of Innovation Attributes in Explaining the Adoption Intention for the Interbank Mobile Payment Service in an Indian Context", *Springer Berlin Heidelberg*, 2013.

Kemme D M, "Financial structure and economic growth: A cross-country comparison of banks, markets, and development", *Comparative Economic Studies*, 2005.

King R G, Levine R, "Financial intermediation and economic development", *Capital markets and financial intermediation*, 1993.

Klapper L, Lusardi A, "Panos G A, Financial literacy and its consequences: Evidence from Russia during the financial crisis", *Journal of Banking & Finance*, Vol. 37, No. 10, 2013.

Khandker S., "Grameen Bank Lending Does Group Liability Matter", *Policy Research Work*, 2012.

Liu Y, Liu C, Zhou M., "Does digital inclusive finance promote agricultural production for rural households in China? Research based on the Chinese family database (CFD)", *China Agricultural Economic Review*, Vol. 13, No. 2, 2021.

Lloyd-Ellis H, "Public Education, Occupational Choice, and the Growth-Inequality Relationship", *International Economic Review*, Vol. 41, No. 1, 2000.

Ma C, Stern D I., "China's Changing Energy Intensity Trend: A Decomposition Analysis", *Energy Economics*, Vol. 30, No. 3, 2008.

Ma, R & Jørgensen, B, "Nested generalized linear mixed models: an orthodox best linear unbiased predictor approach", *Journal of the Royal Statistical Society: Series B (Statistical Methodology)*, Vol. 69, No. 4, 2007.

Ma, R, Krewski, D, and Burnett, R. T. "Random affects Cox models: a Poisson Modeling approach. Biometrika", Vol. 90, No. 4, 2003.

Mahjabeen R, "Microfinancing in Bangladesh: Impact on households, consumption and welfare", *Journal of Policy Modeling*, Vol. 30, No. 6, 2008.

Matsuyama K, "A ricardian model with a continuum of goods under nonhomothetic preferences: Demand complementarities, income distribution, and north-south trade", *Journal of political Economy*, Vol. 108, No. 6, 2000.

Mor N, Ananth B, "Inclusive financial systems: Some design principles and a case study", *Economic and Political Weekly*, 2007.

Ocasio, VangeMariet, "Essays on the role of microfinance institutions in financial deepening, economic growth and development", *Diss. Colorado State University. Libraries*, 2012.

Oh D H., "A global Malmquist-Luenberger productivity index", *Journal of Productivity Analysis*, Vol. 34, No. 3, 2010.

Pitt M M, Khandker S R, "The impact of group-based credit programs on poor households in Bangladesh: Does the gender of participants matter?", *Journal of political economy*, Vol. 106, No. 5, 1998.

Poyo J, Young R, "Steege J, Commercialization of Microfinance: Case of Multi Credit Bank, Panama", *Development Alternatives: Washington, DC*, 1999.

Priyadarshee A, Hossain F, "Decentralisation, service delivery, and people's perspectives: Empirical observations on selected social protection programs in India", *International Journal of Public Administration*, Vol. 33, No. 12-13, 2010.

Purcell K, Rainie L, Rosenstiel T, et al. "How mobile devices are changing community information environments", *Retrieved August*, 2011.

Puttaraja, Heggade O D, "Economic empowerment of tribal women in Karnataka: a case study in Mysore and Chamarajanagara districts", *Studies of Tribes & Tribals*, Vol. 10, No. 2, 2012.

Rayner A J, Cowling K., "Demand for Farm Tractors in the United States and the United Kingdom", *American Journal of Agricultural Economics*, Vol. 50, No. 4, 1968.

Sarma M, *Index of financial inclusion*, New Delhi: Indian Council for Research on International Economics Relations, 2008.

Schreiner M, "A Cost-Effectiveness Analysis of the Grameen Bank of Bangladesh", *Development Policy Review*, Vol. 21, No. 3, 2003.

Sen A martya, *Development as Freedom*, New York: Oxford Paperbacks 2001, p. 218.

Simanowitz A, Walter A, "*Ensuring Impact: Reaching the Poorest While Building Financially Self-Sufficient Institutions, and Showing Im-*

provement in the Lives of the Poorest Families: *Summary of Article Appearing in Pathways Out of Poverty*: *Innovations in Microfinance for the Poor*, University of Sussex, Imp-Act: Improving the Impact of Microfinance on Poverty: Action Research Program, 2002.

Sarma M, Pais J., "Financial inclusion and development", *Journal of International Development*, Vol. 23, No. 5, 2011.

Tone K, "A slacks-based measure of efficiency in data envelopment analysis", *European Journal of Operational Research*, Vol. 130, No. 3, 2001.

Townsend R M, "Ueda K, Financial deepening, inequality, and growth: a model-based quantitative evaluation", *The Review of Economic Studies*, Vol. 73, No. 1, 2006.

Valenzula L, "Getting the Recipe Right: The Experience and Challenges of Commercial Bank Downscales in the Commercialization of Microfinance", 2001.

Valenzuela L., "Getting the Recipe Right: The Experiences and Challenges of Commercial Bank Downscales in the commercialization of microfinance", *The Commercialization of Microfinance*: *Balancing Business and Development*, 2002.

Xu M, ZHANG X, "The Impacts of Inclusive Finance on Urban-Rural Residents' Income Gap", *Finance Forum*, Vol. 9, No. 3, 2014.

Zhu X, Asimakopoulos S, Kim J, "Financial Development and Innovation-led Growth: Is Too Much Finance Better?", *Journal of International Money and Finance*, No. 1, 2020.

后　记

数字普惠金融显著缓解低收入人群贫困、解决中小微企业融资困难、扩大就业等方面，数字普惠金融强化了普惠金融功能，是促进经济增长的一种有效的制度安排。它颠覆了传统金融的理念，以数字化技术为基础，为广大的低收入人群、中小微企业发展提供公平的金融服务，促进着金融体系的不断改进。

普惠金融代表着一个大国金融的担当和气质。近五年来，中国将普惠金融提高到国家战略的高度，尤其是金融体系正步入严监管周期，治理金融乱象和资金空转，维护国家金融安全成为监管和货币政策部门的首要任务。在这种情况下数字普惠金融成为整个金融体系发展的主要方向，政府和金融机构也应积极行动起来推动数字普惠金融的发展。普惠金融理论需要在现有的理论基础之上不断地更新和发展，数字普惠金融模式需要因地制宜地推广，数字普惠金融政策也需要量体裁衣地推行。

本书的出版要感谢云南省 2021 年基础研究计划青年项目“乡村振兴战略实施理论、机制与成效研究”（202101AU070042）、云南省科技特派员及“三区人才”项目（202104BL090594）、云南省专业学位研究生教学案例库项目“博弈论与企业战略”教学案例库项目（20220956）的资助；感谢马文璐、王娇、徐英翔、赵燕燕、求汝钰、马文雨、许熠璋等同学参与本书的部分写作及稿件校对工作；感谢云南师范大学经亚商学院领导及同事的关心和帮助，感谢中国社会科学出版社的李庆红老师精心编辑。当然，由于笔者水平有限，本书难免存在一些缺点和错误，恳请读者批评指正，以期在今后的研究中不断改进提高。

赵茂　张恒

2022 年 5 月 20 日